EL PESO DE LA LENGUA ESPAÑOLA EN EL MUNDO

UNIVERSIDAD DE VALLADOLID

EL PESO DE LA LENGUA ESPAÑOLA EN EL MUNDO

Obra dirigida por el

MARQUÉS DE TAMARÓN

Con las colaboraciones de

MARQUÉS DE TAMARÓN
ELOY IBÁÑEZ
JOSÉ ANTONIO PASCUAL
ANTONIO CASTILLO
FRANCISCO MORENO
JAIME OTERO

Obra coordinada por

JAIME OTERO

FUNDACIÓN DUQUES DE SORIA

INCIPE
FUNDACIÓN INSTITUTO DE CUESTIONES
INTERNACIONALES Y POLITICA EXTERIOR

Esta publicación ha contado con la generosa colaboración de

Caja Salamanca y Soria

ISBN: 84-7762-547-6
Depósito Legal: S. 948-1995

Portada: CARTELMAN, S.L.

Imprime: GRAFICAS VARONA

Edita: Secretariado de Publicaciones
de la Universidad de Valladolid

Primera Edición: Noviembre, 1995

Los Autores

- **El Marqués de Tamarón**
  Santiago de Mora-Figueroa y Williams, nacido en 1941, es diplomático en excedencia voluntaria y dirige la Fundación Instituto de Cuestiones Internacionales y Política Exterior (INCIPE). Su último libro es *El siglo XX y otras calamidades.*

- **Eloy Ybáñez Bueno**
  Nacido en 1930, es Embajador de España. Ha sido embajador en los Organismos Internacionales con sede en Viena, ante la O.C.D.E. y en Helsinki. En la actualidad es Director General de Turismo de la Comunidad Autónoma de Madrid.

- **José Antonio Pascual Rodríguez**
  Nacido en 1942, es Catedrático de Filología Española de la Universidad de Salamanca. Especialista en Historia del Español. Ha colaborado con J. Corominas en el Diccionario Crítico Etimológico Castellano e Hispánico.

- **Antonio Castillo Holgado**
  Nacido en 1948, es Doctor Ingeniero de Telecomunicación y Director de Servicios de Telecomunicaciones en Telefónica I + D. Preside el Instituto Europeo de Normalización de las Telecomunicaciones (ETSI).

- **Francisco Moreno Fernández**
  Nacido en 1960, es Catedrático de Filología Española y dirige el Centro de Lenguas Extranjeras de la Universidad de Alcalá de Henares. Su última obra es *Lecturas de semántica española.* Coordina el Diccionario para la Enseñanza de la Lengua Española.

- **Jaime Otero Roth**
  Nacido en 1960, es historiador y Coordinador de Programas en el INCIPE, donde ha intervenido en distintos proyectos editoriales y de investigación.

Indice

PRÓLOGO 11

EL PAPEL INTERNACIONAL DEL ESPAÑOL
Marqués de Tamarón 13

EL IDIOMA ESPAÑOL EN LAS ORGANIZACIONES INTERNACIONALES
Eloy Ybáñez 77

ESCÁNDALO O PRECAUCIÓN SOBRE EL FUTURO DE NUESTRA LENGUA
José Antonio Pascual 135

EL PODER TECNOLÓGICO DE LA LENGUA ESPAÑOLA
Antonio Castillo 173

LA ENSEÑANZA DEL ESPAÑOL COMO LENGUA EXTRANJERA
Francisco Moreno 195

UNA NUEVA MIRADA AL ÍNDICE DE IMPORTANCIA INTERNACIONAL DE LAS LENGUAS
Jaime Otero 235

Prólogo

TODOS nosotros –los autores de este libro y sus posibles lectores– habremos oído en más de una ocasión decir que el español es la segunda lengua del mundo, que su peso va en aumento y que su presencia internacional se extiende. También oímos a veces lo contrario, que el español es una lengua poco adaptada al mundo moderno y por eso está en peligro. Todas estas afirmaciones, las optimistas y las pesimistas, suelen tener dos rasgos comunes: la pasión y la falta de fundamento. No es que no puedan tales aseveraciones tener fundamento, es que éste, si existe, casi nunca se explica. Se da por supuesto o se exhiben apoyos dialécticos subjetivos o de dudosa fiabilidad estadística.

Esta es la laguna que intentamos empezar a colmar con este libro. Obra de varios especialistas en distintas disciplinas, tiene unidad de empeño más que de opinión. Ofrecemos sin afán dogmático unos datos que el lector podrá reinterpretar a su entender. El esfuerzo por ofrecer datos sobre el español y otras lenguas con fines comparativos es denominador común de los diferentes capítulos del libro, que exploran otros tantos terrenos en que la difusión de la lengua española se ha de medir con la de otras lenguas. La existencia de datos demográficos, económicos, políticos, sobre las lenguas y sus hablantes y la posibilidad de ofrecer con ellos una imagen del actual equilibrio lingüístico internacional es precisamente el tema del capítulo de Jaime Otero. Pero no toda la información relativa a las lenguas puede compararse del mismo modo, y hay muchos aspectos de difícil medición que influirán en el statu quo de las lenguas en el futuro. La enseñanza del español como lengua extranjera es uno de esos aspectos; Francisco Moreno nos ilustra sobre el auge relativo que atraviesa y si es moda pasajera o puede ser tendencia firme. Antonio Castillo considera la preparación del español ante el constante avance de las telecomunicaciones y de las tecnologías del habla. José Antonio Pascual trae a la atención del lector el estado de la ingeniería lingüística y reflexiona sobre su incidencia en el futuro de nuestro idioma. Eloy Ybáñez pinta un cuadro significativo del reparto de influencias entre las lenguas en la diplomacia multilateral. Y, en el ensayo que introduce la obra, Tamarón reúne todos estos elementos bajo el prisma de la política para considerar el papel internacional de las lenguas y determinar los elementos que marcarán la evolución futura del español.

Debemos mucho a la Fundación Duques de Soria y a la del Instituto de Cuestiones Internacionales y Política Exterior (INCIPE). Ambas se interesaron en este proyecto desde sus inicios y nos dieron plena libertad para desarrollarlo. Justo es, pues, subrayar lo de por sí evidente: las opiniones de cada autor son personales, incluso las del director de la obra, pese a su relación con ambas instituciones, al ser miembro del patronato de la una y director de la otra. Somos, además, conscientes de que esta obra ni por asomo agota el vasto campo de investigación donde penetramos. Hemos iniciado la exploración porque nos sorprendía la escasez de datos empíricos disponibles que permitiesen comparar el español con otras lenguas atendiendo a aspectos económicos, sociales, políticos, técnicos y educativos, no puramente filológicos. Tras esta descubierta tendrán que ir otras expediciones mejor pertrechadas para el acopio de datos objetivos y su comparación.

Confiamos, pues, en que este libro sirva para apuntar «en la dirección que nos parece más apropiada para los intereses generales de la cultura española, con la esperanza de que otras instancias e iniciativas, con los medios y la implantación más adecuada en cada caso, orienten sus esfuerzos en la misma dirección». Estas palabras, con las que S.A.R. la Infanta doña Margarita, Duquesa de Soria, definió un propósito general de la fundación que preside, podrían también perfilar con justeza uno de los objetivos de estas páginas: avivar la curiosidad y estimular ulteriores investigaciones.

Madrid, octubre de 1995

*El papel internacional del español**

Marqués de Tamarón

I

ESTE libro pretende dar respuesta política a una pregunta esencialmente política: ¿Es siempre la lengua compañera del imperio?

La cuestión quedó planteada con perfecta claridad hace medio milenio, pero ni siquiera la insólita lucidez de Nebrija pudo dar *la* respuesta sino tan sólo *una* respuesta[1]. Dada la índole de la cuestión, a la fuerza las respuestas dependerán de lo

* Agradezco las ayudas muy diversas pero igualmente generosas de don José de Areilza y Carvajal, don José Manuel Blecua, doña Rosalía Cabrera, don Delfín Colomé, doña Silvia Cortés, don Brian Carlson, doña Adoración Fernández, don Emilio Fernández-Castaño, don Antonio Fontán, don Valentín García Yebra, don Antonio Garrigues Walker, don Stanislas de Laboulaye, don Pierre Mordacq, doña M.ª Victoria Morera, don Jaime Otero, don José Antonio Pascual, don Vladimiro Pérez, don José M.ª Rodríguez-Ponga, don Felipe Ruiz Martín, el Marqués de Saavedra, don Pedro Schwartz, don Eduardo Serra, don Colin Smith, el Marqués de Valdecañas y don Manuel Viturro.

[1] Téngase presente que Antonio de Nebrija no formula ninguna pregunta, pero el bello y tajante texto que dirige a Isabel la Católica tiene un tono íntimo al principio, luego histórico y al final declaradamente político. Se intuye pues la pregunta implícita y nada retórica que Nebrija se hace en su fuero interno precisamente para brindar la respuesta –todo un programa político– a la Reina, «aquella en cuia mano ⁊ poder, no menos está el momento de la lengua que el arbitrio de todas nuestras cosas».

Tras la dedicatoria, arranca el prólogo a la gramática con una oración cuya brillantez ha cegado a más de un comentarista, por lo que conviene releerla con sosiego y atendiendo tanto a los tiempos verbales («siempre *fue*») como a la ortografía (entonces como ahora el uso de las mayúsculas era caprichoso, pero eso no nos autoriza a citar como *Imperio* lo que Nebrija –o su tipógrafo– escribía *imperio,* es decir mando). Esta es la transcripción de Antonio Quilis (Edición Crítica de la *Gramática de la Lengua Castellana,* Madrid 1992):

que se entienda por *siempre*, por *lengua*, por *compañera* y por *imperio*. Y cualquiera que sea la respuesta tendrá suma relevancia, ahora más que nunca, en el gran debate sobre el futuro de la sociedad internacional. He aquí por qué.

El mundo está cambiando más deprisa que nunca, más a fondo que en cualquier momento desde el final de la última glaciación hace doce mil años, y además por primera vez de una forma global, de manera que cualquier cambio local afecta al resto del género humano aunque sólo sea en su percepción del futuro probable[2]. Por ello hoy cualquier cuestión nacional o regional, en apariencia de carácter económico, militar o ideológico, sólo cobra pleno sentido si se enmarca dentro del examen general del gran cambio mundial. Y éste resulta del todo incomprensible sin acudir al análisis demográfico, ecológico y cultural de nuestra coyuntura histórica.

Un hecho menor –hoy de rabiosa actualidad, mañana sin duda olvidado– puede ilustrar esta maraña de intereses a corto y largo plazo, locales y universales, económicos y culturales que en el acto elevan cualquier anécdota a categoría. Por ejemplo el conflicto pesquero hispano-canadiense. En Marzo de 1995 un barco de guerra del Canadá apresa en alta mar a un pesquero español; ambos gobiernos se enzarzan en una agria disputa que

"Cuando bien comigo pienso, mui esclarecida Reina, i pongo delante los ojos el antigüedad de todas las cosas que para nuestra recordación ⁊ memoria quedaron escriptas, una cosa hallo ⁊ saco por conclusión mui cierta: que siempre la lengua fue compañera del imperio; ⁊ de tal manera lo siguió, que junta mente començaron, crecieron, ⁊ florecieron, ⁊ después junta fue la caída de entrambos."

Sabido es, al menos desde que Eugenio Asensio publicara su trabajo "La lengua compañera del imperio" (en la *RFE*, XLIII, 1960), que la frase recoge un lugar común renacentista. Pero Nebrija, además de darle forma lapidaria, lo cual es lo de menos a los efectos que ahora nos ocupan, invirtió los términos dialécticos del primer antecedente, el de Lorenzo Valla, como desplazó el centro de gravedad político que había interesado al segundo antecedente, el de Micer Gonzalo García de Santa María.

Parece claro que Nebrija, antes de escribir el prólogo, había meditado sobre la grave cuestión del peso político de las lenguas. Ofrece, pues, al poder regio su propia doctrina histórica y consiguiente programa político.

2 Y esta percepción común, gracias a la información en tiempo real, siempre afecta al propio decurso. Unas veces lo hace como *profecía autorealizadora* y otras como *profecía autoanuladora*. Pero en todo caso el tradicional desconocimiento de los hechos ha sido abolido y substituído por la auténtica ignorancia, es decir la torpeza en el análisis, acaso por sobreabundancia de datos.

los lleva al borde de la ruptura de relaciones diplomáticas. ¿Cómo han podido llegar a este punto de confrontación dos lejanos aliados?

Un ecólogo diría que por el esquilmo creciente de los océanos. Un observador cínico de la política interior canadiense explicaría que el gobierno de Ottawa quiere distraer la atención de su pueblo, disgustado por el actual plan de austeridad económica; un analista igualmente cínico de la política doméstica española afirmaría lo mismo del gobierno de Madrid. Un geoestratega deduciría que el final de la Guerra Fría ha debilitado los lazos de la Alianza Atlántica, a la que pertenecen tanto España como el Canadá. Un filólogo maquiavélico pensaría que cualquier nación bilingüe a punto de partirse, como el Canadá entre anglófonos y francófonos, puede recurrir a excesos patrióticos para consolidar el nacionalismo federal; acaso ese mismo lingüista suspicaz murmure algo sobre las tensiones lingüísticas dentro de España. Algún economista internacional incluiría el incidente en la serie de enfrentamientos transatlánticos (como el asunto de la "excepción cultural") provocados por el doble proceso de integración económica en Europa y en América del Norte (NAFTA). Tampoco faltarían teóricos que aludiesen al Pacífico como nuevo Mare Nostrum, sucesor del Atlántico y del Mediterráneo[3]. Un demógrafo pesimista sostendría que hay demasiada gente en el planeta y un demógrafo optimista replicaría que basta con que los pueblos ictiófagos como España o el Japón se hagan vegetarianos o piscicultores.

En realidad todos tendrían razón, en parte. El nimio incidente de Terranova es síntoma de unos cambios culturales de hondura y alcance superiores incluso a los anunciados por Huntington[4]. Si empleamos la palabra cultura en su sentido antropológico, es fácil comprender por qué un planeta reducido en

[3] Argumentarían que el Canadá, atraído cada vez más por la pujanza económica de Asia y de la cuenca del Pacífico, se está olvidando de sus orígenes europeos y atlánticos. Si apreciasen las ironías de la historia, repararían en que tal vez a España le esté pasando lo mismo, pues el fletán negro (*Reinhardtius hippoglosoides* Walb.), que se ha convertido en *casus belli*, lo pesca en el Atlántico Norte pero se lo vende al Japón.

[4] Samuel P. Huntington, "The Clash of Civilizations?", *Foreign Affairs*, Verano de 1993.

sus dimensiones prácticas por las nuevas técnicas de comunicación y a la vez hinchado de población a un ritmo explosivo está abocado a dos movimientos esencialmente desestabilizadores. El primero es el cambio *ab extra* resultado de la pugna entre diversas formas de vida, llamémoslas culturas, civilizaciones o como queramos. Este cambio altera el mapa político y económico del mundo. El segundo es el cambio *ab intra* de cada forma de vida. Ambos movimientos se influyen mutuamente. Y cada lengua, reflejo de un modo de vida e instrumento de un equilibrio de poderes, está hoy sometida a ese doble movimiento acelerado, tanto en el espacio geográfico creciente o menguante que ocupa como en sus cambiantes estructuras internas. Pronto habrán desaparecido las lenguas estáticas de pocos hablantes, escondidas durante milenios en recoletos valles caucásicos o islas asiáticas[5].

En ese sentido sí es cierto que la lengua es compañera del imperio y que junta será la caída de entrambos. El isleño tropical que de repente –o con breve tránsito por un patético *cargo cult*– pasa del neolítico a la cultura de la discoteca perderá sin remedio su lengua, en el mejor de los casos creando un precario papiamento. Perderá su lengua al perder el imperio sobre sí mismo, es decir literalmente su autonomía, y ello no porque renuncie a lo suyo en aras de algo que juzga mejor; ni siquiera porque se lo impongan. En rigor no puede juzgar lo nuevo, de

[5] Y no sólo desaparecerán esas lenguas, sino casi todas las demás, salvo las muy habladas. Durante los próximos cien años se extinguirá el 90 o el 95 por ciento de las seis mil lenguas que todavía existen en el mundo, según Michael Krauss, director del Alaska Native Language Center de la Universidad de Alaska en Fairbanks (Cf. "In industrial age, world's languages dwindle in number", *The Christian Science Monitor*, 21 Febrero 1995).

Ante semejante empobrecimiento cultural del género humano, cabe la desesperación o el estoicismo. Georges Dumézil, el gran indoeuropeísta, optó por lo segundo. Cuando comprendió que su amigo caucásico Tevfik Esenç era el último hablante de ubij, redobló los esfuerzos para recoger toda la información posible sobre esa lengua, tan peculiar que tiene ochenta consonantes, más que ninguna otra en el mundo. Pero no se dejó abatir por la escena agónica: "L'oubykh va mourir debout. Il ne se décompose pas. Tevfik le parle pour nous, les témoins, tel qu'il le parlait récemment encore avec les autres vieillards, le vendredi, dans la cour de la mosquée. On peut dire, par exemple, que le latin s'est décomposé en donnant les langues romanes. Mais l'oubykh, non. Il ne s'est pas défait. Il va disparaître, c'est tout. Supposez que le latin soit mort à Gaète avec Cicéron." (Georges Dumézil, *Entretiens avec Didier Eribon*, París 1987, p. 89).

puro ajeno que le resulta, pero ha de dar el gran salto pues lo viejo se ha desvanecido ("El gran Pan ha muerto"[6]) llevándose todo, técnicas, lengua, señas de identidad, y tan sólo queda en su isla el monstruo brillante y estéril de lo nuevo.

Pero, ¿y si damos la vuelta a la fórmula? ¿Puede decirse que el imperio es compañero de la lengua? Creo que no siempre. Para empezar, cuando el imperio es imperial –es decir cuando el mando adopta la forma política de Imperio– las cuestiones de política lingüística pierden gran parte de su virulencia. Todo imperio es, por definición, heterogéneo. No es que tolere el diseño multicolor, es que lo necesita: sin teselas no hay mosaico. Un grupo social homogéneo podrá constituirse en horda, en tribu, en nación o en estado, mas no en imperio. Ni siquiera basta con sojuzgar a las naciones vecinas; habrá que proceder a integrarlas con un mínimo de sentido orgánico. Es más, una agrupación estrictamente bicefálica tampoco durará pues la fuerza bipolar terminará desgarrando el tejido común; necesita el contrapeso de terceras naciones integradas para obtener un cierto equilibrio.

Por eso el antiguo régimen ha dejado un eco suntuoso de polifonía casi bárbara, de monarcas políglotas o que, por el contrario, ni siquiera hablaban la lengua de su nación principal, de xenofobia sin patriotismo puesto que aún no se había inventado esa palabra...

Incluso en pleno amanecer de los nacionalismos pervivían restos de esa frecuente disociación tradicional entre tierra patria e idioma patrio. Dos de los momentos de mayor fervor nacional en el siglo XIX nos ofrecen pruebas de ese divorcio. En Octubre de 1812, cuando Napoleón abandona Moscú y empieza su desastrosa retirada de Rusia, el Zar Alejandro I recibe la buena nueva de Barclay, uno de sus generales, quien se la da en francés. En Junio de 1859 Víctor Manuel II, rey de Cerdeña y uno de los más apasionados inventores del nacionalismo italiano, da también en francés a sus oficiales la noticia patriótica de la victoria en Solferino contra Austria[7]. Y ya en el cenit abrasador del

[6] Plutarco, *De defectu oraculorum*, 17.

[7] Umberto Eco, "La identidad nacional es un producto de la historia", *El País*, 6 Diciembre 1992.

nacionalismo del siglo XX, cuando Alemania y el Japón preparan en 1940 su alianza contra las odiadas potencias anglosajonas, Ribbentrop y Matsuoka negocian en inglés[8].

Podríamos multiplicar los ejemplos históricos de esta dislocación entre poder y lengua, que abundan en el siglo XVIII y en épocas anteriores. Algunos, al analizarlos, acaso resulten ser situaciones de diglosia, con lo que confirmarían la tesis de la compañía indisoluble entre lengua e imperio. Otros serán casos de moda superficial y pasajera. Unos pocos entrarían en el apartado de las *linguas francas*. Pero todos, por reveladores que sean, pueden parecer anecdóticos comparados con el vasto y extraño fenómeno de las lenguas indoeuropeas, que como familia lingüística bastante homogénea pasa los primeros treinta siglos de su prodigiosa expansión geográfica imponiendo un ideario propio[9] y luego otros veinte implantando uno ajeno, el del cristianismo y sus epígonos mesiánicos.

El cristianismo, en efecto, emplea desde su nacimiento el griego y el latín como lenguas vehiculares para la labor evangelizadora. Pero los primeros cristianos debieron de ser muy conscientes de la gran paradoja que estaban viviendo: usan las dos grandes lenguas indoeuropeas del Mediterráneo, las lenguas de la gentilidad, para destruir la gentilidad desde dentro y colocar en su lugar lo más distinto a ella que cabía imaginar, una religión semítica, monoteísta y mesiánica. Arrasan la idea del tiempo cíclico e imponen la del tiempo lineal, atribuyendo a la his-

[8] Claudio Véliz, "Un mundo *made in England*", *Estudios Públicos*, nº 52 (Primavera 1993) Santiago de Chile.

[9] A estos efectos tanto monta que sigamos la interpretación trifuncional de Dumézil como la reciente de Renfrew, que ve la cultura indoeuropea como algo que se extiende pacíficamente enseñando nuevas técnicas agrícolas a los vecinos. Da igual que las lenguas indoeuropeas, incontenibles, hayan avanzado por conquista o por docencia, el caso es que ninguna doctrina histórico-lingüística puede negar que –dondequiera estuviese la cuna de esas lenguas y comoquiera se extendiesen– su primera expansión transportó también formas de vida y visiones del mundo *propias*, al menos hasta principios de la era cristiana. Nótese también que hablo aquí de las lenguas indoeuropeas y de la cultura indoeuropea, no de los pueblos indoeuropeos, ya que este último concepto sigue estando poco perfilado históricamente. Y además, ya se sabe, la noción misma de las migraciones prehistóricas está mal vista desde hace treinta años por los arqueólogos políticamente correctos, que por miedo a la épica prefieren explicar la dinámica cultural acudiendo a otras formas de difusión menos traumáticas.

toria un principio (Génesis) y un fin (Apocalipsis), asignando un destino al hombre y suponiendo la existencia en la mente divina de un plan eterno y a la vez histórico[10]. San Agustín le añade la necesaria apoyatura filosófica –en latín– y la nueva teología de la historia queda lista para conquistar el mundo.

Tras agotar las posibilidades vehiculares de las dos grandes lenguas clásicas, la expansión continúa en Europa y fuera de Europa con las nuevas lenguas imperiales, todas ellas indoeuropeas: con el español y el portugués primero, luego con el inglés y el francés, y lentamente, por Asia, con el ruso. No importa que la gran idea teológica y teleológica se secularice, que Omega deje de ser Dios y se convierta en las Luces dieciochescas, en el Progreso decimonónico, en la Evolución darwiniana, en la Sociedad sin Clases marxista o en la Democracia capitalista, el ímpetu del tiempo lineal es tal que el mesianismo se adapta a cualquier cosa, a cualquier palabra escrita con mayúscula. Lo importante es que la sociedad sea dinámica y no estática o cíclica. Y que la palabra escrita con mayúscula, la palabra mesiánica, hunda sus raíces etimológicas en el rico suelo indoeuropeo[11]. Toda la llamada cultura occidental, la que para bien y para mal está prevaleciendo en el planeta entero, todo el mundo contemporáneo, con sus pompas y sus obras, son fruto de esta mezcla heteróclita entre la soteriología semita y la etimología indoeuropea. Mezcla contradictoria, pues, y no buena compañía entre lengua e imperio.

¿Quiere esto decir que la máxima de Nebrija tiene valor político inmediato pero no valor histórico a largo plazo? ¿Se

[10] Plan cuya expresión más axiomática, "Yo soy el Alfa y la Omega" (Apocalipsis, 22:13), arranca de un precedente hebreo (Isaías, 41:4) pero alcanza difusión mundial gracias a estar escrita en griego y traducida a otras lenguas indoeuropeas, como el resto del Nuevo Testamento, y acaso también gracias a la viveza enigmática de la imagen empleada: precisamente una metáfora alfabética *griega*.

[11] Todos los vocablos mesiánicos citados y otros del mismo jaez son de origen griego o latino. Seguramente han muerto más mártires invocando palabras mágicas de raíz indoeuropea (Cristiandad, Patria, Socialismo, Paz, Libertad, incluso Soviet o Bolchevismo, términos ambos eslavos) que de otros orígenes lingüísticos. Claro que no sabemos lo que el futuro nos deparará, y es posible que el concepto islámico de la Guerra Santa, concretado en la voz árabe *Yihād*, dé mucho juego. De todas formas y para volver a la misma palabra *mesiánico*, obsérvese que nunca ha pasado de ser un cultismo y que *Mesías* (ungido, en arameo) tan sólo se popularizó una vez traducido al griego, *Christos*.

equivocó a fin de cuentas el sabio humanista? Pues bien, quizá no se equivocara el profesor de Salamanca, o errase en poco, si admitimos la hipótesis Sapir-Whorf, con la que dos profesores de Yale apuntalaron, cuatrocientos cincuenta años después y probablemente sin darse cuenta, la esencia del binomio lengua-imperio. Edward Sapir (1884-1939) y su discípulo Benjamin Lee Whorf (1897-1941), combinando lingüística y antropología, subrayaron la estrecha relación entre lengua y pensamiento: el lenguaje determina nuestra forma de pensar (principio del determinismo lingüístico) y las distinciones codificadas en una lengua no se encuentran en las demás (principio de la relatividad lingüística)[12]. Ahora bien, si esto es así, si la hipótesis Sapir-Whorf es acertada, también será cierto el axioma de Nebrija. Si es verdad que *lo indecible es impensable*, entonces quien extiende su lengua extiende su forma de pensar y por tanto su imperio, su poder, ya que lo nuevamente decible se convierte en *lo único pensable;* el resto será, en rigor, inefable.

Cabe, pues, argumentar que el cristianismo quedó marcado –mucho o poco– por sus lenguas vehiculares no-semíticas, como cabe preguntarse qué hubiese sido del judaísmo si no hubiera conservado el hebreo como principal lengua litúrgica. También es posible –*sensu contrario* pero sin abandonar a Nebrija ni tampoco a Sapir y Whorf– buscar en las lenguas indoeuropeas la huella de su bautismo y observar cómo éste modificó la evolución de aquéllas.

Respecto al influjo del griego en el cristianismo primitivo, hoy se tiende a aumentar su importancia. Se subraya el hecho de que muchas comunidades judías estaban ya helenizadas bastante antes del comienzo de la evangelización cristiana. Esto explica que la labor misionera de San Pablo se realizara en medio de

[12] Por eso toda traducción es, en última instancia, una aporía de la que sólo se sale con metáforas. El ejemplo más surrealista que conozco es éste: "...the translators of Chairman Mao's 'Little Red Book' into Swahili had to coin a whole set of new terms to render the political jargon of Chinese communism, and rather unexpected innovations became popular, e.g. *wabenzi* for 'capitalists', i.e. the elite group that rides in Mercedes-*Benz* cars" (citado por Edgar C. Polomé, precisamente a propósito de la hipótesis Sapir-Whorf, en "Language and behaviour: anthropological linguistics", en *An Encyclopaedia of Language*, N. E. Collinge ed., Londres 1990).

intensas discusiones con los judíos dispersos por el Mediterráneo Oriental, discusiones desarrolladas "en griego y con todas las sutilezas de la argumentación lógica griega, en las que ambas partes en general citaban el Antiguo Testamento no por la versión hebrea original sino por la traducción griega de los Setenta", como señala Jaeger [13] . Así pues, desde sus principios el cristianismo, al usar el griego como vehículo, asimiló elementos lógicos y retóricos de la cultura helénica, hasta "la recepción del ideal griego de la *paideia* como tal por los autores cristianos de los siglos III y IV"[14].

También el latín influye en el cristianismo, y éste en el rumbo de aquél. Aunque la iglesia de Roma no parece haber latinizado por completo su liturgia hasta mediados del siglo IV, desde antes los cristianos romanos y norteafricanos habían ido elaborando lo que hoy llamaríamos una *lengua especial*, que coexistía –a veces en las mismas personas– con la lengua general, esencialmente pagana[15]. Este latín cristiano es menos refinado que el tradicional, puesto que los primeros fieles pertenecen a menudo al proletariado urbano de origen exótico, pero junto a las previsibles impurezas aparecen neologismos útiles, palabras de sentido general –no siempre religioso– de las que el latín carecía. Más adelante ambas corrientes confluyen, como también se produce un cierto humanismo cristiano "que está en la base de la literatura latina cristiana en su apogeo y marca las obras de un San Ambrosio, un San Jerónimo, un San Agustín y tantos otros"[16]. Llegados a este punto, de nuevo resulta difícil separar forma y fondo, expresión y voluntad, lengua e imperio, aunque ahora ésta última pareja aparezca unida de una manera histórica y semánticamente insospechada para Nebrija, a un nivel tan hondo que apenas si la filología contemporánea empieza a alcanzarlo[17].

[13] Werner Jaeger, *Early Christianity and Greek Paideia,* Cambridge, Massachusetts 1961, p. 7.

[14] Jaeger, *op. cit.*, p. 83.

[15] Christine Mohrmann, *Études sur le latin des chrétiens*, tomo I, Roma 1961, pp. 51-81.

[16] Mohrmann, *op. cit.*, p. 68.

[17] En un sugestivo ensayo, vuelve Christine Mohrmann («Linguistic problems in the early Christian Church», en *Études sur le latin des chrétiens* , tomo III, Roma

II

Todo esto podría parecer arqueología muy alejada de las preocupaciones de este fin de siglo, pero no es así. Lo que ocurrió a principios del primer milenio de nuestra era puede volver a ocurrir a principios del tercer milenio, y cambiar nuestra vida o la de nuestros hijos. Si a comienzos de nuestra era el mesianismo semítico destruyó casi todo el contenido cultural propio del mundo lingüístico indoeuropeo occidental, ocupó el vacío resultante y procedió a conquistar el orbe terráqueo con su nuevo vehículo, algo parecido puede estar gestándose, de forma inconsciente tanto para los sujetos pasivos como para los activos: el nacimiento de una hegemonía económica asiática que use las formas –pero sólo las formas– del capitalismo de raíz occidental y que emplee el inglés como *lingua franca*.

Para que se consume ese nuevo matrimonio entre imperio propio y lengua ajena, basta con que continúen ciertas tendencias ya discernibles hoy.

La primera es el mayor crecimiento de las economías del Extremo Oriente, comparado con el de las europeas o las americanas. En la prospectiva económica las extrapolaciones no son más que otra forma de la bola de cristal de los adivinos, pero todos los observadores, aun los más cautos, coinciden en sus apreciaciones. Asia, que a principios de este siglo pesaba bien poco en la economía mundial, pesa hoy mucho y pesará enormemente dentro de veinticinco años. Si hoy tan sólo tres de las diez mayores economías nacionales son asiáticas, es de prever que en el año 2020 lo sean siete, y que China sea muy superior

1965) a la cuestión de la *resistencia* que opone la lengua griega –más aún que la latina– frente al *newness complex* cristiano. Otras veces llama a éste *consciousness of newness* o *sense of newness* de los cristianos primitivos. Atribuyendo siempre una personalidad casi antropomórfica a las lenguas –la Profesora Mohrmann hubiera cautivado a Nebrija– distingue entre la reacción del griego y la del latín ante el cristianismo. El latín acepta más fácilmente que el griego los barbarismos cristianos. En cambio el griego se sobrepone antes que el latín al temor (¿pánico?) inicial que les impedía a ambos usar como términos cristianos los vocablos propios de la religión pagana y en particular de los cultos mistéricos. La autora se refiere a la *reserve* y *prudery* del latín, llamándolo *squeamish* (melindroso) a estos efectos. Parece, pues, que, al menos en Roma, y durante pocos siglos, la lengua siguió siendo fiel compañera (platónica) del imperio desaparecido de la gentilidad.

en PIB a los Estados Unidos, Indonesia mayor que Alemania y Tailandia mayor que Francia[18].

Por supuesto, para que siga creciendo como hasta ahora el conjunto de las economías del Asia Oriental es necesario que el marco político y geoestratégico se mantenga más o menos estable. Y a nadie se le oculta que esa vasta región es un semillero de discordias internacionales y nacionales. En cualquier momento puede haber una guerra en Corea, lo cual más de un competidor comercial de Corea del Sur vería sin demasiada angustia si no fuese por las imprevisibles consecuencias nucleares de tal conflicto. China tiene contenciosos con casi todos sus vecinos: con los grandes como Rusia, la India y el Japón, pero también con los menos grandes como el Vietnam, Taiwán, Filipinas, Malasia y Brunei. Además Deng Xiaoping tiene noventa años y su sucesión puede acarrear consecuencias internas de toda índole; hay quienes no excluyen la vuelta a la situación existente en los comienzos de la república, con un *tu-chün* o señor de la guerra mandando en cada enorme provincia. En todo caso un nuevo periodo bélico o revolucionario en el Extremo Oriente aminoraría el crecimiento económico del conjunto de esos países y retrasaría el advenimiento de su hegemonía global. Pero eso no tiene por qué ocurrir[19], mientras que el auge económico del Japón, de China y de los llamados dragones está ocurriendo ya y no es ninguna conjetura fantasiosa el suponer que no tardarán mucho en disponer de un poder político internacional acorde con su peso económico.

[18] Véase la página 4 de "War of the Worlds. A survey of the global economy", suplemento de *The Economist,* 1 Octubre 1994. El estudio compara los productos interiores brutos (con paridades de poder adquisitivo) de las quince mayores economías nacionales en 1992 y las quince previsiblemente mayores en 2020, todo ello manejando datos y prospectiva del Banco Mundial. Por cierto que en 1992 había dos países de lengua española (España y Méjico) entre los quince grandes, pero en el vaticinio de 2020 desaparece España y tan sólo queda Méjico, en último lugar. Servirá de consuelo para algunos el que el Reino Unido baje al penúltimo puesto.

[19] Incluso un observador tan lleno de sabio escepticismo sobre el comportamiento humano en general y asiático en particular como Paul Dibb cree que, pese a la previsible falta de un sistema de seguridad colectiva en Asia durante los próximos dos o tres lustros, "the Hobbesian threat of major war among the great powers is no longer current and this should preserve Asia's basic security." (Paul Dibb, *Towards a new balance of power in Asia,* Oxford 1995, p. 70).

La segunda tendencia que parece empezar a establecerse es, no tanto la integración de las diversas economías nacionales de esa región, cuanto una cierta ordenación bajo el liderazgo económico del Japón, acaso compartido mañana con China. Nadie, con razón, quiere aludir al nefasto precedente de la Esfera de Co-prosperidad Asiática, establecida *manu militari* desde Tokio sobre sus conquistas durante la Segunda Guerra Mundial. Pero en la mente de todos está que el Japón ha vuelto a ser la gran potencia económica en Asia, que sus inversiones son decisivas en los países vecinos y que los Estados Unidos están "en retirada psicológica"[20] de esa región. Al cabo de medio siglo del final de la guerra, el Japón no puede, aunque quiera, seguir siendo un gigante económico y un enano político. Es más, si China alcanza en términos de PNB al Japón, como parece inminente, ambas potencias tendrán que escoger entre enfrentarse y colaborar, estableciendo alguna suerte de alianza económica y a la postre política. Como Alemania y Francia, están demasiado próximas para términos medios. En torno al eje económico sino-nipón, si tomase la forma de una zona de libre cambio, pronto se constituiría el mayor bloque económico del planeta[21].

Es cierto que otros diseños geo-económicos se están perfilando ya, y que algunos son más amplios y por tanto con menos posibilidad de resultar en agrupaciones homogéneas. La idea de la cuenca del Pacífico más parece un cajón de sastre, políticamente atractivo, que un concepto económico, dadas las distan-

[20] La frase es de J. N. Mak, del Malaysian Institute of Maritime Affairs. Cf. *The Economist,* 29 Abril 1995.

[21] Drucker piensa que el proceso de integración regional económica se acelerará en Asia Oriental, y que "the only question is whether there will be one or several such economic regions. There might be a region in which Coastal China and the countries of Southeast Asia coalesce around Japan. It is possible also that rapidly growing Coastal China, which embraces about two fifths of China's population and produces about two thirds of China's GNP–from Tientsin in the north to Canton in the south– will establish itself as one region, with a Japan-oriented Southeast Asia as a second region". Peter F. Drucker, *Post-capitalist society,* Nueva York 1993, p. 150.

Huntington, en cambio, augura un porvenir más aislado al Japón y más integrador a China, gracias a los lazos culturales que unen a los chinos de Taiwán, de Hong-Kong, de Singapur y de otros núcleos de su diáspora con su patria de origen. Samuel P. Huntington, *op. cit.*, pp. 27 y 28.

cias y la heterogeneidad de los países ribereños. La APEC (Asia-Pacific Economic Cooperation) es apenas más homogénea: "tres adjetivos en busca de un substantivo", según Gareth Evans, Ministro de Negocios Extranjeros de Australia, uno de los países miembros. La Asociación de Naciones del Sureste Asiático (ASEAN) es algo mucho más práctico, aunque con evidentes limitaciones. Pero a la postre los analistas asiáticos suelen volver al mismo común denominador, no por vago menos intenso: su idiosincrasia asiática, su *Asian-ness* "activada ahora que afrontamos una acentuada y agresiva agenda occidental"[22]. Y esta idiosincrasia asiática, claro está, se trasluce en las peculiaridades de su capitalismo, sobre todo en el caso japonés.

Esto nos lleva a la tercera tendencia discernible, la permanencia e incluso la acentuación de las características propias de los diversos modelos asiáticos de capitalismo. De hecho, uno de los efectos –y no el menor– del derrumbamiento del comunismo de corte soviético ha sido una más clara percepción de las diferencias de forma y de fondo entre las distintas subespecies culturales o nacionales del sistema capitalista; diríase que los matices resaltan dentro del conjunto cuando frente a éste ya no hay, por ahora, alternativa. En el caso de la estructura económica japonesa se trata de algo más que matices. Su singularidad es tan notable frente al modelo occidental que muchos consideran que hoy por hoy la única alternativa conceptual al capitalismo clásico anglosajón es el capitalismo japonés.

Algunos, como Lester Thurow, entienden que los japoneses han conservado su instinto imperial –*construir* más que *consumir*– pero ante la actual imposibilidad histórica de aplicarlo a objetivos militares lo aplican ahora a los mercados internacionales. Movidos por esa ansia constructiva han creado un modelo colectivo de *economía de productores* opuesto al modelo individualista anglosajón de *economía de consumidores*[23]. Esto convierte al Japón en un competidor tan temible que el resto del mun-

[22] En palabras de una china de Singapur, Chan Heng Chee, Directora del Institute of Southeast Asian Studies, "Asia-Pacific Regionalism", en *Tokyo 1994. The annual meeting of the Trilateral Commission,* p 21.

[23] Lester Thurow, *Head to head. The coming economic battle among Japan, Europe and America,* Nueva York 1992, pp. 118-120.

do no tendrá otro remedio que copiar sus métodos,sus fines y hasta su mentalidad[24]. Otros observadores, como Michel Albert, no creen que el modelo japonés sea único y hablan del Japón y Alemania como *países-hormiga* frente a los Estados Unidos y el Reino Unido como *países-cigarra*[25], pero en general atribuyen al Japón una clara primacía en los instintos formicantes, a la vista de su apego al largo plazo en la economía, "gestionada en función de horizontes situados más allá de la expectativa de vida de quienes toman las decisiones"[26].

Todos los comentaristas occidentales subrayan ciertos rasgos que confirman lo que antecede: la tendencia al ahorro (y por consiguiente a la formación de capital, en buena parte invertido luego en el extranjero), la permanencia a menudo vitalicia del trabajador en su empresa y la estrecha colaboración entre empresarios y burócratas, simbolizada por el MITI (Ministerio de Comercio Internacional e Industria). Tanta sagacidad y eficacia se atribuye al MITI que quienes ven la Historia como una sucesión de conjuras le suponen una prodigiosa capacidad maquiavélica y quienes creen que la inteligencia organizativa tiende a concentrarse en un órgano le asignan el mismo papel que al antiguo Estado Mayor Prusiano. Paul Kennedy rechaza la teoría conspiratoria pero termina aceptando la existencia de un "plan" japonés casi instintivo para aprovechar cualquier futuro avatar histórico[27]. En esa constante atención al presente y preocupación por el futuro, el Japón parece demostrar un talante distinto y más previsor que la Inglaterra de 1890 o los Estados Unidos de nuestros días. Hasta ahora las potencias hegemónicas perdían su primacía técnica, industrial y financiera casi sin darse

[24] "Is Japan just better, or is it exceptional? If it is exceptional, and I believe it is, it is going to force major changes in how capitalism is played around the world. The communitarian Japanese business firms' modes of play are quite different from those of the Anglo-Saxons, and their success is going to put enormous economic pressure on the rest of the industrial world to change." Thurow, *op. cit.*, p. 114.

[25] Michel Albert, *Capitalisme contre capitalisme*, París 1991, p. 16.

[26] Jacques Plassard, "Capitalisme décadent", anejo al libro citado de Michel Albert, p. 312.

[27] Paul Kennedy, *Preparing for the Twenty-first century*, Nueva York 1993, p. 150.

cuenta. El Japón acaso no siga la regla histórica de los dos últimos siglos. Terminará rezagándose en la obsesiva carrera de los números, pero no será por descuido o negligencia de sus clases dirigentes.

Admitida por lo común la especificidad del modelo capitalista japonés[28], cosa distinta es determinar si los países de su entorno comparten esa idiosincrasia, si tienen peculiaridades propias o si se asemejan más a las características socioeconómicas del mundo anglosajón u occidental. Dejando aparte el problema de ciertos recelos históricos y culturales hacia el Japón, sobre los que volveremos después, interesaría dilucidar si en general el Extremo Oriente se siente más atraído por el sistema japonés o por el sistema occidental. Thurow cree que "Singapur, Corea y Tailandia están mucho más integrados con los Estados Unidos que con el Japón"[29]. Drucker, sin embargo, se fija menos en los flujos económicos internacionales que en el talante económico intrínseco a cada nación, y acude a la metáfora meteorológica: triunfan los países que atienden al clima, no los que se preocupan por el cambiante tiempo. Y, en esa división, Corea, Hong Kong, Singapur y Taiwán quedan del mismo lado que el Japón[30]. En el fondo viene a decir lo mismo que Michel Albert con otras palabras. El Japón ha enseñado a los asiáticos el valor del cálculo a largo plazo. La hormiga sobrevive porque se fija en el clima; la cigarra perece porque se fija en el tiempo pasajero. Por muy sui generis que sean el capitalismo de Singapur (inspirado por el despotismo ilustrado de Lee Kuan Yew), el capitalismo coreano (originado por otro despotismo menos ilustrado) o el mafioso capitalismo comunista de la provincia china de Guangdong (distinto a su vez del capitalismo general chino, de talante confuciano según algunos occidentales exasperados por la incomprensión oriental hacia la propiedad intelectual), ninguno de ellos se comporta cual cigarra alegre y confiada. Todos

[28] Baste con escuchar la letanía de apelativos acuñados en inglés por los propios tratadistas japoneses para caracterizar su peculiar sistema económico: *noncapitalist market economy* (Sakakibara), *network capitalism* (Nakatami), *catch-up capitalism* (Saburo Okita).

[29] Thurow, *op. cit.*, p. 85.

[30] Drucker, *op. cit.*, p. 166.

piensan en el invierno. En eso precisamente parece consistir la *Asian-ness*[31].

Admitamos, pues, como hipótesis de trabajo la probable continuación de las tres tendencias hasta ahora analizadas. Supongamos que de aquí a veinticinco años, en el lapso de una generación, la hegemonía económica mundial se traslada del Atlántico Norte al Pacífico Asiático[32]. Los nuevos amos, como es natural, mandarán. Sí, pero ¿en qué lengua negociarán, convencerán, darán las órdenes? En inglés, por supuesto. Los pueblos asiáticos, al igual que han adoptado y adaptado el capitalismo para sus fines de poder, adoptarán y adaptarán la lengua inglesa para atender a sus necesidades de comunicación internacional.

No se percibe hoy ni una sola señal de que pueda ocurrir otra cosa. La lengua japonesa es tan insular como la islandesa, aunque tenga quinientas veces más hablantes. Su proyección internacional es mínima, en sorprendente desproporción con el peso mundial de la economía japonesa y con el altísimo nivel cultural de sus hablantes[33]. La falta de difusión ultramarina del japo-

[31] Pedro Schwartz, buen conocedor de las economías orientales, me ha hecho el honor de leer el borrador de este texto y me comenta que a su entender los diversos modelos nacionales de capitalismo –incluido el japonés– pueden ir quebrándose a lo largo del siglo XXI para dar paso a una constelación casi hanseática de naciones y aun ciudades librecambistas. El Profesor Schwartz cree que tal pléyade talasocrática reforzaría en todo caso la condición de *lingua franca* del inglés.

[32] En honor de la verdad tengo que dejar constancia de una voz discordante y elocuente. Paul Krugman, profesor de Economía en Stanford, argumenta que el rápido crecimiento asiático se debe –como el estaliniano– a la capacidad de movilizar recursos, no a la capacidad de usarlos eficazmente. Pero en cada caso el esfuerzo es irrepetible y conduce pronto al agotamiento, por lo que a medio plazo las economías asiáticas aminorarán su ritmo de crecimiento, reduciéndolos a pautas occidentales. No obstante, termina con palabras que confirman lo peculiar del modelo asiático: "If there is a secret to Asian growth, it is simply deferred gratification, the willingness to sacrifice current satisfaction for future gain". (Paul Krugman, "The myth of Asia's Miracle", *Foreign Affairs*, Noviembre-Diciembre 1994).

[33] Esta es al menos una de las conclusiones extraíbles de los datos recopilados en otro capítulo de este libro por Jaime Otero, donde en general se pone de manifiesto la dificultad de evaluar los factores que explican la proyección internacional de una lengua. Con ser de gran importancia, ninguno de los seis indicadores utilizados en el experimento descrito en dicho capítulo para comparar el peso internacional de las lenguas ha resultado ser definitivo. Según las conclusiones del experimento, además del número de hablantes de cada lengua y su desarrollo económico y social, del número de países donde la lengua es oficial, de la capacidad de irradiación económica y cultural de la lengua y de su *status* en la diplomacia, falta

nés se debe a causas de diversa índole. Algunas son lingüísticas, como su rara condición de lengua aislada, sin parecido alguno con las demás hablas aunque sí en su escritura con muchos ideogramas chinos. También debe de pesar la notable dificultad y complejidad del japonés. En uno de los arrebatos reformistas de la época Meiji, hace ciento veinte años, Arinori Mori llegó a proponer la romanización gráfica del japonés e incluso su substitución por el inglés[34]. Otros de los factores son más culturales o históricos. En China, en Corea, en Filipinas, pervive el rencor por la dura ocupación y colonización japonesa del pasado. Ello no ha impedido el establecimiento de estrechos lazos económicos con el Japón, pero sí la invasión de la moderna cultura popular nipona que de otro modo hubiese tenido lugar, sobre todo en Corea, donde muchos aprendieron japonés en su niñez[35].

El chino tiene una ventaja frente al japonés como *lingua franca:* la existencia de muchas y numerosas colonias de emigrantes y comerciantes chinos por toda Asia y en otros continentes. Pero también tiene desventajas. No sólo se habla el chino mandarín, sino otras muchas variedades tan distintas entre ellas como el español y el francés. Además, el propio éxito económico de los chinos de ultramar y su tendencia a constituir redes comerciales muy prósperas pero poco asequibles para los forasteros, empiezan a suscitar envidias[36]. La lengua china puede

un elemento determinante en el equilibrio de fuerzas entre lenguas internacionales, en función del cual el inglés ha adquirido un visible predominio sobre los demás idiomas. Ese misterioso elemento determinante tiene que ver con el uso de cada lengua como segunda lengua en todo el mundo, magnitud *inmedible* aunque suficientemente perceptible mediante ciertos indicadores más o menos directos que siguen *inmedidos* universalmente: por ejemplo, el de la demanda de enseñanza de lenguas extranjeras en el mundo (véase a este respecto el capítulo de Francisco Moreno) o el empleo de las lenguas en los contactos internacionales comerciales o de otro tipo.

[34] Nicholas D. Kristof, "A top Japanese import: English words", *International Herald Tribune,* 22 Febrero 1995. Conviene, empero, tener presente que Mori acabó siendo asesinado en 1899, por impío.

[35] En Corea, según un sondeo de Gallup, un 84 por ciento de los encuestados se sentían "generally negative toward opening up to Japanese popular culture" (Sheryl Wu Dunn, "Korea and Japan: a legacy of tragedy", *International Herald Tribune,* 3 Mayo 1995).

[36] Philip Bowring, "Chinese minorities in Southeast Asia have cause to be careful" y George Hicks, "The trend: reduced incentive for overseas Chinese to assimilate", *International Herald Tribune,* 29 enero 1993.

convertirse en un símbolo antipático del orgullo hermético de las minorías que la hablan.

Otras lenguas asiáticas han cumplido el papel de lenguas vehiculares, y algunas siguen desempeñándolo, aunque acaso venidas a menos. El *pidgin* malayo continúa usándose en buena parte del sureste asiático, pero no es probable que se emplee en la negociación internacional de un contrato importante de petróleo. Ahí se emplearía el inglés. Este sigue asimismo utilizándose en el mundo de los negocios, incluso de fronteras adentro en algunos estados multilingües como la India o el Paquistán. Es más, aún medio siglo después de alcanzar la independencia, la lengua de la antigua metrópoli conserva su vigencia en ciertos campos de la administración pública, como mal menor frente a la irremediable babelización nacional.

Los asiáticos son muy conscientes de su dilema lingüístico. Si aumenta la penetración del inglés –no sólo por necesidades comerciales sino a través de la televisión, el cine y la música juvenil– perderán sus señas de identidad nacionales[37]. Pero si frenan la expansión del inglés perderán parte de su capacidad de competir en los mercados internacionales y crecerán las dificultades de comunicación inclusive entre estados vecinos y en algunos casos aun dentro del estado. No hay otra *lingua franca* de utilidad comparable y que además sea asiática. Y si la hubiese resultaría igual de exótica a los ojos y oídos de todo el que no la tuviese por lengua materna. Peor, cualquier *lingua franca* asiática tiene ecos –precisamente en Asia– de hegemonías pasadas, presentes o futuras, lo que la hace atrabiliaria para muchos. Mientras y por algún misterioso proceso de amnesia histórica selectiva, el inglés ya no es la lengua del antiguo colonizador británico, ni la del libertador u ocupante americano, ni la del rubicundo vecino australiano, ni siquiera de las exportaciones que permitieron el despegue económico de los últimos treinta años. El inglés es ya puro símbolo de la modernidad. Como la modernidad no es en sí substancia sino mera forma, en el inglés se puede verter cualquier contenido económico, político, social o de simple ejercicio de poder.

[37] Michael Richardson, "Awash in English, Asians fret", *International Herald Tribune*, 12 Enero 1994.

III

Volvemos, pues, al punto de partida. Al igual que la koiné del siglo I no era instrumento de áticos ni vehículo de sus ideas e intereses, el inglés de finales del siglo XX no es correa de transmisión de los dogmas de Adam Smith. La koiné podía servir para comprar mármol a un frigio, vino a un chipriota, trigo a un egipcio, para gobernar una trirreme o para escuchar a un judío algo heterodoxo llamado Pablo. El inglés de hoy puede servir para vender transistores a un chileno, comprar petróleo a un kuwaití, aterrizar en Rio de Janeiro, entender las canciones de Madonna o escuchar a un japonés que explica por qué no es rentable la fábrica en Linares y va a cerrarla. Al final, de todo lo primero, lo que marcó la historia fue la prédica del judío en griego. Y de todo lo segundo lo que marcará el porvenir es la lección del japonés en inglés. Convendrá escuchar y no engañarnos, pues contra toda apariencia lengua e imperio están de nuevo separados.

Cabe, por supuesto, aplicar *mutatis mutandis* a la nueva situación que está naciendo lo antes dicho sobre el influjo recíproco entre el cristianismo y las lenguas clásicas. Hay que suponer, por extensión *sensu contrario* de la hipótesis Sapir-Whorf, que los orientales modificarán la lengua inglesa al igual que están modificando el capitalismo (otra forma de origen occidental) por el mero acto de usarlo. De hecho en estos procesos adoptar, adaptar y adaptarse son acciones simultáneas. Así es que también el capitalismo y la lengua inglesa están influyendo en las formas de vida orientales de modo evidente[38].

En cuanto a la cuna, a la nación o a las naciones de origen de la *lingua franca*[39], no se puede negar que en este caso como

[38] Piénsese en el extraño ejemplo que da Kristoff (loc. cit. en nota nº 34). Acoplando a su aire dos palabras inglesas, *hair* y *nude*, los japoneses han acuñado un neologismo autóctono, *heaa nudo*, para designar las fotografías donde se exhibe el vello púbico.

[39] Permítaseme una puntualización acaso pedante pero desde luego necesaria. Después de dar muchas vueltas al asunto, me decido a mantener la expresión *lingua franca* y no lengua franca, por respeto al DRAE. Este, en su edición vigésimo primera (1992), define la lengua franca como "la que es mezcla de dos o más, y con la cual se entienden los naturales de pueblos distintos". En ediciones anteriores

en lo demás que nos muestra la Historia el hecho de tener una lengua mundial como lengua materna acarrea ventajas no desdeñables. No desdeñables pero quizá tampoco tan considerables como a veces creen los hablantes de lenguas menos ecuménicas. Es cómodo no tener que aprender ninguna lengua foránea para entenderse con los extranjeros. Es agradable –aunque algo ilusorio– creer que en cualquier discusión o trato internacional lleva uno gran ventaja sobre la otra parte al poder pormenorizar más la propia posición negociadora; en realidad no es así pues al de enfrente se le escapan los matices y al final uno comprende la necesidad imperiosa de simplificar la propia lengua. Los funcionarios ingleses destinados en organismos internacionales reconocen que terminan usando un inglés distinto del que empleaban en Londres, un inglés que sin llegar a la pobreza del *basic English* posee un vocabulario somero y una sintaxis elemental.

Quizá donde con más claridad aparecen las ventajas de esta coincidencia entre lengua materna y *lingua franca* es en el campo de la comunicación y la información. Sea cual sea el mensaje llegará más lejos si está en inglés. Quien tenga, por ejemplo, la experiencia de haber escrito en el *Financial Times* y en *El País* sabe lo que digo: el primero llega hasta el fin del mundo y el segundo no. Y no me refiero a la distribución geo-

decía "lengua bastarda"; ignoramos si la supresión del adjetivo infamante obedece a la corrección política (en el sentido de *political correctness*) o a la corrección filológica. Se ve, en todo caso, que la Real Academia entiende la lengua franca como algo inculto y espurio, equivalente al *pidgin* (por ejemplo el papiamento, el chabacano, el haitiano, etc.), y de ningún modo como expresión aplicable a la *koiné*, al latín o al inglés moderno. Pero a mí me interesa distinguir entre la lengua culta hablada como lengua materna por varias naciones (por ejemplo el español de hoy, que califico de lengua internacional) y la lengua culta hablada como lengua auxiliar por varias naciones (por ejemplo el inglés de hoy, que a falta de otro término más preciso en castellano califico de *lingua franca*).

Por eso y aun consciente de la polisemia y arbitrariedad del uso contemporáneo –incluso en la filología– de cierto léxico, me atengo en este trabajo al criterio que adopté en 1992 (en "El español, ¿lengua internacional o *lingua franca*?", *Actas del Congreso de la Lengua Española*, Sevilla 1992). Me resigno, pues, a parecer afectado, y además mal latinista: escribiré en cursiva *lingua franca*, con plural macarrónico *linguas francas* y no *linguae francae*.

Renuncio en cambio a emplear con rigor –hay demasiados rigores rivales– términos como lengua vehicular, lengua de contacto, *trade language*, *creole* (acaso falso amigo de criollo o de *créole*), *Sprachbund*, e incluso *koiné* si lleva artículo indeterminado.

gráfica sino al tipo de lector. El que lee en inglés puede no saber nada de la cultura inglesa; el extranjero que lee en español suele ser hispanista en algún sentido de la palabra. Lo homogéneo y restringido del segundo grupo de lectores tiene una contrapartida favorable para el articulista, y es que sabe que sus lectores comparten un cierto esquema de referencias comunes. Si hace una modesta alusión cultural hispánica el director no se la tachará y el lector no la desconocerá. En cambio el *Financial Times* va dirigido al nuevo *Weltbürger*, que al ser ciudadano del mundo no lo es de ninguna parte. Si el articulista desliza una referencia cultural, aunque sea anglosajona, el director la suprimirá y hará bien, pues el petrolero árabe o el banquero japonés no la entenderían. En rigor nunca se puede escribir *urbi et orbi*. O se escribe *urbi*, para la ciudad –siempre algo municipal y espesa[40] –o se escribe *orbi*, para el mundo, cerrado cual ostra a todo lo ajeno, salvo a la espada del poder[41]. Así es que aclaro la afirmación al principio de este párrafo: sea cual sea el mensaje llegará más lejos si está en inglés, pero en inglés internacional, en una lengua aséptica y sencilla bien distinta del inglés propio de la cultura inglesa o angloamericana. El alcance del mensaje dependerá del grado de asepsia del medio empleado y el grado máximo hasta ahora conseguido es el de la primera *lingua franca* planetaria, el inglés pasteurizado y despojado de casi todos los sabores que había ido adquiriendo a lo largo de siglos de uso culto y popular. Un inglés, pues, esencialmente desnacionalizado, lengua errabunda y meteca aun en su propia cuna.

Pero ese hecho evidente, la apatría del inglés, parece invisible a los ojos de muchos, sobre todo de los políticos, con lo que el escenario internacional está plagado de malentendidos a veces cómicos pero siempre costosos. Cual en un vodevil parisino, el Ministro de Cultura francés suele gritar a Marianne "¡me engañas, tienes un amante *anglosaxon*, lo noto en que te gustan las películas de Hollywood!" El buen hombre ignora que medio Hollywood es propiedad del capital japonés[42], y ni siquiera se ha

[40] ¿Cuántos lectores no hispánicos reconocerían las palabras de Rubén Darío?

[41] ¿Cuántos lectores no anglosajones reconocerían las palabras de Shakespeare?

[42] Sony es dueño de Columbia y Matsushita sigue teniento un buen paquete de MCA. Es cierto que los japoneses vendieron el Bel-Air –el hotel plutocrático, de

percatado de que las películas americanas son cada día más *politically correct* y más multiculturalistas; en suma, más apátridas. Marianne tiene, en efecto, un amante, pero no es de habla inglesa: habla inglés como hablaría esperanto si todo el mundo entendiese el esperanto. El caso es que el ministro de turno, francés, catalán o de donde sea, intenta una y otra vez, a golpe de millones en subvenciones a la cultura patria, devolver la pureza cultural e idiomática a su nación. Y no lo consigue porque no se entera del problema. Entiende el conflicto como una épica pugna antropomórfica entre diversas lenguas nacionales: el inglés ataca, el francés se defiende, el italiano viene en su ayuda, el alemán despierta de un letargo de medio siglo y se dispone a entrar en liza, etcétera. A ese antropomorfismo le suele añadir una fuerte dosis de voluntarismo (con el debido esfuerzo se puede cambiar el mapa lingüístico del mundo y su evolución) y acaba viendo la historia como conjura[43]. De ahí el curioso tono, entre melancólico y pugnaz, del todavía Presidente Mitterrand en sus palabras casi de adiós al Parlamento Europeo en 1995, cuando vino a lamentarse, como amo de la lengua francesa, de no tener las grandes bazas "geográficas" del inglés o del español para conjurar las "amenazas" que origina la "rivalidad de las lenguas", amenazas contra las que tan sólo cabe luchar con la "excepción cultural"[44].

nombre francés, en Beverly Hills– pero lo compró alguien tan poco anglosajón como el Sultán de Brunei. Emiko Terazono, "It was just one of those things", *Financial Times*, 12 Septiembre 1995.

[43] Me refiero a lo que Popper llama con sorna la *conspiracy theory of society*, según la cual casi todo lo malo que pasa ocurre como resultado de una conjura de poderosos individuos y grupos. Karl R. Popper, *The open society and its enemies*, Nueva York 1963, vol II, pp 94-96.

[44] "Je représente la France qui connait les menaces qui l'entourent sur ce plan, qui sait très bien la rivalité des langages. Mais je pense à quelques autres tout aussi respectables dont les langues n'ont pas la dimension géographique de celle de la France, qui elle-même n'a pas la dimension géographique de quelques autres. Que deviendrot le fond de l'âme de l'expression gaélique, du flamand, du néerlandais? Je ne veux pas sembler isoler les plus petits ou les plus faibles parce qu'ils sont moins nombreux. En réalité, l'Italie, l'Allemagne, la France sont aussi menacées. Il n'y a guère aujourd'hui que la culture anglaise et américane, la culture espagnole qui soient en mesure d'affronter ces défis et quel que soit l'amitié que j'ai pour ces pays, j'aime bien parler ma langue plutôt que la leur!". Discurso de François Mitterrand en el Parlamento Europeo, Estrasburgo, 17 enero 1995, con motivo de la presentación del programa de la presidencia francesa de la Unión Europea.

Nada más lejos de la realidad que esa supuesta intención subjetiva de agresión, sobre todo en el caso del inglés. Este –bien mostrenco a la postre– no tiene amo, pero quienes de tal podrían fungir no mueven un dedo para que medre, y ni siquiera para usarlo como instrumento político. Está claro que los políticos ingleses, americanos y demás anglohablantes no creen que su lengua (franca, no se olvide) sea compañera del imperio. Rara vez aluden a las ventajas de su dudosa posesión, y cuando lo hacen suelen añadir palabras o acciones que demuestran que no creen en ello. Así, pudimos oir a Douglas Hurd afirmar como Ministro de Negocios Extranjeros que la lengua inglesa es un activo que favorece a los hombres de negocios británicos y realza el prestigio internacional del Reino Unido. Por eso, añadió, su gobierno invierte 175 millones de libras en el World Service de la BBC, 130 millones en el British Council y 30 millones en becas[45]. Todo ello suena plausible hasta que nos ponemos a comparar. El contribuyente británico gasta en mantener las emisiones internacionales de la BBC –que en efecto es la emisora más respetada del mundo– el equivalente a 34.000 millones de pesetas al año, pero es que tan sólo mantener la televisión regional valenciana le cuesta 13.000 millones al contribuyente español, y las ocho televisiones regionales cuestan 65.880 millones[46], es decir algo más que la suma de lo que gastan los británicos en sus tres instrumentos lingüísticos de alcance internacional citados, BBC, British Council y becas a extranjeros.

En la práctica, pues, los anglohablantes se ocupan muy poco de la irradiación mundial de su lengua, y ello por dos motivos. Primero porque no deben de sacar tanto partido de "su" *lingua franca* como creen los demás y segundo porque la cosecha que sí sacan no depende de su propia siembra sino de la extensión automática del inglés. Ciertamente no necesita ayuda una lengua que se habla en todo el mundo con independencia de que alguno de los interlocutores la tenga o no como lengua

[45] *Survey of Current Affairs*, Foreign and Commonwealth Office, Londres, Febrero 1995, p. 32.

[46] Monto de las subvenciones presupuestadas en 1994 para los canales de televisión autonómicos, según el informe de Fundesco *Comunicación Social 1994/Tendencias*, Madrid 1994, p. 130.

materna, y si en algún caso necesitase ayuda más bien se verían obligados a darla los prestatarios de la lengua que los supuestos propietarios[47].

Mas todo esto, con ser así, suele percibirse de muy otra manera, sobre todo cuando la mirada es política. Un diplomático francés cree que su lengua es rival del inglés, uno español piensa a veces que el castellano compite con el francés, uno alemán puede soñar con desplazar al francés en Bruselas o al ruso en Europa Oriental, uno turco en recuperar el terreno perdido en Asia Central frente al ruso. Creo que casi todos estos confusos antagonismos, y algunos más como los que suscitan ciertas lenguas no estatales en Europa o en Asia, nacen de una larga serie de complejos malentendidos más que de condiciones objetivas. Se me puede objetar que un malentendido estable es ya de por sí una condición objetiva. Pero sigo pensando que en buena parte esos resquemores internacionales e internos en ciertas naciones quedarían mitigados si comprendiésemos el justo y necesario papel político de cada lengua.

Para empezar conviene tener muy claro que toda lengua tiene un papel político. De hecho la lengua es un fenómeno en esencia político; incluso podría decirse que lengua y política son dos caras de la misma moneda en la medida en que ambas, más que permitir y ordenar la comunicación social *son* la comunicación misma. Ahora bien, ocurre que esa comunicación política humana –al contrario de la comunicación entre abejas o entre hormigas, también política– adopta formas distintas según el grado de proximidad entre los interlocutores. Dentro de la estrecha horda basta con el gruñido castizo para entenderse; no así en una tribu ya más amplia[48]. Menos en la nación, y aún menos en

[47] De los mil ejemplos posibles, reparemos en uno, el del tráfico aéreo. ¿A quién interesa más fomentar el uso exclusivo del inglés entre el avión y la torre de control, al piloto de American Airlines que aterriza en Londres o al de Lufthansa que aterriza en Atenas? Es obvio que al segundo, pues el primero ni se plantea la cuestión. De hecho los pilotos civiles alemanes se negaron muchas veces en 1995 a volar a Grecia porque los controladores aéreos griegos no les hablaban en un inglés bastante puro sino que introducían frases en griego. Se conoce que no hay koiné eterna. Véase "Pilots fault Greek safety", *International Herald Tribune*, 1 Septiembre 1995.

[48] Tal vez sea ese el sentido que haya que dar a la misión del escritor según Mallarmé: "donner un sens plus pur aux mots de la tribu" *(Le tombeau d'Edgar Poe).*

el imperio o en el orbe terráqueo. Cual en círculos concéntricos, cada modo de relación adoptará una forma distinta, que cada vez será sentida como menos íntima por el hablante: jerga familiar o profesional, dialecto local, lengua nacional, lengua internacional, *lingua franca.* A veces lo que se va ganando en alcance se va perdiendo en intensidad emotiva. Pero salvo quienes vivan en un atolón autárquico o en un valle incomunicado, todos los hombres tienen que relacionarse de un grupo social a otro, y entre grupos de muy diverso peso político. Por eso históricamente un cierto grado de poliglotismo no ha sido, contra lo que se cree, una rara excepción; debió de ser la regla tanto entre los pueblos nómadas como en las culturas sedentarias que practicaban el comercio. Tampoco la historia muestra una correlación constante entre la dominación militar, política o económica de un lado y la dominación lingüística del otro; hemos visto que en el caso del imperio romano y de la expansión del cristianismo ni siquiera hubo paralelismo entre cultura y lengua. En otros casos el conquistador adopta la lengua del conquistado o al menos su alfabeto. Por último, abundan las situaciones históricas de equilibrio más o menos estable en las que tres o cuatro lenguas se reparten diversos papeles internacionales dentro del mismo ámbito geográfico: en Europa, hace un siglo, era normal que un químico supiese alemán, un banquero entendiese inglés y un diplomático hablase francés. Por todo ello cabe deducir, siquiera sea provisionalmente, que sería más ajustado a la realidad establecer una relación entre lengua y política que entre lengua e imperio. No es que la segunda relación no exista, es que a veces no es como parece.

IV

Simplificando los términos políticos de la cuestión, creo que ha de plantearse como sigue. Cualquier política debe buscar el bienestar de las personas que componen el grupo social. Este bienestar incluye necesariamente una identidad cultural armónica, la cual a su vez tiene un fuerte contenido lingüístico. Tal contenido puede ser unilingüe o plurilingüe, y ahí empiezan los problemas. Uno de los errores más absurdos e interesantes de la modernidad (¿o de la post-modernidad?) es la tendencia al exclusivismo, que lleva al hombre de hoy a creer que un medio cualquiera de transporte como el automóvil es el único deseable, o un medio de información más como la televisión es el único fidedigno, o un medio a secas como el dinero es el único fin racional. Ese exclusivismo pueril empobrece de raíz la vida humana, y no digamos la cultura. En el aspecto que ahora nos ocupa ocurre, pues, que nuestros contemporáneos no suelen preguntarse *para qué* sirve una lengua, sino *cuál* es la mejor, y suelen deducir que la mejor es la que tienen más cerca o más hondo. De ahí a pensar que las demás son lenguas o inútiles o competidoras, luego enemigas, no hay más que un paso. Cualquier noción de complementariedad desaparece con este nuevo totalitarismo lingüístico. Como mucho, el hablante de una lengua de mediana difusión estará dispuesto a admitir la existencia de alguna *lingua franca* remota y de algún dialecto mínimo, pues siente que ninguno de los dos hace sombra a su propia lengua. Y el hablante de un dialecto o de un *pidgin*, por exiguos que sean, tenderá a creerse el ombligo lingüístico del mundo[49]. Sin

[49] Así nos encontramos con que la palabra *abacá*, que es de origen filipino y existe en español desde hace más de dos siglos puesto que figura en el diccionario de Terreros, aparece, junto con otras muchas puramente castellanas, como propia de la jerga de los jornaleros andaluces de Los Palacios (Federico Núñez Muñoz y Eduardo Caballero Escribano, *Diccionario Agropó*, Sevilla 1990). O que el término *acurrucado*, que ya usaba Cervantes, se convierte con sólo escribirlo *acurrucao* en voz "característica y autóctona del habla de los jerezanos", habla que se presenta como única dueña de una multitud de palabras como *chichón*, *chirigota* o *chulo* que hasta ahora todos, incluídos los jerezanos, creíamos propiedad común del ancho mundo de habla española (Juan de la Plata, *Vocabulario Jerezano*, Jerez de la Frontera 1991). Y no se crea que estamos ante meros delirios lingüísticos pueblerinos, pues el primero de esos dos léxicos está publicado por la Universidad de Sevilla y el segundo por el Consejo Superior de Investigaciones Científicas, es decir pagados ambos por el contribuyente español. Se ve que la excepción cultural triunfa a todos los niveles.

Incluso a nivel llanito o *yanito*, que es como los gibraltareños *abertzales* prefieren llamar a su naciente papiamento. En el semanario *Panorama* de Gibraltar se está publicando, por entregas y desde el 24 de Julio de 1995, *The Yanito Dictionary. Know your Yanito*, de Tito Vallejo. Su método lexicográfico consiste en reseñar el término en jerga gibraltareña seguido por lo general de su traducción al español correcto y luego de su significado en inglés. Y resulta que también los llanitos se creen los padres de medio DRAE. El diccionario está repleto de perlas como éstas: *ALCANCIA*: UCHA [sic]: *Piggy bank*. *BATEA*: BANDEJA: *A serving tray*.

embargo, un mayor realismo no sólo evitaría conflictos nacionales e internacionales sino que permitiría aprovechar mejor las ventajas de cada lengua. Ello contribuiría al bienestar de sus hablantes, que es de lo que se trata en la política. No sería chica cosa evitarles burdos remedos de lo foráneo que aumentan la ambigüedad semántica, o, en el caso de las lenguas internacionales como el español, traducciones múltiples, desordenadas y simultáneas de los neologismos con las que aumentan los riesgos de fragmentación[50]. Sobre todo, un mayor realismo en la materia evitaría frustraciones culturales innecesarias. Eso, y no el belicismo lingüístico, es lo que constituye una política lingüística internacional sensata.

Pero la realidad es hoy muy distinta. Predomina la sensación de que las lenguas compiten en una especie de liga futbolera, sin comprender que no hay torneo posible ya que una lengua juega al fútbol, otra al baloncesto, otra al tenis y así sucesivamente. La variedad de situaciones lingüísticas es tan grande que, aunque a veces sí se den casos de competencia directa, necesaria y consciente, en conjunto resulta imposible establecer un palmarés objetivo y verificable. Con esto no quiero decir que el uso internacional de ciertas lenguas carezca de significado político. Al revés, creo que lo tiene, y mucho. Pero reducir la política al mando exclusivo y excluyente, o creer que imperio es tan sólo mando, es una simpleza. En ocasiones se podrá dar la vuelta al dicho de Clausewitz y hacer política continuando la guerra con otros medios. Entre esos medios estará la imposición deliberada de la propia lengua –o de una tercera– al vecino. Pero en general es más aplicable la definición de Bismarck: la política es el arte de lo posible. Sin embargo se olvida a menudo que eso exige una labor previa, averiguar cuáles son las posibilidades prácticas que la realidad nos permite.

Quien haya leído la prensa gibraltareña últimamente habrá podido ver el nacimiento de un nuevo nacionalismo, tan anglófobo como antiespañol. Quien la siga leyendo podrá asistir a la invención de una lengua, que acaso resulte ser el andaluz con otro nombre.

[50] No hago apología del purismo. De sobra sé que es empobrecedor y a la larga impotente. Pero las inundaciones fertilizan más cuando se encauzan. Los dos mínimos criterios prácticos para la acogida de neologismos y barbarismos son evitar la polisemia y huir de cuanto daña la unidad del idioma.

En la política lingüística internacional esa necesidad es tan imperiosa como en cualquier otro campo. Por ello asombra ver a políticos avezados, gente práctica que nunca abordaría faenas imposibles en el Ministerio de Obras Públicas o en el de Defensa, perder la cabeza cuando hablan del futuro de su lengua. Y es por falta de reflexión preliminar. Nadie propondría construir un embalse sin saber por dónde pasa el río, pero muchos son capaces de lanzarse a defender el español en Filipinas sin averiguar antes qué es lo que queda aún por defender y sin calcular qué beneficios materiales o espirituales se obtendrían defendiéndolo. Los políticos más cultos fundan ese ciego voluntarismo en vagas noticias de empresas al parecer imposibles que en el pasado se coronaron con éxito. Sueñan con la invención decimonónica de la *katarevusa* griega, la resurrección del hebreo como lengua de uso general o la gran reforma del turco en tiempos de Kemal Ataturk. Pero olvidan o desconocen fracasos estrepitosos como el de la nonata imposición del irlandés en el Eire. Es más, desperdician recursos emprendiendo tareas que aun en el caso improbable de que prosperasen resultarían inutiles y en cambio no atienden a proyectos lingüísticos de mayor enjundia cultural e interés práctico.

Casi siempre, estos errores tan costosos arrancan de la general creencia de que todas las lenguas son funcional y teleológicamente iguales, que todas sirven para la misma clase de comunicación y todas tienen la misma finalidad intrínseca, dominar a las demás y a la postre a sus hablantes. Doble corolario de esta falacia es no ver en una lengua más grandeza que la numérica –número de hablantes y número de palabras[51]– y no admitir más relación entre lenguas que la relación bélica, antes señalada. Todo por no empezar analizando las ventajas y defectos de cada lengua, de sus vecinas y de sus supuestas rivales. Si lo hacemos veremos que lo importante es aprovechar las bazas propias y ocupar lo que los biólogos llaman el nicho ecológico, que no tiene por qué ser geográfico.

Veamos el caso del turco, por tomar un ejemplo escasamente polémico para el lector español. Las lenguas túrquicas,

[51] Muchos se sorprenderían si supiesen que la Atenas de Pericles tenía menos habitantes que el Leganés de hoy o que La Fontaine usaba menos palabras que Corín Tellado.

pertenecientes a la familia de las altaicas, forman un grupo bastante homogéneo[52] pero muy extendido geográficamente. Sus hablantes están esparcidos en un vasto arco euroasiático de unos siete mil kilómetros que va desde las orillas del Mar Egeo hasta los confines del Desierto de Gobi. Como ocurre con casi todas las grandes lenguas, es imposible saber cuántos hablan la lengua o las lenguas túrquicas; por motivos políticos, por dificultades filológicas o por simple inopia estadística los cálculos van desde setenta millones hasta mucho más de cien si se atiende a su uso como segunda lengua. Tampoco es fácil para el lego en la materia averiguar el grado real de mutua inteligencia entre las diversas lenguas del grupo. También aquí parecen mezclarse argumentos científicos y motivos políticos, mezcla que impide como siempre un consenso práctico. Baste con decir, a grandes rasgos, que dichas lenguas forman un conjunto mucho menos uniforme que el español y mucho más homogéneo que las diversas variedades del árabe popular. Dentro del conjunto hay parejas casi de gemelos, como el uigur y el uzbeco, tan parecidos como el catalán y el valenciano, mientras el turco otomano y el acerí se asemejan como el castellano y el portugués, pero también cabrían comparaciones extremas, por ejemplo kirguisio y turco otomano, que arrojarían disparidades como las existentes entre el rumano y el español. Otra peculiaridad del grupo es que ha usado y sigue usando muy distintos tipos de escritura, por completo ajenos a la familia, como el alfabeto árabe, el cirílico y el latino. Pero lo importante a los efectos que ahora nos ocupan es que hay estrechos lazos lingüísticos y culturales entre unas naciones que se extienden desde los Balcanes hasta el norte de China. Y cualquiera que lea los periódicos con un mapa al lado comprenderá que el vacío de poder producido en Asia Central y en el Cáucaso por la desintegración de la Unión Soviética, más lo incierto del futuro de China, más las convulsiones del magma islámico, hacen del arco túrquico una pieza clave en el continente euroasiático. En semejante situación, el común denominador lingüístico deja de ser una curiosidad científica y se convierte en un factor geopolítico de primer orden.

[52] Me refiero al grupo llamado túrquico común o túrquico-z, que excluye las lenguas túrquicas siberianas y el túrquico-r.

Resulta natural, pues, que Turquía esté entrando en una etapa de creciente actividad internacional[53]. Existen en su seno cuatro tendencias principales que a veces se oponen y a veces se complementan. La opción más sensata a los ojos de muchos es respetar el legado de Ataturk, mantener el laicismo, continuar la modernización de la república y preocuparse poco por lo que ocurre más allá de sus fronteras salvo en lo referente al proceso de construcción europea, en el que el gobierno de Angora aspira con fervor a participar. La segunda tendencia, por ahora más intelectual que práctica, es el revisionismo otomano, favorable al papel histórico del antiguo imperio. Tras tres cuartos de siglo de ortodoxia republicana, se han roto ciertos tabúes y ya se puede admirar la Sublime Puerta y la vieja hegemonía turca sobre naciones árabes, eslavas, iranias y de otros pueblos. La tercera tendencia es el panislamismo, que incluso en la laica Turquía es una fuerza creciente. Y la cuarta opción activista es el panturquismo, que se beneficia de los defectos de las anteriores: el europeísmo parece frustarse en Bruselas, el otomanismo es mera nostalgia histórica y el panislamismo es una utopía tal vez violenta, pero el panturquismo se ve como una posibilidad realista con sólidas bases lingüísticas y aun étnicas. ¿Cómo no aprovecharla, ahora que por primera vez desde hace siglos las mareas asiáticas van a favor del turco y no del eslavo o del colonizador occidental?

De manera que Turquía desde 1991 manda maestros y profesores a las nuevas naciones independientes túrquicas de Asia Central y del Cáucaso, les envía libros y emisiones de televisión por satélite, intenta con cierto éxito convencer a las naciones hermanas para que abandonen el uso de los caracteres cirílicos y empleen el alfabeto latino, les pide que propicien la adopción del turco como lengua oficial en la ONU, las exhorta a emprender una purificación léxica similar a la ordenada por Ataturk hace setenta años y, en suma, aboga enérgicamente por cuantas

[53] Para encontrar un resumen magistral y claro de esta cuestión léase el informe de Graham E. Fuller *Turkey faces East. New orientations toward the Middle East and the old Soviet Union*, preparado para la Fuerza Aérea de los Estados Unidos y el Ejército de los Estados Unidos por Rand y publicado en Santa Mónica, 1992.

medidas unificadoras puedan hacer que "el siglo XXI sea el siglo de los turcos"[54].

Esta política lingüística internacional tan dinámica no deja de suscitar polémicas y recelos dentro y fuera de Turquía. Diríase que en el corazón geográfico de Eurasia todos, de forma expresa o tácita, aceptan el teorema de Nebrija, con su ecuación lengua = imperio. En general y por ahora la esencia de la cuestión permanece en un discreto plano tácito y lo que se expresa es secundario o alusivo, pero nadie se llama a engaño pues todos saben hasta qué punto geopolítica, lenguas y religión forman una maraña inextricable. Un detalle bastante revelador de la tensa situación es la polémica provocada por un artículo, anodino en apariencia, sobre cuestiones lingüísticas que apareció a principios de este año de 1995. El título no podía ser menos sensacional: "Contribution of Turkic languages in the evolution and development of Hindustani languages". Lo publicó una revista turca científica en lengua inglesa, y además oficiosa, *Eurasian Studies*[55]. Su autor, K. Gajendra Singh, era embajador de la India en Turquía. Nada, pues, permitía barruntar la tormenta. Nada salvo que se leyese entre líneas hasta descifrar el mensaje subliminal del hindú, que venía a decir o a insinuar: "Su cultura influyó en la nuestra más de lo que ustedes creen. Es cierto que ahora nuestros adversarios paquistaníes y ustedes los turcos comparten la fe islámica, pero la cultura turca siempre fue tolerante y poco sectaria en cuestiones religiosas, como toda cultura auténticamente imperial. Prueba de ello es que el propio conquistador de Constantinopla, Mohamed II, pensó seriamente en convertirse al cristianismo. Así es que ánimo con el nuevo movimiento pantúrquico y a ver si entre todos frenamos el fanatismo panislámico, inspirado por árabes, paquistaníes, afganos y

[54] "Today, as Turks watch the reemergence of Turkish communities from Yugoslavia to Iraq, China, and Siberia, their press notes that, for example, Turkish is the '*fifth most widely spoken language in the world*', according to UNESCO. It is now commonly repeated in Turkey that the 21st century will be the '*century of the Turks*', a phrase repeated by the President of Kazakhstan Nursultan Nazarbaev during a visit to Turkey in September 1991". Graham E. Fuller, *op. cit.*, p 10.

[55] Vol. 2, N.º 1, Primavera 1995, pp. 59-74. También, y quizá con más escándalo por resultar más notoria la publicación, apareció extractado en el periódico *Turkish Daily News*, 1, 2 y 3 de Junio del mismo año.

otros incómodos vecinos de Turquía o de la India". Tales alusiones y sugerencias debieron de agradar a algunos turcos, pero otros, que se consideran ante todo musulmanes, vieron en ellas torpes insidias. La inmediata respuesta ("Did Fatih Sultan Mehmet "seriously" consider becoming a Christian?"[56]) demostró, con su tono airado, que el Embajador Singh había puesto *sub specie philologica* el dedo en la llaga de un hondo debate interno turco.

Y es que el turco –o, mejor dicho, quien quiera trazar el porvenir de las lenguas túrquicas– está en una encrucijada. Hay varios futuros posibles, y para decidir a cuál de ellos se aspira resulta imprescindible plantear la pregunta en términos racionales. Si se le pregunta a un turco qué lengua prefiere y qué lengua quiere defender y engrandecer, contestará igual que un español, un ruso o un islandés: "la mía". Mas lo que procede preguntarle es *para qué* quiere que medre su lengua y qué desea hacer con ella. En el caso del turco varias posibilidades aparecen en el horizonte próximo; algunas serán espejismos y otras no, pero de cualquier manera habrá que escoger uno de los destinos posibles y poner rumbo a él, al menos en la medida en que los sinos se pueden escoger y mantener. Una aspiración podría ser resucitar el imperio de Suleimán el Magnífico en su pleamar del siglo XVI, pero eso además de harto inviable tendría poco que ver con la lengua; de hecho rompería de nuevo la ecuación de Nebrija. Un objetivo político-lingüístico ambicioso pero más hacedero sería establecer una cadena de protectorados culturales en las nuevas repúblicas túrquicas del Cáucaso y de Asia Central[57]. Tal cadena serviría al menos para tres fines políticos. Pri-

56 Oya Akgönenç, *Eurasian Studies*, Vol. 2, N.º 2, Verano 1995, pp. 104-117.

57 De los tres nuevos estados caucásicos independientes –Armenia, Georgia y Azerbaiyán– este último es túrquico, y de las cinco nuevas repúblicas independientes de Asia Central –Kazajstán, Uzbekistán, Turkmenistán, Tayikistán y Kirguizistán– todas menos el Tayikistán son túrquicas. Hasta principios de este siglo se hablaba, más sencillamente, del Turquestán ruso y del Turquestán chino (hoy Región Autónoma Uigur de Sinkiang, en la República Popular China).

Conviene, empero, tener presente que los cinco estados de Asia Central distan de ser homogéneos. Albergan muchas y numerosas minorías de diversos orígenes: túrquicas, iraníes, germánicas, ucranias y sobre todo rusas. El ruso siguen siendo otra *lingua franca* en Asia Central, pero la situación es difícil para los millones de rusos que allí viven. Los problemas pueden empeorar en cualquier momento.

mero para frenar cualquier renacimiento ulterior del viejo expansionismo ruso hacia el Sur. Segundo para entorpecer la extensión del integrismo musulmán. Y tercero para plantar cara a cualquier veleidad, también expansionista, de Irán, adversario tradicional de Turquía y hoy potencia influyente en el Tayikistán por similares afinidades lingüísticas de origen persa y asimismo opuesta a Turquía en el Azerbaiyán. Se trataría, pues, de establecer un curioso *cordon sanitaire* lingüístico para defenderse de diversos contagios y amenazas actuales o previsibles en este fin de milenio[58].

Otro rumbo practicable para el turco es el mercantil de la vieja Ruta de la Seda, que se intenta revitalizar como via de penetración económica hasta Mongolia y aun más allá, y que como todas las corrientes comerciales necesita una *lingua franca*[59]. De hecho, tradicionalmente el turco ha sido y es lengua de contacto entre mercaderes de Asia Central, junto con el persa y, más al Oriente, las lenguas sino-tibetanas.

Los valedores del turco como *lingua franca* y como lengua internacional disponen de ciertas bazas de las que carecen el español o el portugués, e incluso el inglés. Nadie discute la primacía del turco otomano en el mundo túrquico, mientras que hoy el español carece de centro hegemónico (lo fue Castilla y puede que llegue a serlo Méjico), e igual ocurre al portugués con su bipolaridad transatlántica. Y no digamos el árabe medio (*dariyá*), que en la práctica funciona en un régimen de acefalia similar a la del latín vehicular del siglo X en la Romania en

Véase "Minority issues within the Central Asian states", *Background Brief*, Foreign and Commonwealth Office, Londres, Agosto 1995.

[58] Inconscientemente acabo de dar la razón de nuevo a Nebrija: un lector mahometano me acusaría –con motivo– de eurocentrismo, puesto que para él no estamos en ningún fin de milenio sino en el año 1416 de la Héjira.

[59] "The Economic Cooperation Organization (ECO), which was founded by Turkey, Iran and Pakistan in 1964, gained a new stimulus after the breakup of the Soviet Union and increased the number of its members with the joining of Azerbaijan, the Central Asian Republics and Afghanistan. If the ECO succeeds, we will be witnesses of the revival of the old Silk Road".......“The Turkic members of the ECO (Azerbaijan, Kazakhstan, Kyrgyzstan, Turkey, Turkmenistan and Uzbekistan) are closer to each other than the rest of the ECO members, since all share the same culture and language". Ali A. Demirhan, "Economic Cooperation on the Silk Road", *Eurasian Studies*, vol. 2, N.º 1, Primavera 1995, pp. 75 y 86.

trance de fragmentación. El mundo de habla turca, como el de habla francesa, no alberga dudas sobre la identidad del depositario del mando idiómatico. La desproporción entre el peso político y cultural de la cuna del idioma y el de la periferia es en ambos casos tan evidente que nadie discute el mando lingüístico. Otra ventaja considerable del turco es la continuidad de su área geográfica, propia de una lengua continental –como también lo son el ruso o el alemán– y no talasocrática como el inglés o el portugués. El que su área de dispersión carezca casi de soluciones de continuidad hace del turco una lengua muy idónea para cualquier proyecto de zona de librecambio internacional; en eso su papel virtual se asemeja al del español en Hispanoamérica.

En resumen, el turco se encuentra de repente y a causa del inesperado colapso de la Unión Soviética con un abanico de posibilidades muy abierto. La clase dirigente turca puede escoger entre un uso geopolítico de su lengua, un uso económico, un uso ideológico o un simple uso sentimental, como sería deleitarse en la recuperación de un prestigio cultural internacional que llevaba siglos menguando. Pero en cualquier caso tendrá que medir sus fuerzas económicas, políticas y aun militares a la hora de escoger.

V

Precisamente en esto último se diferencia el turco de otras lenguas internacionales. No es que los hablantes de éstas otras no puedan escoger; tampoco es que no necesiten medir sus fuerzas. Lo que ocurre es que los hispanohablantes o los francófonos no han llegado de súbito a la encrucijada como los turcos y en cierta medida los alemanes, sino que se han ido acercando poco a poco y sin darse cuenta al momento de la verdad. Como no son conscientes de la necesidad de optar, tampoco creen necesario el análisis previo. Se contentan, pues, con vocear vaguedades del estilo de "el español es la lengua de la fe cristiana" o "la lengua revolucionaria de los desheredados" o "le français, langue cartésienne de la raison". Tampoco es que no actúen, al igual que los anglohablantes, es que actúan sin ton ni son como los españoles o con lógica peregrina como los franceses.

Veamos, siquiera sea brevemente, el caso del francés, con el que de manera suicida muchos españoles se empeñan en comparar su lengua. El francés está en decadencia política –constante aunque gradual– desde 1918. Pero sigue siendo la gran lengua de una gran cultura, lengua materna de unos pocos países muy ricos, *lingua franca* de muchos países muy pobres, lengua extranjera de prestigio de ciertas burguesías del Tercer Mundo, como lo fuera en el siglo XII de la nobleza y la Iglesia desde Londres hasta Jerusalén[60] y en el siglo XVIII de la aristocracia y las Letras desde San Petersburgo hasta Sevilla, lengua, en fin, de tan opulenta complejidad sintáctica y ortografía tan sutil que uno acaba preguntándose si su innegable prestigio tradicional más que existir pese a su dificultad no existirá gracias a ella.

El francés es todo eso y más, pero no es el inglés. El problema político –más que lingüístico– está en que los franceses no terminan de creérselo. No comprenden que su lengua es apreciada en todo el mundo e indispensable en algunas partes, que es una lengua internacional y una de las *linguas francas*, pero no es *lingua franca* del planeta pues esa condición es exclusiva del inglés y novedad histórica absoluta en lo que hace a su carácter global y no parcial. Como además Francia puede aplicar y aplica medidas de dictadura jacobina a su lengua, aun más allá de sus fronteras hexagonales, imagina que los anglohablantes pueden y quieren hacer lo mismo. La consecuencia de este doble malentendido es que los sucesivos gobiernos franceses han ido deliberadamente personalizando y agrandando el conflicto. A partir de ahí se produce un curioso quiebro dialéctico, y se aplica la lógica del miope cuando no la onírica. Ambas son impla-

[60] A principios del siglo XII, como me señala amablemente a este propósito don Valentín García Yebra, de la veintena de diócesis que había en León y Castilla dieciocho tenían obispos franceses. Acaso no sea ocioso recordarlo ahora, en 1995, cuando tanto revuelo causa el nombramiento de un obispo para Bilbao que no habla vascuence. Hay que deducir que ni Alfonso VI ni Alfonso VII, pese a que ambos se titularon Emperador, creían en la ecuación lengua = imperio tanto como el Sr. Arzallus. O quizá aquellos monarcas tan duchos creían más en el Imperio que en el imperio y pensaban que gobernarían mejor de forma indirecta a través de esos franceses universales de Cluny.

cables. Ejemplo de lógica onírica nos lo dieron en 1994 quienes insinuaron, tanto en el diario conservador *Le Figaro* como en el progresista *Le Monde*, que la guerra de Ruanda se debía a que los Estados Unidos apoyaban a los tutsi porque éstos hablaban inglés y así contribuirían a debilitar la francofonía en Africa[61].

Pero de mayores consecuencias fue, también en 1994, la aplicación de la lógica del miope en la elaboración de la llamada Ley relativa al empleo de la Lengua Francesa o Ley Toubon. En un primer proyecto, dicha ley draconiana disponía sanciones durísimas contra cualquier uso indebido de lenguas extranjeras en la administración y también en la actividad comercial, los medios informativos y la publicidad, llegando a prever consecuencias penales de seis meses de cárcel. La ley empieza con una solemne invocación a la República y a la Constitución, así es que hubo quienes señalaron la contradicción entre la Declaración de los Derechos del Hombre y del Ciudadano y estas cortapisas a la libertad de expresión. Otros, en cambio, encontraron natural el contraste, puesto que la Revolución había empezado con el asalto a la Bastilla –donde estaba encerrada media docena de señoritos calaveras– y había terminado ahogada en sangre de guillotina. Al final el Consejo Constitucional se sintió más heredero de Mirabeau que de Robespierre y desautorizó a Jacques Toubon, Ministro de Cultura, censurando en virtud de la Declaración de 1789 varias disposiciones del Proyecto de 1994, aunque dejó en vigor la remisión expresa al Código Penal[62] y por tanto persiste la increíble amenaza de medio año de cárcel y 50.000 francos de multa a los políglotas contumaces.

No acabó ahí, sin embargo, el delirio lógico. El sueño de la razón sigue produciendo monstruos, y el último es un quebra-

[61] William Pfaff, "America's reputation is in decline", *International Herald Tribune*, 2 Septiembre 1994.

[62] El artículo 17 del texto definitivo de la Ley (*Journal Officiel de la République Française*, 5 Agosto 1994) establece que quien no facilite la labor inquisitorial de los diversos agentes competentes en la materia (y no sólo los de la policía judicial) "est passible des peines prévues au second alinéa de l'article 433-5 du code pénal".

Mas no todos los franceses idolatran a la Diosa Razón de 1790; muchos, aun impotentes ante el rodillo de las mayorías legislativas, conservan el sentido común y el sentido histórico, como el Profesor Guy Carcassone en su artículo "La protection de la langue française et le respect des libertés", *Commentaire*, nº 70, Verano 1995.

dero de cabeza en los medios financieros franceses. Ocurre que la Ley Toubon exige que cualquier contrato en el que sea parte un ente público esté en francés para que pueda hacer fe. Pero las emisiones de bonos y otras operaciones en los mercados internacionales se hacen con documentos en inglés. Los inversores extranjeros desconfían de una terminología que no entienden y que resulta difícil, caro y lento traducir. Así es que empresas nacionales francesas como la SNCF –que en 1994 colocó mas de cuatro mil millones de dólares en los mercados internacionales– se encuentran con un problema grave que exige pronta solución política. La única jurídicamente viable es una ley que establezca las excepciones pertinentes. Es posible que la redacción de esa norma competa al nuevo Ministro de Justicia, que no es otro sino el mismo Jacques Toubon, redivivo y con otra cartera en la mano[63].

Si me he detenido en este lance surrealista es porque el Sr. Toubon está teniendo émulos fuera de Francia. En Italia y en la Argentina ha habido sendos intentos frustrados de legislar lo ilegislable para poner puertas al campo. Por mucha simpatía que nos inspiren los esfuerzos por limpiar, fijar y dar esplendor a cada lengua, espero que al legislador español no se le ocurra algún día adoptar disposiciones de esta índole, imposibles de aplicar o de consecuencias incalculables. Desde hace siglos tendemos a imitar lo francés, incluso aquello que a todas luces resulta inservible. Más nos valdría limitarnos a copiar ciertas medidas concretas y provechosas ideadas por los franceses –las hay, y muy inteligentes– sin dejarnos contagiar por la megalomanía lingüística *tous azimuts* y por la xenofobia cultural.

Es modelo admirable, por ejemplo, la educación secundaria francesa. Gracias a su rigor académico, miles de familias de todo el mundo mandan a sus hijos a los liceos franceses en el extranjero, aun a sabiendas de que la lengua que allí van a dominar les servirá después en la práctica menos que el inglés. Mantener esa red mundial de liceos cuesta caro al contribuyente francés, pero también le rinde frutos apreciables, y no sólo en *grandeur* cultural: quien sabe el francés tiende a comprar lo fran-

63 "What's the French for cock-up?", *The Economist*, 12 Agosto 1995.

cés. Pero la educación pública española es mala, luego inexportable.

También de puertas adentro las autoridades francesas han sabido de siempre idear algunas medidas sensatas que redundan en beneficio de la precisión y de la claridad de su idioma. Al contrario de lo que ocurre en España, nadie en Francia accede a la función pública superior sin saber hablar con propiedad y redactar con corrección. Merced a ello, los debates en Francia siempre se desarrollan con lógica, aunque sea perversa, mientras que en España suelen degenerar en guirigay pues de antemano no nos ponemos de acuerdo sobre el sentido de las palabras y así cada cual acaba hablando su idiolecto y no una lengua común comprensible para los demás. Por eso algunas iniciativas francesas en apariencia producto del chauvinismo no son tal sino más bien prurito de exactitud. Ojalá en España se elaborase algo como el *Dictionnaire des termes officiels de la langue française*[64], recopilación de las disposiciones administrativas que durante veinte años han ido adoptando ciertas comisiones interministeriales creadas para traducir los neologismos extranjeros y racionalizar los nacionales. Las normas allí recogidas son de uso obligatorio en la administración pública. Eso tiene la ventaja de que ayuda a los administrados a entender a los administradores y a éstos a entenderse entre ellos. También tiene el inconveniente de que parece despotismo ilustrado, y sin duda lo es. Pero es que el despotismo ilustrado no está mal cuando es eso, ilustrado. Tan sólo resulta contraproducente cuando es despotismo aldeano, como el de la Ley Toubon. Copiemos, pues, lo de fuera cuando sea bueno y en cuanto sea adaptable a la esencia y a las circunstancias de la lengua española.

VI

Si admitimos que cada lengua tiene un papel distinto en el gran teatro del mundo, habrá que aclarar cuál corresponde al

[64] Publicado por el *Journal Officiel de la République Française*, París, 1994.

español y luego ayudar a nuestra lengua a desempeñarlo con rigor y con amor. Sólo entonces conseguiremos los hispanohablantes sacarle todo el partido práctico que tiene. El español –seamos por una vez antropomórficos– deberá primero cumplir el precepto clásico de conocerse a sí mismo: averiguar no ya cuántos lo hablan sino cómo, dónde, cuándo y porqué, determinar las consecuencias previsibles para él de las nuevas técnicas, saber cuál es su situación en el nuevo orden –o desorden– internacional tanto económico como político, comprender cuál es la imagen que de la lengua y de la cultura hispánica se tiene en el mundo contemporáneo, donde la imagen percibida es tan importante como la realidad. Dicho con otras palabras, mirar, medir y pesar, no hacer apologías. Todos los autores de este libro aspiramos a contribuir, en la medida de nuestras fuerzas, a esa ingente labor de análisis desapasionado.

Después el español tendrá que hacer algo más arduo aún, asumir su papel en el mundo. Entendámonos, se trata de que asuma el papel que le toca, no el del inglés o el del francés o el del turco. Y que lo desempeñe con pleno *amor fati*, con gusto por su destino, no mirando de reojo y con envidia los destinos de otras lenguas que se le antojan más lucidos. Todos los papeles son brillantes si se representan con convicción, y de todas formas el español está entre los que encabezan el cartel.

Aceptado con orgullo y realismo el papel que le corresponde al español en el mundo, los hispanohablantes habrán de actuar con decisión y brío. Ser realistas no quiere decir ser timoratos, ni ceder posiciones internacionales en el mundo cultural, científico o económico, sino escoger con tiento los objetivos y perseguirlos con tenacidad. Entonces, y tan sólo entonces, obtendremos frutos visibles, algunos incluso materiales, del papel internacional del español y veremos si resulta aplicable el teorema de Nebrija. Se nos quitará por fin la frustración histórica ("deberíamos ser los primeros"), la manía de la persecución ("hay una conjura internacional para impedirnos ser los primeros") y la esporádica jactancia infantil ("somos los segundos pero pronto seremos los primeros"). No hay primeros, segundos ni últimos, hay buenos y malos actores.

La primera tarea de cualquier política lingüística será, pues, dibujar el perfil internacional de nuestra lengua, averiguar lo que es y, casi igual de importante, lo que no es. El más somero boceto mostraría una gran lengua internacional, sorprendentemente unitaria, bastante pero no demasiado extendida geográficamente, de poco peso económico y con una reputación internacional manifiestamente mejorable.

Paso a aclarar las expresiones utilizadas en esta descripción. El español es una gran lengua por varios motivos. Uno de ellos, quizá no el principal pero sí el más aireado, es el número de hispanohablantes. Para no entrar en disquisiciones estadísticas, tratadas por Jaime Otero en otro lugar de este libro, digamos tan sólo que con sus más de trescientos millones de hablantes el español es una de las cuatro o cinco lenguas más usadas en el planeta. También es una gran lengua por su riqueza léxica y gramatical, por su pasado y su presente literarios y por su uso internacional. Esto último nos lleva a precisar que lengua internacional no es lo mismo que *lingua franca*, y que el español no es funcionalmente una *lingua franca*. Cuando un peruano habla en español ante la Asamblea General de la ONU está usando su propia lengua, que es además la de otras naciones; cuando un congoleño habla en francés o un birmano en inglés, por muy bien que lo hagan, están usando algo en esencia ajeno[65] pero de propiedad poco definida, una especie de *res nullius* que llamamos *lingua franca*. Ya nos hemos referido a las ventajas e inconvenientes de tener como lengua materna una que asimismo es *lingua franca*. También son evidentes las ventajas de las lenguas internacionales: la vasta emigración española a Hispanoamérica desde mediados del siglo XIX hasta mediados del XX, tan provechosa para todos, hubiera sido muy distinta sin la lengua común, por tan sólo citar un ejemplo político reciente. Los beneficios de poder dirigirse sin intérprete a uno de cada veinte habitantes de la tierra son bien obvios. Pero no hay que confundir los conceptos. Cuando digo que el español es una lengua internacional mas no una *lingua franca* estoy usando este último término en el sentido restrictivo de habla empleada por interlocutores que no la tienen, ninguno de ellos, como lengua materna. Un argentino hablará naturalmente en español con un uru-

[65] Véase mi ensayo "El español, ¿lengua internacional o *lingua franca*?", *Actas del Congreso de la Lengua Española. Sevilla 1992*, pp. 189-211.

guayo, y es probable que también con un brasileño. Pero es casi seguro que hablará en inglés con un japonés en Helsinki[66], igual que un checo y un húngaro hablarán en ruso o en alemán, que también son *linguas francas*, aunque regionales y no mundiales. Por lo demás tampoco hay que atribuir a la condición de *lingua franca* una trascendencia distinta de la que le corresponde; el swahili es *lingua franca* en Africa Oriental y no por eso se puede decir que sea más "importante" que el español. Depende para qué. Para comprar marfil ilegalmente en Tanzania, sí. Para cualquier cosa en el resto de mundo, no. Una vez más hay que recordar que el concepto de importancia es difícil de aplicar en abstracto a las lenguas; casi siempre hay que completarlo con el de finalidad.

En cuanto al carácter unitario de la lengua española, lo sorprendente no es que las personas educadas que la hablan usen la misma norma culta –eso también ocurre con el francés y el inglés aunque no tanto con el portugués– sino que incluso a nivel popular y a ambos lados del oceano sea tan homogénea[67]. Llama asimismo la atención la escasez de *pidgins* alumbrados por el español –el chabacano en Filipinas, algún fenómeno aislado en el Caribe y poco más– en comparación con las docenas de parlas pintorescas generadas por el inglés, el francés o el portugués en ultramar al mezclarse con las hablas autóctonas o con otras importadas. Se supone que la mayor uniformidad del español se debe a la idiosincrasia del imperio hispánico, con su colonización pobladora y no meramente militar o mercantil. Pero no

[66] Nada de esto ha de entenderse como una negación del papel del español como lengua de contacto entre distintos pueblos amerindios desde el comienzo de la Conquista, papel que como bien se ha señalado ya había desempeñado el castellano en la Península Ibérica durante parte de la Edad Media (Angel López García, "La unidad del español: historia y actualidad de un problema", *Boletín Informativo de la Fundación Juan March*, n.º 219, Abril 1992). Pero el propio éxito de la lengua española en América le ha hecho perder la condición estricta de *lingua franca* al convertirse en lengua nacional de la mayoría. Es cierto, sin embargo, que si un indio guaraní del Paraguay se encuentra en un congreso indigenista con un quechua de Bolivia, al hablar en español acaso sientan que no están usando una lengua propia sino una *lingua franca*.

[67] "La lengua española es, dialectalmente, la más pobre de todas las lenguas romances" (Antonio Llorente Maldonado de Guevara, "Variedades del español en España", *Boletín Informativo de la Fundación Juan March*, n.º 236, Enero 1994).

debe de ser ajena a este rasgo lingüístico del español su cohesión geográfica, de la que pocos se percatan.

Suele decirse que el español se ha extendido por todo el mundo, pero eso es retórica poco acorde con la geografía, y de ser verdad no sería especialmente ventajoso para nuestra lengua. Todas las grandes lenguas modernas ocupan vastas extensiones del planeta, salvo el alemán, concentrado en Centroeuropa. El español también cubre millones de kilómetros cuadrados, pero casi todos contiguos. Nueve de cada diez hispanohablantes viven en América, por lo general en estados fronterizos, y los demás están en la Península Ibérica. Fuera de América y Europa, en Africa, Asia y Oceanía, la presencia del español es residual o inexistente. Estamos dejando apagarse los pequeños focos de Filipinas, el Medio Oriente y el Golfo de Guinea. No se puede decir que el español se habla en los cinco continentes como el francés o el inglés; de hecho se habla en dos, como el árabe, el ruso o el turco.

Pero, ¿quién ha dicho que la dispersión sea en sí una virtud? El portugués, esparcido desde hace siglos en cuatro continentes, tendría un futuro más prometedor si estuviese más concentrado. La contigüidad de las naciones hispanoamericanas les permite albergar esperanzas de que prosperen ciertos intentos de integración económica regional. Piénsese que uno de los obstáculos más formidables a la integración europea es la condición babélica de nuestro continente. En Europa, "esa pequeña península de Asia" que decía Paul Valéry, se amontona medio centenar de lenguas cultas, cada una con siglos detrás de escritura, de glorias y de rencores bien documentados. En América, por el contrario, tan sólo cuatro lenguas –español, inglés, portugués y francés– se reparten en la práctica[68] los cuarenta millones de kilómetros cuadrados que van desde los campos de petróleo de Alaska hasta

[68] No me olvido de las lenguas amerindias, pero creo que por desgracia o por fortuna pesan tanto en el TLC (NAFTA) o en Mercosur como el bable en la Unión Europea. Tampoco se me oculta la pervivencia de ciertos rencores atávicos precolombinos, de otros provocados por la conquista e incluso de las ancestrales pugnas europeas que los pobladores del Nuevo Mundo tuvieron buen cuidado de meter en su hatillo antes de cruzar el oceano. Parece, sin embargo, que lo expeditivo de la conquista y lo abrumador de las inmigraciones han substituido los odios tradicionales por otros más modernos y por tanto menos hondos e inolvidables.

las estancias de ovejas de la Patagonia. Ese crudo oligopolio lingüístico supone una clara ventaja política para el continente americano, y desde luego la pervivencia de la unidad del español añadida a la proximidad geográfica de sus hablantes es una de las bazas económicas de Hispanoamérica con vistas al futuro.

Porque, hoy por hoy, ricos no somos los hispanohablantes. En conjunto, ni tenemos vieja riqueza burguesa acumulada desde los comienzos de la Revolución Industrial como los ingleses, alemanes o franceses, ni tenemos dinero fresco en cantidad como algunos nuevos ricos asiáticos. Cuando en los medios financieros internacionales se habla de los milagros económicos de este fin de siglo, rara vez se menciona un país hispánico –si acaso Chile, nunca España[69]– entre las naciones de PIB per cápita en crecimiento espectacular. Tal vez por eso ni siquiera es importante el comercio hispánico transatlántico: España no vende y compra a toda Hispanoamérica junta más que a Holanda[70]. Llevamos cinco siglos diciendo que Iberoamérica es el continente del futuro, mas la apoteosis económica no acaba de llegar, Eldorado no aparece. Siempre podemos consolarnos con el dicho de Gracián: si este no es nuestro siglo, otro vendrá que lo sea. Pero la economía contemporánea es impaciente y un punto pueril en su idolatría del PIB. Los economistas saben muy bien que la pobreza hispana es relativa; son estrecheces de clase media sin punto de comparación con la indigencia proletaria de Africa y buena parte de Asia. También saben que estas cosas pueden cambiar cuando menos se espera: en 1900 Suecia o Suiza estaban entre los países pobres de Europa, hoy son de los más ricos, y hace tan sólo una generación Corea o Taiwán eran mendigos de la guerra fría, ahora nos aterran con su pujanza. Pero el caso es que en el fondo del pensamiento de las ciencias sociales late durante todo el siglo XX un juicio peyorativo de lo hispánico: se ve a nuestra cultura como una de las perdedoras de la batalla de

[69] España está hoy, en 1995, más lejos de la convergencia económica con Europa que hace veinte años. En 1975 alcanzó la pleamar: 79,4% del PIB per cápita medio de los Doce. Bajó bruscamente y aunque luego tuvo altibajos nunca en estos cuatro lustros ha recuperado aquel punto máximo (*Informe Económico 1994* del Banco Bilbao Vizcaya, p. 64)

[70] Datos del Departamento de Aduanas publicados en el *Anuario El País* 1995.

la modernidad que empezó con la Ilustración. El árabe es un perdedor medieval, el español un perdedor barroco y el francés pronto será un perdedor decimonónico.

¿Simplezas e infundios? Por supuesto, pero los estereotipos pesan en las reputaciones internacionales y ya quedó dicho que la del español es manifiestamente mejorable. Puede incluso que estos prejuicios negativos resulten a la larga menos nocivos para el español que nuestra propia propaganda absurda resaltando en la cultura española, con vistas al turismo barato, un color local que confirma los más caros prejuicios foráneos: sol, vino y pasión. Siempre que se puede se airea nuestro *pathos* y no nuestro *logos*: Boabdil antes que Cisneros, Unamuno más que Ortega, Gaudí mejor que Herrera. Todo eso, unido a una similar ansia de pintoresquismo hispanomericano, afecta a la imagen que de nuestra lengua circula por el mundo. Siendo una de las más lógicas en la gramática, armónicas en la relación entre sonido y grafía y ricas en el léxico, muchos extranjeros que la ignoran creen que es mero eco excitante de los gruñidos de Pancho Villa, los quejidos del Quijote y los suspiros de Carmen la Cigarrera. Vaya usted luego a hablarles de la métrica marmórea de Garcilaso o de la prosa cerebral de Borges. En el mundo de hoy pesa más la imagen que la palabra, y la imagen que fuera tienen de España es la misma que nosotros hemos escogido oficialmente: el sol de Miró, un torvo huevo frito con hollín[71].

Claro que los estereotipos culturales son cambiantes y cambiables, y a ello volveremos luego. Baste ahora con repetir que la imagen actual de lo hispánico y su lengua es mediocre y, a mi entender, falsa. Ello tiene considerables consecuencias prácticas, de las que son conscientes al menos los responsables de nuestra política comercial[72]. Si nuestra cultura sigue vendiéndose y viéndose como algo tremendista –ayes de Guernica y olés de tauromaquia– la estampa contemporánea se ve más amable. La histo-

[71] Compárese ese alarde de patetismo –más que logotipo debiera llamarse patotipo– con el símbolo modernizado del Camino de Santiago, una concha de peregrino, geometría con finalidad.

[72] Véase el número especial dedicado a este problema por la revista de economía de la Secretaría de Estado de Comercio, *Información Comercial Española*, N.º 722, Octubre 1993, y en especial el artículo de Emilio Lamo de Espinosa, “La mirada del otro. La imagen de España en el extranjero”, pp. 11-25.

ria es torva, el presente sólo torpe. Los sondeos extranjeros de opinión suelen revelar estos tópicos: los españoles somos simpáticos y vagos, nuestros productos son baratos, mal diseñados y poco de fiar[73]. Comoquiera que el producto esencial de un pueblo es su lengua, cabe deducir que el español atrae como lengua fácil y simpática a extranjeros que a la vez lo tienen en poco como artilugio ocioso.

Hecha la oportuna composición de lugar y perfiladas con sus luces y sus sombras la imagen y la realidad actuales del español en el mundo, una política lingüística solvente tendrá que impulsar una acción internacional decidida. Buscando el punto medio entre la quimera y el pancismo, deberá jugar a fondo las bazas del español y mitigar sus deficiencias. En mi opinión la gran baza es la unidad del idioma y el gran fallo es su actual imagen. Cuanto mantenga lo primero y cambie lo segundo será bueno para el español y para los hispanohablantes. Por eso a veces la mejor solución a ciertos dilemas no es la más evidente.

Así, cuando se dice "vamos a imponer el español a Washington y a Bruselas" no sólo se nos está proponiendo tareas políticas irrealizables, lo cual sería lo de menos, sino que se nos incita a actuaciones que pueden resultar contraproducentes y acabar dañando la unidad del idioma y empeorando su imagen internacional.

Escojo estos dos ejemplos a sabiendas de que son polémicos y consciente de que ambas cuestiones de estrategia lingüística son opinables *ad nauseam*. Pero la una es cuestión de peso y la otra muestra las ambigüedades de la relación entre lengua e imperio. Los dos ejemplos son dolorosos e ilustrativos.

[73] Pasma una vez más la ignorancia de la opinión pública. Comprendo que los turistas no viajen en el metro de Madrid, pero podrían asomarse y comprobar que los españoles lejos de ser simpáticos y vagos somos laboriosos y antipáticos. En cuanto a nuestros productos, ni los buenos ni los malos son ya baratos. Véanse sin embargo las concienzudas encuestas publicadas por *The European* en 12-15 Noviembre 1992 ("Who are the most ambitious, the most arrogant, and make the best cars? The Germans, of course") y en 16-22 Diciembre 1994 ("Feel good in Spain and Italy and feel sorry for the Germans and Swiss"). Es más, la versión completa del segundo sondeo (*Country Image III 1994*, publicado por International Research Associates, Bruselas) compara los datos con los de otro sondeo suyo de 1990, y resulta que estos prejuicios o juicios, buenos y malos, han ido consolidándose durante los últimos años. Cada vez nos consideran más risueños y más holgazanes.

VII

Resulta punto menos que imposible para los hispanos, y en particular para los españoles, reflexionar con serenidad sobre la situación y las perspectivas de la lengua española en los Estados Unidos de América. Es tan tentador pensar que el español se juega su porvenir mundial al Norte del Río Grande, creer que con algo de suerte los Estados Unidos pueden convertirse en una nación bilingüe como el vecino Canadá, a poco que aumente el porcentaje de hispánicos en el Sur, con lo que de súbito el poderío económico de nuestra lengua desbordaría todas las estadísticas actuales (solamente el PIB de California es casi tan grande como el de Francia), soñar con un Presidente hispanohablante en la Casa Blanca[74] o, más drástico aún, imaginar una nueva Secesión, pero esta vez exitosa y además progresista, es tan humano que quienes se sienten heridos por la historia hagan esas conjeturas y otras de índole similar, que si se pretende analizar la cuestión desapasionadamente se corre el riesgo de ser tachado de vendepatrias.

Ya es hora, sin embargo, de afrontar la situación con frialdad. A grandes rasgos es como sigue. Los Estados Unidos, la nación más poderosa del mundo, siempre ha sido un país de inmigración. En 1994, uno de cada once de sus habitantes (el 8,7%) había nacido en el extranjero, lo cual es mucho si se compara con el porcentaje en la generación anterior (el 4,8% en 1970) pero es poco comparado con los datos de principios de siglo: en 1910 el 14,7% de la población había nacido fuera de los Estados Unidos[75]. Está claro en cualquier caso que si ese país

[74] Los Estados Unidos han tenido desde la independencia hasta hoy 41 presidentes y todos llevaban apellidos procedentes de las Islas Británicas –ya fuesen ingleses, escoceses, galeses o irlandeses– salvo Hoover y Eisenhower, de origen suizo alemán, y Van Buren y los dos Roosevelt, tío y sobrino, de origen holandés, aunque ninguno de los cinco hablase la lengua de sus antepasados. En cuanto a los dos últimos, Theodore fue uno de los presidentes más hispanófobos y Franklin Delano uno de los más anglófilos. Recuérdese, por lo demás, que la constitución de los Estados Unidos impide a los nacidos en el extranjero alcanzar la presidencia, prohibición copiada después por varias repúblicas iberoamericanas que también eran países de inmigración.

[75] *Current Population Survey.* U.S. Bureau of the Census, 1995. Es muy difícil comparar esos datos con los europeos: el filipino que emigra a los Estados Uni-

se ha hecho grande y ha mantenido un fuerte sentido nacional es porque ha funcionado como un gigantesco *melting-pot* o crisol donde se fundían los muy diversos grupos de inmigrantes para convertirse en esa singular aleación llamada el pueblo americano. Tan seguros estaban los americanos de su *melting-pot* que desde mediados de este siglo toleraron e incluso propiciaron lo que acabó denominándose multiculturalismo, que a su vez está desembocando en el *ethnic pride*. Se sobrentendía que por muy polaco que se sintiese un Brzezinski o muy judío alemán un Kissinger, se sentían ante todo americanos, y así ocurría, luego otro tanto habría de acontecer a los recién llegados.

Pieza esencial del *melting-pot* era la lengua inglesa. Los inmigrantes, poco instruidos por lo general, empezaban a olvidar el *yiddisch*, el italiano o el ruso y se lanzaban a chapurrear el inglés, que se convertía en la lengua materna de sus hijos. El sistema parecía tan natural a todos que nadie consideró necesario añadir a la constitución una consagración del inglés como idioma oficial[76].

Pero las cosas no son hoy tan sencillas. Por cada irlandés de los que llegaban hace cien años –blanco, cristiano, anglófono, tan fácil de integrar– llega hoy un vietnamita, bastante más exótico, o un filipino. El país de origen del mayor grupo de inmigrantes recientes es, con gran diferencia, Méjico. En principio y a título individual, un mejicano no tiene por qué ser más reacio al *melting-pot* que muchos de los europeos de antaño. Mas ocurre que las colonias hispanoamericanas son muy numerosas (suman casi la mitad de los veintidós millones de habitantes de los Estados Unidos nacidos en el extranjero) y están muy concentradas en la Florida, en Nueva York y sobre todo en California.

Por todo ello y por otras razones socioeconómicas como la flagrante entrada ilegal de muchos, el proceso de integración

dos lo hace para quedarse allí, mientras que el portugués que trabaja en Luxemburgo (donde en 1991 nada menos que el 28,4% de la población era extranjera, según la OCDE) es probable que piense volver a su patria de origen. Además hay naciones europeas donde prima el *ius sanguinis*, con lo que por ejemplo en Alemania hay turcos allí nacidos que siguen siendo legalmente extranjeros.

[76] Tampoco la constitución francesa de 1958 recogía la oficialidad del francés, que por prudencia se añadió en la reforma constitucional de 1992.

estadounidense se ha vuelto menos rápido y más trabajoso para los hispánicos. Una consecuencia lingüística es que en el censo de 1990 diecisiete millones de habitantes de los Estados Unidos, sin siquiera contar Puerto Rico, declararon que en casa hablaban "*Spanish or Spanish Creole*". Otra es la desazón de la mayoría anglohablante. Los más inquietos o activos han creado asociaciones como English Only y US English, han emprendido campañas para que los estados declaren la oficialidad del inglés –de los cincuenta ya lo han hecho veinte[77]– y se oponen a la educación bilingüe, creada en 1968 como paso intermedio para facilitar la ulterior y plena integración lingüística de los extranjeros, y convertida hoy en un laberinto burocrático de 145 idiomas. Bob Dole, Jefe de la Mayoría en el Senado, es uno de los más enérgicos instigadores de estas campañas, y parece gozar de considerable predicamento en toda la Unión y no sólo entre sus correligionarios del partido republicano o de talante conservador[78].

El temor del Senador Dole a la babelización de su país (balcanización y libanización son otros de los términos empleados por sus seguidores menos peritos en geo-lingüística) es excesivo a juzgar por los datos del censo de 1990. Estos parecen indicar que tan sólo los inmigrantes viejos permanecen del todo impermeables al medio ambiente anglófono, pero también es cierto que nadie sabe lo que puede ocurrir si se mantiene el ritmo actual de un millón de inmigrantes por año y, más aún, si se mantiene la alta concentración antes citada tanto en cuanto a países de origen como en cuanto a estados de destino.

La inquietud de la mayoría estadounidense no carece, pues, por completo de fundamento[79]. Si en España hubiese tres millo-

[77] "Montana law on English", *The New York Times*, 3 Abril 1995.

[78] "'Indeed, language', says Linda Chavez, president of the Center for Equal Opportunity, a research organization specializing in race issues, 'is the facilitator in the assimilation process. It helps you become American.'"(Lally Weymouth, "Bob Dole's plain English makes a lot of sense", *International Herald Tribune*, 14 Septiembre 1995).

[79] Prueba de ello es la notable alocución del Presidente Clinton en el Hispanic Caucus. Pese a ser una respuesta preelectoral a la campaña de Dole y contener una defensa oblicua y parcial de la educción bilingüe, si se lee el texto íntegro del discurso lo que llama la atención es su énfasis al decir tres veces seguidas que «of course English is the language of the United States». De hecho este curioso discurso – cuyas palabras más frecuentes son Dios, patria, familia y trabajo– consti-

nes de magrebíes hablando árabe en casa y en la calle, si se nos hubiese olvidado en la constitución declarar oficial el español, y si esos magrebíes estuviesen concentrados en Andalucía, no creo que nuestros políticos, del gobierno o de la oposición, permanecerían en comprensivo silencio. Sé que la comparación, aunque proporcional en cifras, no es del todo exacta ya que el más acérrimo *wasp* (White, Anglo-Saxon, Protestant) tendrá que reconocer que el español es lengua tan indoeuropea como el inglés y que los católicos a fin de cuentas también son cristianos, pero es que en los Estados Unidos, pese a su origen variopinto, existe un cierto provincianismo no por diferente de la xenofobia europea menos ubicuo que ésta. Tal vez por eso los americanos tienen sus bárbaros y los europeos sus metecos: bárbaro *stricto sensu* es quien balbucea en habla foránea y meteco es el excluído por motivo de nación.

El caso paradójico es que cuanto más frágil parezca la unidad lingüística de los Estados Unidos más importancia darán sus habitantes a ese lazo de unión nacional, acaso ya el único vínculo comprobable y objetivo para ellos. Pero lo que a nosotros debe importarnos no es el inglés en los Estados Unidos sino el español en dicho país. El porvenir allí de nuestra lengua puede imaginarse siguiendo cualquiera de estas conjeturas:

1.º El *melting-pot* se rompe, atorado por la creciente afluencia de hispanohablantes. Éstos se esfuerzan poco en aprender inglés y al alcanzar la mayoría en ciertos estados de la Unión imponen allí la oficialidad del español y en Washington su cooficialidad a efectos del gobierno y la administración federales. En suma, se aplica el modelo de Quebec.

2.º Lo mismo que en la conjetura anterior, pero en este caso además de romperse la estructura política del país se rompe la estructura lingüística del español. Surgen diversos papiamentos –chicano, cubano, dominicano, etc.– que al final se funden en un *Spanglish* sincrético (modelo mixto entre el quebequeño y el haitiano).

tuye un claro esfuerzo por incorporar las minorías hispánicas al nuevo consenso americano, patriótico y no exclusivo del partido republicano. Véanse *Remarks by the President to the Hispanic Caucus Institute Board and Members*, Office of the Press Secretary, The White House, 27 Septiembre 1995.

3.º Surge un bilingüismo oficial en el Suroeste, con o sin diglosia (modelo catalán).

4.º El *melting-pot* sigue funcionando y se mantiene la unidad lingüística con el inglés, pero el español se convierte en una lengua extranjera importante y de prestigio. Los americanos la aprenden por lo mismo que aprenden el francés o el alemán, porque son lenguas útiles y hermosas, no porque ellos tengan antepasados que la hablaban, ni porque sea necesaria para entenderse con algunos de sus compatriotas.

5.º Igual que en el supuesto anterior, deja de hablarse el español pero no pasa a ser considerado una gran lengua de prestigio internacional, al quedarle el estigma de lengua proletaria a los ojos –y oídos– de la clase dirigente americana.

Todas estas hipótesis son posibles en teoría, mas no tanto en la práctica. Ni siquiera he mencionado la posibilidad de una secesión política, aunque a la larga la primera y la segunda conjeturas desembocarían probablemente en eso, por lo mismo que Quebec parece hoy al borde de desgajarse del Canadá. Se nos asegura, eso sí, que la secesión de Quebec sería “civilisée”; nadie nos puede asegurar lo mismo de una región con las tradiciones del Far West. Pero no vale la pena detenerse en vaticinios tan remotos o inverosímiles. Sí, en cambio, habrá que preguntarse por la supuesta gestación de un *Spanglish* o de varios. Don Manuel Alvar, que con razón cree poco en los bilingüismos reales y prácticos, tampoco parece tener fe en la continuidad de este otro proceso lingüístico: “Suponer que puede crearse una especie de lingua franca hispano-inglesa, me parece tener ganas de soñar y, por supuesto, de no favorecer en nada a los hablantes que se encuentran en trance de adquirir una lengua y abandonar la otra”[80].

Lo segundo me parece cierto y palmario, lo primero más discutible. De un largo estudio reciente[81] se desprenden –entre líneas– datos curiosos. Parece que “prensa hispana” no es lo mismo que prensa en español, pues los hispanos a medida que

[80] Manuel Alvar, “Pretendido bilingüismo”, *ABC*, 5 Enero 1994.

[81] De la Asociación Nacional de Editores Hispanos de Estados Unidos, recogido por Pedro Rodríguez en el *ABC*, 15 Marzo 1995.

van integrándose quieren más textos en inglés, con lo que esta lengua se usa, aun en los periódicos llamados hispánicos, para las cosas importantes como los editoriales. De hecho se va hacia una prensa bilingüe para los hispánicos, ya que los recién inmigrados y monóglotas suelen estar poco instruidos, leen poco y prefieren ver la televisión u oír la radio. Es de temer, entonces, que acaben (o empiecen) no sabiendo leer español, y aumente el riesgo de *pidginización.* Múltiple, además, pues cada grupo –mejicanos, peruanos, cubanos– tiene su perfil cultural y su habla. Otra cosa es que perduren esos papiamentos. Abandonando toda hipocresía de relativismo lingüístico, yo espero que no. Empobrecería a sus usuarios, como bien apunta Alvar, y rompería la hasta ahora tenaz unidad del español.

Así es que un diplomático prudente y un filólogo realista, venciendo muchas tentaciones de patriotismo miope, harían votos, y quizá algo más que votos, para que se realizase la cuarta conjetura, única alternativa viable a la quinta. Que el español quede en los Estados Unidos, pero como favorita entre las principales lenguas cultas extranjeras, no como germanía o como jerga del "proletariado interno"[82].

Los inspiradores o ejecutores de la política exterior española han de tener presentes ciertas realidades lingüísticas y prever ciertas consecuencias políticas. Por decirlo crudamente los hispanos de los Estados Unidos de hoy no son los italianos de la América de los años treinta: ni se sienten españoles ni van a sentirse atraídos por una misión imperial, de estilo mussoliniano, nebrijano u otro. Tampoco son los quebequeños de los años sesenta, ni el gobierno estadounidense es el canadiense. En California, un grito de un prócer español emulando el "*Vive le Québec libre!*" del General de Gaulle en 1967 dejaría a los hispanos indiferentes o enardecidos, no sabemos, pero en todo caso podría incitar a algún primate americano a dar voces sediciosas en Bilbao o en Barcelona, de consecuencias aún más incalculables.

Hay que decir que hasta ahora la actitud oficial de las autoridades españolas ha sido prudente, y no hay muchos motivos

[82] Uso el término "proletariado interno", complementario del "proletariado externo", en el sentido de Toynbee, no en el de Marx.

para pensar que vaya a dejar de serlo con futuros gobiernos. Pero esa prudencia contrasta con el ardor vehemente de casi toda la prensa de Madrid: "fanática ola", "coacción estatal", "nueva batalla contra el idioma español", "vendaval"[83]. Incluso, suprema paradoja, se acude para defender el español a un galicismo que no quiere decir nada en nuestra lengua y significa lo contrario en francés: "*Vientos de fronda* contra el español en Estados Unidos"[84]. En general la prensa de derechas se indigna contra el trato dado a la lengua española y la de izquierdas contra el trato a los inmigrados hispanohablantes. Ni la una ni la otra se plantea en serio la pregunta que yo hacía en 1987: "¿Es beneficioso para los inmigrantes permanecer agrupados y aislados del entorno sociocultural del país donde viven?"[85]. Hoy ya estoy seguro de que no: el interés propio de cualquier inmigrante está en no construir un *ghetto*, y si se lo imponen, en salir de él[86].

Claro que también podemos sentirnos atraídos por la *Realpolitik* y, olvidándonos del problema humano de esos pobres desarraigados y atendiendo tan sólo al interés nacional español, pensar que si conservan la lengua común van algún día a convertirse en firme apoyo de España. Creer eso es no saber geografía ni historia. Esas gentes no han emigrado de España sino de América Central y del Sur. Lo probable es que olviden hasta su lugar de origen inmediato, cuanto más las remotas raíces europeas de su cultura, de las que casi ninguno es consciente. La historia demuestra con triste reiteración que sólo los acomodados se molestan en recordar su cuna o en inventársela.

¿Quiere todo esto decir que no hay que hacer nada o que no hay nada que hacer? Al contrario, urge emprender dos tareas ciclópeas y complementarias. La una consiste en cambiar la imagen que en los Estados Unidos tienen la cultura hispánica y la lengua española. La otra –paralela– es ayudar a ser bilingües a

[83] Expresiones espigadas en el *ABC* de los días 9 Diciembre 1994, 23 Febrero 1995 y 8 Septiembre 1995.

[84] *ABC*, 7 Septiembre 1995.

[85] En "La lengua española en los Estados Unidos", ensayo recopilado luego en *El guirigay nacional*, Valladolid, 1988.

[86] Así lo ven muchos hispanos, incluso profesores de español como Bárbara Mújica a juzgar por su artículo "They're fluent in Spanglish but lost outside the ghetto", *International Herald Tribune*, 5 Enero 1995. Véase también la nota n.º 78.

los hispanos deseosos y capaces de alcanzar tan difícil estado; serán muy pocos pero serán los mejores.

El trabajo tendrán que hacerlo de consuno España y los países hispanoamericanos, en especial Méjico, para que no parezca pueril empresa imperial de gachupines a los ojos de los hispanos o siniestra quinta columna chicana a los yanquis. En cuanto a la simultaneidad de ambas tareas, también es necesaria por motivos psicológicos: algunos de los hispanos de los Estados Unidos estarán dispuestos al arduo esfuerzo del bilingüismo en la medida en que vean el español como una lengua de prestigio social y cultural, no si la consideran una jerga de barrio como el *Spanglish*. Los hispanos, como todos los hombres, están deseando encontrar un espejo que les muestre una imagen halagüeña de ellos mismos. Ese espejo favorecedor tan sólo puede ser la cultura hispánica digna, purgada de vudúes caribeños y panderetas andaluzas.

Mas tampoco nos hagamos ilusiones excesivas. El bilingüismo culto –no el poliglotismo de muelle mercante, que suele degenerar en *pidgin*– es difícil de adquirir y más todavía de mantener[87]. Es cierto que hay muchas clases de bilingüismo, y sobra literatura científica sobre las distintas modalidades de este fenómeno. Pero –acaso porque pocos filólogos hablan bien más de una lengua y pocos políglotas escriben libros[88]– siempre he

[87] En España se extiende un sueño pentecostal de clase media progre muy curioso. Se está llegando a creer en el don de lenguas generalizado, en una especie de glosolalia laica. "Naciste en España, crecerás en Europa", salmodiaba una reciente campaña publicitaria (véanse entre otros periódicos el *Blanco y Negro* y *El País Semanal*, 25 Junio 1995) de claro mensaje voluntarista: basta con desear una cosa y dejar pasar unos años para conseguirla. Luego igual ocurrirá con las lenguas; querer es poder. Dos semanas en Dublín y se adquiere por ósmosis el ansiado inglés. No hace falta aprender gramática, vocabulario y otras antiguallas. El esfuerzo es fascista.

El primer resultado es que el pueblo español es el peor preparado de toda Europa en lenguas extranjeras, junto con el pueblo inglés, monóglota por otros motivos. El segundo resultado es que seguimos soñando con un bilingüismo culto en Cataluña, pero sin poner los medios necesarios, con muy pocas horas semanales de instrucción gramatical. Pocas incluso en catalán, y no sólo en castellano.

[88] ¿Cuántos escritores en varias lenguas podemos mencionar de corrido? Siempre citamos los mismos: Madariaga, Nabokov, los rumanos parisinos, algunos catalanes y pocos más. No abundan, y el hecho debería hacernos reflexionar. Cabe incluso pensar de alguno de ellos que hubiese resultado mejor escritor de haberse ceñido a una sola lengua; en mi opinión es el caso de Madariaga, con ser buen esti-

echado de menos la discusión técnica de un dato evidente: hay muchos analfabetos castizos que hablan su lengua con gran propiedad y galanura, pero ningún bilingüe es iletrado.

Así pues no es probable que en el futuro abunden los ciudadanos estadounidenses bilingües en inglés y español. Pero hay que intentarlo; una vez más la calidad puede resultar más importante que la cantidad. Y en todo caso el empeño nunca sería vano si nos recordase la necesidad de cambiar la imagen de nuestra cultura y la obligación de mantener la unidad de nuestra lengua.

VIII

En cuanto al español en la Unión Europea, es asunto menos emotivo para el gran público pero pronto nos puede abocar a decisiones penosas, tomadas por España o impuestas por los demás. No hace falta entrar en los detalles jurídicos y reglamentarios pues más adelante en este libro aparecen tratados a fondo por el Embajador Ybáñez. La situación de hoy es conocida, al menos la situación teórica. Las lenguas nacionales de todos los estados miembros son lenguas oficiales y además lenguas de trabajo de todas las "instituciones de la comunidad". Ahora bien, con quince países miembros en la actualidad el número de lenguas oficiales y de trabajo asciende a once. Las permutaciones o variaciones de traducción e interpretación son, pues, 11 x 10 = 110. Si en breve ingresan, como está previsto, cinco estados más con tres lenguas nuevas, las combinaciones serán 182.

Esto no quiere decir que la situación se esté haciendo insostenible, sino que dejó de sostenerse hace mucho. *De facto*, ya que no *de iure*, en varios órganos e instancias comunitarios no todas las lenguas oficiales lo son también de trabajo. En la práctica se tiende a usar tan sólo francés e inglés y acaso alemán en ciertas negociaciones y discusiones, aunque no en los deba-

lista en español, francés e inglés. "La seconde langue? Un luxe ruineux", zanja Michel Tournier ("Le bilingue, surhomme ou infirme?", *Le Monde*, 3 Mayo 1973).

tes del Parlamento Europeo, que mantiene su virginidad babélica. Aun con estas restricciones, una tercera parte de los gastos administrativos de la Comisión y dos terceras partes de los del Parlamento corresponden a traducciones e interpretaciones[89]. Se comprende que todos deseen simplificar tan onerosa complicación, pero también se entiende que nadie quiera ceder sus prerrogativas lingüísticas, ya sean legales o consuetudinarias. Es más, la situación va a peor. No sólo aumenta el número de lenguas oficiales y de "trabajo teórico" sino que las de "trabajo práctico" tienden a aumentar por la creciente presión diplomática alemana, que a su vez suscita ambiciones italianas y españolas. Está claro que como mucho se puede aspirar a que una reunión de funcionarios de quince o veinte naciones europeas se desarrolle *sin intérpretes* si todos se comprometen a hablar tan sólo en inglés o en francés. Es un desatino creer que un día todos los funcionarios y expertos que alguna vez tengan que negociar en Bruselas entenderán las cinco lenguas principales de Europa Occidental. Pero es físicamente imposible que docenas de reuniones diarias se desarrollen todas *con intérpretes*, aunque sólo sean los nueve necesarios para atender a cinco lenguas de trabajo.

Hay soluciones técnicas intermedias, como el llamado "sifón", socorrido apaño que consiste en traducir entre lenguas menores pasando por una mayor, lo que alarga el proceso y duplica el margen de error, a más de exigir once cabinas. Al final se vuelve a la misma obviedad: con más de un par de lenguas no se puede trabajar en muchos grupos distintos y simultáneos. No es previsible que el español sea una de esa lenguas. ¿Qué nos conviene, entonces? ¿Luchar por el multilingüismo y al final quedar excluidos en beneficio del francés y quizá del alemán? ¿O abogar por una *lingua franca*, que salvo resurrección del nostrático[90] sólo puede ser el inglés? ¿Qué es peor, quedarse fuera con

[89] Datos de 1985 recogidos por P. J. G. Kapteyn y P. Verloren van Themaat, *Introduction to the Law of the European Communities*, Deventer - Boston 1993. Se puede suponer que si esa era la situación hace diez años, con diez miembros, hoy con quince no habrá mejorado.

[90] El nostrático es el supuesto –y único posible– antepasado común de todas las lenguas europeas, no sólo las indoeuropeas sino el finés, el húngaro, el turco y hasta el vascuence. Sólo tiene un inconveniente: no se conoce y ni siquiera es segu-

las lenguas medianas o con todas las lenguas mayores de Europa salvo el inglés? Si nos convenciéramos de que éste no es la mera lengua de los ingleses –ni siquiera en Bruselas, a trescientos kilómetros de Londres– no dudaríamos en la contestación.

Claro es que la aceptación de esa *lingua franca* única ha de tener límites muy precisos y de ningún modo hacerse extensiva a importantes parcelas donde el español ha de mantenerse y aun consolidarse: el Parlamento Europeo, las reuniones ministeriales oficiales –no las oficiosas– y en general la traducción escrita de documentos, que a menudo sufren retrasos y a veces adolecen de errores[91].

Dentro de esos confines, aquí sólo he querido señalar dos puntos. El primero es que ciertas batallas en apariencia multilingüistas sólo pueden acarrear provecho para el francés y desgaste para el español[92]. El segundo es el razonable temor a que al librar una batalla perdida de antemano deterioremos la imagen internacional de nuestra lengua. No debemos aparecer en el bando perdedor, sobre todo porque en verdad no estamos en guerra.

IX

Si el antropomorfismo lingüístico puede conducir a la actividad desordenada, como hemos visto en diversos ejemplos, tampoco el error opuesto es inocuo. Creer que los datos nos son

ro que haya existido. Véase Francisco Villar, *Los indoeuropeos y los orígenes de Europa*, Madrid 1991, pp. 509 y ss.

91 Véanse Rosa Regás, "La defensa del español", *El País*, 24 Abril 1995 y "Los organismos internacionales relegan el español", *El País*, 27 Abril 1995. De ambos artículos se desprende una constatación importante que coincide con lo que apunta Eloy Ybáñez en su estudio "El idioma español en las organizaciones internacionales", en otro capítulo de este libro: el peculiar talante idiomático de cada organismo. En mi opinión, cuanto más decisorio y decisivo sea menos margen podrá dejar al multilingüismo. La curia romana durante veinte siglos y el estado mayor aliado durante medio han sido ejemplos de uso pleno de sendas *linguas francas*, el latín y el inglés.

92 Véanse las "serias dudas" de Emilio Lorenzo sobre "una coalición románica capitaneada por la antigua Galia" ("Francofonía", *ABC*, 24 Noviembre 1993), otra cara de la misma cuestión.

dados por la historia es ponerse en razón lógica y etimológica, pero creer que la historia está acabada es otro error de moda. Este conduce a la pasividad y al remedo de cuanto parece haber triunfado para siempre. Por eso advertí que la reputación internacional del español –su talón de Aquiles– es mejorable y por eso recuerdo ahora que la unidad de nuestra lengua –su gran fuerza– hay que conservarla y aprovecharla.

Los estereotipos nacionales son tan cambiantes como las realidades que prentenden describir, y aun más. Ya Feijoo en su *Mapa intelectual y cotejo de naciones* escrutó con más perspicacia que casi todos los sociólogos de hoy el genio caprichoso de muchos de esos tópicos. El mismo tópico de lo español ha pasado por varias metamorfosis en pocos siglos, desde el adusto hidalgo del XVI hasta el báquico populacho del XIX, ambos crueles pero el primero eficaz y el segundo inepto. Es cierto que España también fue cambiando, por motivos que no hacen al caso, y no sólo su tópico, pero dudo que éste haya sido jamás muy fidedigno. De todas formas lo cambiante suele ser cambiable y no hay motivo para renunciar a influir deliberadamente en nuestra imagen exterior. Después de todo si el tópico moderno –patético y no lógico– está ahí es porque nosotros mismos hemos propiciado la permanencia del tópico romántico heredado o impuesto[93].

Es difícil pasar de la noche a la mañana de una imagen dionisiaca a otra apolínea. Sin embargo "otra política más sutil y astuta", como propone Emilio Lamo de Espinosa[94], puede usar algunas de las figuras habituales cambiándoles el mensaje: el toro en la dehesa como símbolo de naturaleza pura, el caballero de la mano en el pecho como ejemplo de "seriedad y rigor frente a la frivolidad de lo *latino*", etc. Pero las frases publicitarias también son iconos, y ninguna de las tres ideadas hasta ahora para atraer turismo (barato) es reciclable para exportar productos de calidad, entre ellos nuestra lengua. Recordemos los tres lemas sucesivos que hemos lanzado a los cuatro vientos:

[93] Hicimos lo mismo que los aldeanos de la película *Bienvenido míster Marshall*, como bien apunta José Álvarez Junco en "España: el peso del estereotipo", *Claves*, Diciembre 1994.

[94] *Loc. cit.* en la nota 72.

"*Spain is different*", "*Everything under the sun*" y "*Passion for life*". No van a convencer a nadie para que se ponga a estudiar el español, esa lengua nacida a la escritura en un monasterio de liturgia visigótica entre los Pirineos y la Sierra de la Demanda, rodeado de prados, hayedos y robledales tan poco diferentes del resto de Europa, tan lejanos del sol tropical, con más razón que pasión.

Por desgracia hasta ahora ha pesado más en el ánimo de los estudiantes la propaganda folklórica que la lingüística. Pero hay que confiar en la labor renovadora del Instituto Cervantes. Creado en 1991, sus misiones expresas e implícitas ayudarían al cambio de imagen internacional del español. Si le hubiesen asignado una centésima parte de lo que se gastó en 1992 con ocasión de los diversos fastos geográficos y olímpicos, la mejora de la imagen cultural de España hubiese sido más honda y duradera que la obtenida en Sevilla y Barcelona. Con más medios, algún día podrá demostrar que la reputación del español puede librarse de ese vago aire tercermundista. Ese sería el regalo que más agradecerían los hispanohablantes del Tercer Mundo: la prueba de que, si sus escuelas o sus funcionarios son toscos, el progreso es posible puesto que su lengua es tan elaborada y solvente, tan "seria" como el alemán.

En cuanto a la unidad del español, hay motivos para congratularse, como hemos visto antes, pero no para confiarse. Todas las lenguas, desde que nacen hasta que mueren, están sometidas a fuerzas centrífugas y centrípetas. Las primeras tienden a fragmentar la lengua y las segundas a unificarla. En su mayoría, los inventos desde el siglo XV hasta hoy han favorecido la cohesión del español: la imprenta, los transportes modernos, las comunicaciones, las reproducciones de imagen y sonido han impedido que el español siguiese el camino del latín, fragmentándose dialectalmente, como todavía temía Rufino José Cuervo hace cien años. Pero he aquí que los últimos adelantos técnicos, para ser plenamente aprovechables a efectos lingüísticos, requieren una ingente labor previa. La moderna ingeniería lingüística es tan neutra como la imprenta, no fomenta en sí ni la unidad ni la fragmentación, como tampoco toma partido decisivo a favor de una lengua u otra, pero sí exige unos esfuerzos que no todos parecen dispuestos a hacer, a juzgar por la preocupación que se trasluce en las páginas de este libro firmadas por Antonio Castillo y por José Antonio Pascual. Las lenguas cuyos hablantes no sepan adaptarse a las nuevas circunstancias correrán más riesgos, y no sólo de fragmentación desde dentro sino de *pidginización* desde fuera[95].

La verdad es que hasta hoy la envidiable unidad del español se ha conservado sin grandes esfuerzos de sus beneficiarios. Ni siquiera actualmente nos ocupamos mucho en unificar los neologismos científicos, que cada nación hispánica tradúce del inglés a su aire[96]. Incluso la lógica ortográfica del español, uno de nuestros motivos de orgullo, la violamos con creciente descuido: México, Girona, Miami y otros nombres, tal como muchos ahora los escriben o los pronuncian, rompen las normas de correspondencia entre grafía y fonética. Da igual que lo hagan por prurito arcaizante, nacionalista, modernista o por simple cursilería; también ésta es una fuerza centrífuga.

"El español es demasiado importante para dejarlo en manos de los españoles", escribió Guillermo Cabrera. Pero añadió esto: "Ahora yo también quiero denunciar las germanías, incluso la que fue mía, sobre todo esa mía. El español, me parece, es un idioma demasiado importante para dejarlo en manos de los dialectos más dilectos"[97]. No se puede decir mejor. Quizá haya que ser un cubano desterrado en Londres para comprenderlo tan bien.

X

Intentemos, por fin, contestar a la pregunta inicial. El teorema de Nebrija, ¿sigue políticamente vigente en el mundo de hoy? ¿Lo estuvo alguna vez? ¿Es cierto que "siempre la lengua fue compañera del imperio; y de tal manera lo siguió, que juntamente comenzaron, crecieron y florecieron, y después junta

[95] Juan Cavestany, "El español peligra en el ciberespacio. El "spanglish" se extiende en las redes informáticas de EEUU", *El País*, 2 Septiembre 1995.

[96] Véase el capítulo de José Antonio Pascual en otra parte de este libro.

[97] Guillermo Cabrera Infante, *Mea Cuba*, Barcelona 1992, pp. 447 y 449.

fue la caída de entrambos"? ¿Sigue siendo así y es previsible que así siga siendo?

En esencia sí, mas sólo en esencia. Es verdad que el hombre necesita alguna suerte de identidad cultural para no ser del todo desdichado; sin raíces su condición congénitamente errabunda se hace insoportable. No sabemos lo que va a resultar de la ebullición cada vez más acelerada del segundo milenio, pero parece claro que las lenguas continuarán estando entre las señas de identidad más decisivas. Para el hombre que intenta nadar en un torbellino, conservar su lengua es tanto como conservar su personalidad, su autonomía. Y ésta, como hemos visto, no es otra cosa que la capacidad de darse normas, es decir el dominio de sí mismo, el verdadero imperio.

Ahora bien, la autonomía de esa identidad cultural se puede perder de dos maneras, ambas destructivas de la ecuación lengua = imperio. El primero y más frecuente de los dos modos consiste en la caída social de la lengua, que termina siendo irrelevante en la vida práctica. Puede agonizar algún tiempo, reducida en el mejor de los casos a funciones esotéricas en una religión también moribunda, hasta su muerte patética mas no indigna.

La segunda forma de disociación es por ascenso y no por caída. El propio éxito del papel vehicular y no substantivo de una lengua la convierte en *lingua franca* que, repito, no es lengua de imperio, ni siquiera económico[98]. En la primera forma de disociación, el pueblo que tenía por materna esa lengua se queda sin señas de identidad. En la segunda tan sólo queda desdibujada su personalidad. La primera confirma la intuición de Nebrija, puesto que "junta fue la caída de entrambos". La segunda constituye una excepción al teorema[99].

[98] Quiero decir que no necesariamente sustenta el imperio económico de sus supuestos amos epónimos. Para no volver al caso de la koiné, demasiado remota, o al del inglés, demasiado presente, piénsese de nuevo en el swahili como *reductio ad absurdum*. Lo tienen por lengua materna menos de cuatro millones de personas, que como grupo étnico no se distingue por su riqueza, su poderío guerrero, su fuerza política o su tradicción literaria. Pero a diario lo usan más de treinta millones, y su papel como lengua mercantil sigue aumentando en buena parte del Africa Oriental y Central. Véase Florian Coulmas, *Language and Economy*, Oxford 1992, pp. 192 y ss.

[99] Excepción de la que el propio Nebrija, gran humanista, debía de ser consciente. Pero él nunca olvidaba su preocupación por la corrupción del latín, harta

El español no se encuentra en ninguna de las dos situaciones extremas: ni va a desaparecer por consunción ni va a desdibujarse por dilución. Conviene, eso sí, evitar los malentendidos sobre el pretérito[100] y las complacencias sobre el porvenir[101]. La geografía, la historia y la economía parecen haber asignado a nuestra lengua un papel sobresaliente que a sus hablantes toca

decadencia en sí. Acaso en su afán de pureza pensaba que el paso del latín clásico al latín como *lingua franca* era un caso de simple caída en la barbarie, de muerte y no de supervivencia. "Comenzando a declinar el imperio de los romanos, juntamente comenzó a caducar la lengua latina, hasta que vino al estado en que la recibimos de nuestros padres, cierto tal que cotejada con la de aquellos tiempos, poco más tiene que hacer con ella que con la arábiga", dice Nebrija en el mismo prólogo a su gramática . Seguramente la deliberada exageración era una forma más de arremeter contra "los bárbaros", los malos latinistas (véase Francisco Rico, *Nebrija frente a los bárbaros*, Salamanca 1978). Pero el caso es que él pretendía depurar el latín y fijar el castellano, y ambas empresas no podían tener el mismo sentido político. Con la primera, ni él ni nadie aspiraba a restaurar el Imperio Romano.

100 Por ejemplo este párrafo, agudo y a la vez confuso por no comprender que las palabras cambian de sentido y las vidas también: "Naturalmente que la utilización de la lengua como instrumento del Imperio tuvo sus defensores propios en el campo de las letras, fuera de los reyes, desde Nebrija hasta Francisco de Medina, ya muy entrado el siglo XVI; el famoso proemio a las obras de Garcilaso de la Vega es prácticamente una proclama imperialista de la lengua, como se aprecia claramente desde las primeras palabras, que dicen así: «Siempre fue natural pretensión de las gentes victoriosas procurar extender no menos el uso de las lenguas que los términos de sus imperios; de donde antiguamente sucedía que cada cual nación tanto más adornaba su lenguaje, cuanto con más valerosos hechos acrecentaba la república de sus armas». Se extiende después en la teoría entonces generalmente aceptada de las armas y las letras, según la cual con las armas se adquirían nuevos territorios y se conservaban los adquiridos, mientras con las letras se exaltaban los ánimos y se cantaban las hazañas guerreras realizadas con aquéllas". (José Luis Abellán, *Historia Crítica del Pensamiento Español*, Barcelona 1992, volumen 2, pp. 192-193). Confunde el autor la ética y la estética del guerrero (a fin de cuentas Garcilaso y Cervantes lo fueron) con la razón del político. Y confunde el significado antiguo de las palabras con el moderno. Tanto motivo hay para llamar a ese texto "proclama imperialista" –porque usa la palabra *imperios*– como para llamarlo "proclama nacionalista" o "proclama republicana", puesto que también contiene los términos *nación* y *república*. Pero el caso es que ninguna de las tres palabras significa hoy lo mismo que hace cuatro siglos.

101 "Tampoco debe preocupar demasiado la difusión superficial de ciertas lenguas internacionales, ya que ello significa sólo su utilización como código de intercambio comercial o turístico, de mera aplicación práctica, sin ninguna trascendencia en el dominio espiritual del humanismo que nosotros profesamos y al que debemos aspirar.[...] Dejémonos, pues, de estadísticas comparativas y de lamentos por tener el español menor número de hablantes que el inglés". (Emilio Alarcos, "Balance del español (I)", *ABC*, 10 Febrero 1995). En efecto, no debe preocuparnos demasiado pues la *lingua franca* tiene su ámbito y las lenguas maternas el suyo. Pero un poco sí que deberá preocuparnos el deslinde.

ahora desarrollar. No es un papel de *lingua franca*, ni de lengua imperial, ni de lengua de cultura a la defensiva. El español es una lengua de primera magnitud, *internacional* en el sentido estricto del término, filológicamente homogénea, geográficamente compacta, demográficamente en expansión. Por eso atrae. El auge de su aprendizaje, constatado más adelante por Francisco Moreno, se debe más a su futuro y a su pasado que a su presente.

Todo ello debe hacernos reflexionar no sólo sobre el peso político internacional del español –su peso de hoy puede convertirse en una respuesta inerte y estática– sino en su papel futuro. Y ahí no caben meras respuestas numéricas, ni de jerarquías aparentes. En el teatro no es "primero" ni "segundo" o "tercero" Don Juan, el Comendador o Doña Inés; el rango auténtico dependerá de la convicción y de la pericia de cada actor. Pero antes de estudiar el guión y forzar, si hace falta, las indicaciones escénicas, repárese en la grave advertencia de Feijoo –tan enemigo del apocamiento como de la vanagloria– en su *Teatro crítico universal:*

> "Dos extremos, entrambos reprehensibles, noto en nuestros españoles, en orden a las cosas nacionales: unos las engrandecen hasta el cielo; otros las abaten hasta el abismo. Aquellos que ni con el trato de los extranjeros, ni con la lectura de los libros espaciaron su espíritu fuera del recinto de su patria, juzgan que cuanto hay de bueno en el mundo está encerrado en ella. De aquí aquel bárbaro desdén con que miran a las demás naciones, asquean su idioma, abominan sus costumbres, no quieren escuchar o escuchan con irrisión sus adelantamientos en artes y ciencias. [...] Por el contrario, los que han peregrinado por varias tierras, o sin salir de la suya comerciado con extranjeros, si son picados tanto cuanto de la vanidad de espíritus amenos, inclinados a lenguas y noticias, todas las cosas de otras naciones miran con admiración; las de la nuestra, con desdén"[102].

[102] "Paralelo de las lenguas castellana y francesa", *Teatro crítico universal*, Tomo I, 1726.

Doscientos setenta años después de escrito esto, ahí siguen ambos escollos. Ojalá aprendamos a sortearlos. La lengua española merece un esfuerzo, tanto si es el último punto de referencia internacional eminente que le queda al mundo hispánico como si resulta ser el primero en recuperarse.

*EL IDIOMA ESPAÑOL EN LAS ORGANIZACIONES INTERNACIONALES**

ELOY YBÁÑEZ BUENO

SE ha repetido hasta hacerlo tópico (lo que perjudica la cita, pero no cambia la situación) que como resultado del espectacular progreso tecnológico, organizativo, cultural, social y económico de las comunicaciones –en su más amplio sentido–, que permite el traslado de mercancías, personas, noticias, imágenes e ideas de manera rápida (instantánea, e incluso previa a veces) y asequible, vivimos en un mundo interdependiente, en el que todos nos vemos afectados –en diversos grados, claro es– por lo que ocurre en cualquier lugar del Planeta, que se ha convertido, según la acertada expresión del McLuhan, en la "aldea global".

Pero, a mi juicio, no se ha señalado suficientemente que la sociedad planetaria resultante carece de estructuras semejantes al instrumento característico de la denominada Edad Moderna: el Estado.

Esta Sociedad Planetaria se manifiesta –y va desarrollándose– por la creación de "foros", "ágoras", lugares públicos en los que, sin tapujos, pero también en pequeños grupos que se hablan más secretamente, se discuten a veces los asuntos públicos, sin que en estos "foros" o "ágoras", como en los que les precedieron, se llegue, por lo general, a adoptar decisiones o acuer-

* Este artículo no hubiera podido escribirse sin la inapreciable –pero muy apreciada– ayuda de: Fermín Alcoba, Carlos Aranda, Emilio Artacho, Georges Bernier, Belén Cristino, Francisco Fariña, Félix Fernández–Shaw, María Teresa García Gil, Amelia García Gregorio, Enrique González, Gerardo González, José Luis Guzmán, Luis Lázaro Martínez, Constantino Lluch, Fernando París, Antonio Pedauyé, Manuel Pérez del Arco, Beverley Philips, Annie Ramos, Mónica Romero, Elena Samper, Hugo Scarone, Marcelo Scarone, Carlos Spottorno, Alcira Stania, Jorge del Valle y José Antonio Valtueña. A todos ellos, mi más sincero agradecimiento.

dos que, como mucho, son propiciados por estos debates. Porque, en la vida pública, las decisiones o acuerdos realmente vinculantes y fructíferos son los que se asumen, en procesos cuyas duraciones son muy diversas, por los integrantes de la Comunidad.

Estos "foros" o "ágoras" son las conferencias u organizaciones internacionales, de muy variados tipos. Los miembros de la Comunidad Internacional (que se está creando, repito, porque conviene no olvidarlo, como consecuencia del espectacular progreso de las comunicaciones) ya no son sólo los Estados, sino entes supraestatales, unas veces públicos o de interés público, otras privados e, incluso, los individuos, los seres humanos, directamente.

Nuestro, por lo menos, multisecular aislamiento, acentuado como consecuencia de la Guerra civil, ha reforzado nuestra tendencia al ensimismamiento. Al empezar a salir de él, hemos sido absorbidos por la urgente tarea de nuestra incorporación a la Comunidad Europea, no prestando, a mi juicio, la debida atención a la dimensión exterior que siempre debemos considerar, en nuestra circunstancia, parte ineludible de cualquier aspecto o sector de nuestro quehacer, individual y colectivo.

Y, en esta atención a la dimensión exterior de nuestro quehacer, debemos tener muy presente la realidad internacional a la que me refería al comienzo de este artículo: la creación de una Comunidad a través de foros o ágoras, en lugar de por las vías anteriormente intentadas, en la teoría o en la práctica: Gobierno Mundial, Imperio, lucha de los Leviatanes estatales para que del caos pudiera surgir el cosmos...

Los antecedentes y los precedentes (teóricos y prácticos) de la vía actual son muchos y su simple enumeración impediría que pudiéramos ocuparnos del tema enunciado en el título, por lo que, directamente, me referiré a la situación, en la normativa y en la realidad, de nuestro idioma en algunas organizaciones internacionales, de diversos tipos, para, basándonos en los hechos, tratar de averiguar la razón de los mismos, para comprenderlos y poder señalar pautas de lo que, a mi juicio, debiéramos hacer.

Organización de las Naciones Unidas (O.N.U.)

Limitándome, pues, al presente y al pasado muy inmediato, comenzaré por la Organización de las Naciones Unidas, cuya Carta (firmada en San Francisco el 26 de junio de 1945, al terminar la Conferencia de las Naciones Unidas sobre Organización Internacional, y que entró en vigor el 24 de octubre del mismo año) supone ya un cambio importante sobre la situación anterior, ya que el Pacto de la Sociedad de las Naciones, que la precedió, estaba redactado en dos idiomas oficiales: inglés y francés, ambos con el mismo valor, mientras que la Carta de la nueva Organización se redactó en cinco idiomas: chino, francés, ruso, inglés, y español, estableciéndose en su artículo final, el 111, que "son igualmente auténticos" expresión paralela se utiliza en el texto inglés: "are equally authentic", mientras que el francés dice "feront également foi".

Jean Paul Jacqué[1], en su comentario a este artículo 111, señala que los idiomas elegidos son los de los miembros permanentes del Consejo de Seguridad, "a los que" –dice textualmente– "se añadió el español, fruto de la importante participación de los Estados Latinoamericanos en la Conferencia de San Francisco"[2]. Como es bien sabido, España no fue invitada a participar en esta Conferencia y no ingresó en la Organización hasta el 14 de diciembre de 1955.

El mismo Profesor Jacqué recuerda en su comentario que durante los trabajos preparatorios únicamente el representante de los Países Bajos se refirió a las dificultades que podrían originarse por esta redacción de la Carta en cinco idiomas, todos con el mismo valor jurídico. El delegado soviético replicó que aún serían mayores las dificultades que se producirían si quería hacerse prevalecer uno de los textos[3].

El resultado fue, como afirma el Profesor Jacqué citando a Ruth Russell[4], que no se incluyó en la Carta ninguna disposi-

[1] Jean Paul Jacqué, *La Charte des Nations Unies,* comentarios artículo por artículo, dirigidos por Jean Pierre Cot y Alain Pellet. Económica, París y Bruylant, Bruselas.

[2] J. P. Jacqué, *id.*, p 1.443.

[3] UNCIO Vol. 19, p. 67, citado por J. .P. Jacqué, *ibídem.*

[4] *A History of United Nations Charter,* The Brooking Institution, Washington 1958, pp. 926 y siguientes.

ción sobre su interpretación, lo que teóricamente puede dar lugar a problemas en relación no sólo con este instrumento sino en general con otros tratados multilingües, cuyo examen nos llevaría lejos del objetivo inmediato de este trabajo. Aquí bastará señalar la importancia política de este artículo 111, que jurídicamente, sin embargo, no determinaba con certeza cuáles serían los idiomas en los que se realizarían los trabajos de los órganos de la nueva Organización, a quienes correspondió la decisión.

Así, la Asamblea General, en su primer período de sesiones, aprobó el 1 de febrero de 1946 un Reglamento Provisional[5] (basado en un texto que figuraba en el Informe de la Comisión Preparatoria de las Naciones Unidas[6]) según el cual en todos los Órganos de las Naciones Unidas excepto la Corte Internacional de Justicia serían el chino, el francés, el inglés, el ruso, y el español los idiomas oficiales, y el inglés y el francés los idiomas de trabajo. Se precisaba en esta Resolución que los discursos en un idioma de trabajo serían interpretados en el otro, y que los discursos en un idioma oficial serían interpretados en los dos idiomas de trabajo. Se admitía la posibilidad de utilizar terceros idiomas, pero haciéndose cargo de la interpretación a un idioma de trabajo. Las Actas se redactarían en los idiomas de trabajo, salvo petición de alguna delegación de traducción a un idioma oficial. Los resúmenes de las Actas se harían, tan pronto como fuera posible, en los idiomas oficiales. Los Diarios de los Órganos de las Naciones Unidas se publicarían en los idiomas de trabajo.

En el tercer período de sesiones la Asamblea General[7] decidió incluir el español entre sus idiomas de trabajo y enmendar en tal sentido los artículos 44 a 48 del Reglamento. Lo mismo hizo con el ruso en el XXIII período de sesiones[8] y con el chino en el período XXVIII[9].

[5] A/71/31 Reglamento de la Asamblea General. Editado por Naciones Unidas, Nueva York 1985.

[6] PC(20), Cap. I, Sec. 3., citado en la mencionada edición del Reglamento de la Asamblea General.

[7] Resolución 262 (III) de 11/12/1948. Documentos oficiales, Asamblea General, tercer período de sesiones, Vol. II, Anejo IV, sesiones plenarias, Doc. A/388.

[8] Resol. 2479 (XXIII) de 21/12/1968.

[9] Resol. 3189 (XXVIII) de 18/12/1973.

En este mismo período de sesiones (XXVIII) la Asamblea General decidió incluir el árabe entre los idiomas oficiales y de trabajo[10] con lo cual se incorporaba un nuevo idioma a los citados en el artículo 111 y quedaba, por tanto, definitivamente claro que este artículo no tenía jurídicamente ninguna relevancia en la determinación de los idiomas en que se desarrollarían los trabajos de los Órganos de las Naciones Unidas y que su alcance se limitaba a establecer la igualdad de los cinco textos de la Carta.

El artículo 51 de la Asamblea General en su vigente redacción establece, pues: "El árabe, el chino, el español, el francés, el inglés y el ruso serán a la vez los idiomas oficiales y los idiomas de trabajo de la Asamblea General, sus comisiones y sus subcomisiones". Después, en los artículos 52 a 57 ambos inclusive, se desarrolla esta igualdad entre los seis idiomas (árabe, chino, español, francés, inglés y ruso) y su situación privilegiada con respecto a los de otros países miembros[11].

Evolución análoga fue seguida por el Consejo de Seguridad, que en los artículos 41 a 47 de su Reglamento Provisional da el mismo trato privilegiado que la Asamblea a los seis idiomas citados[12].

En el Consejo Económico y Social continúa, sin embargo, la distinción entre idiomas oficiales y de trabajo ya que el artículo 32 de su Reglamento dispone: "El árabe, el chino, el español, el francés, el inglés y el ruso serán los idiomas oficiales, y el español, el francés y el inglés los idiomas de trabajo del Consejo"[13].

El español se incorpora así, en este Reglamento del Consejo Económico y Social, al francés e inglés en el reducidísimo grupo de idiomas de trabajo, diferenciándose de las otras tres lenguas

[10] Resol. 3190 (XXVIII) de 18/12/1973.

[11] *Reglamento de la Asamblea General*, Naciones Unidas, Nueva York 1985.

[12] *Reglamento Provisional del Consejo de Seguridad*, Naciones Unidas, Nueva York, abril 1983. El español, junto con el ruso, fue declarado idioma de trabajo del Consejo de Seguridad el 24 de enero de 1969 (1463 sesión del Consejo de Seguridad). El árabe fue declarado idioma oficial y de trabajo del Consejo de Seguridad el 21/12/1982 (2410 sesión del Consejo de Seguridad).

[13] *Reglamento del Consejo Económico y Social*, Naciones Unidas, Nueva York 1983.

oficiales: árabe, chino y ruso, quizás por entender los autores del Reglamento que los tres idiomas de trabajo son, en verdad, idiomas de comunicación universal, mientras que los otros tres están más concentrados en determinadas zonas y tienen una relevancia más coyuntural como instrumento.

Los trabajos de la Secretaría de Naciones Unidas también tienen un alcance lingüístico más limitado que los seis idiomas oficiales, pues se realizan en principio en inglés y en francés, pudiendo utilizarse otros idiomas en los trabajos de las Comisiones Económicas Regionales. Así por ejemplo en la Comisión Económica para Europa (CEPE) se usan el francés y el inglés y en la Comisión Económica para América Latina (CEPAL) el inglés, el español y el portugués.

En la Corte Internacional de Justicia sigue vigente el bilingüismo característico del sistema de la Sociedad de las Naciones del que procede. Así, en su artículo 39 se establece: "1. Los idiomas oficiales de la Corte serán el francés y el inglés. Si las partes acordaren que el procedimiento se siga en francés, las sentencias se pronunciarán en este idioma. Si acordaren que el procedimiento se siga en inglés, en este idioma se pronunciará la sentencia.– 2. A falta de acuerdo respecto al idioma que ha de usarse, cada parte podrá presentar sus alegatos en el que prefiera, y la Corte dictará la sentencia en francés y en inglés. En tal caso, la Corte determinará al mismo tiempo cuál de los dos textos hará fe.– 3. Si lo solicitare una de las partes, la Corte la autorizará para usar cualquier idioma que no sea ni el francés ni el inglés"[14].

Organización de las Naciones Unidas para la Educación, la Ciencia y la Cultura (United Nations Educational Scientific and Cultural Organization, U.N.E.S.C.O.)

La Constitución de la Organización de las Naciones Unidas para la Educación, la Ciencia y la Cultura (U.N.E.S.C.O.),

[14] *Carta de las Naciones Unidas* y *Estatuto de la Corte Internacional de Justicia*, Servicios de Información Pública de las Naciones Unidas, Nueva York, sin fecha.

aprobada en Londres el 16 de noviembre de 1945, fue redactada en francés e inglés y en el párrafo 1 de su artículo XIV se dispone que ambos textos "serán igualmente auténticos". Pero, a diferencia de la Carta de las Naciones Unidas, en el apartado 2 de este artículo XIV se establece: "Todas las cuestiones y controversias relativas a la interpretación de la presente Constitución serán sometidas, para su resolución a la Corte Internacional de Justicia o a un tribunal de arbitraje, según determinare la Conferencia General con arreglo a su Reglamento".

El Reglamento de la Conferencia General, aprobado en su tercera reunión, titula su capítulo X "Lenguas", estableciendo en el artículo 52: "El árabe, el chino, el español, el francés, el inglés y el ruso son las lenguas de trabajo de la Conferencia General", autorizando en el artículo 53 al Consejo Ejecutivo "cuando la Conferencia se celebre en un país cuyo idioma oficial no sea una de las lenguas de trabajo", "a tomar disposiciones oficiales para el empleo, durante la Conferencia, del idioma del país de que se trate".

El artículo 54, en su párrafo 1, dispone: "Las lenguas oficiales de la Conferencia General serán el árabe, el chino, el español, el francés, el hindi, el inglés, el italiano, el portugués y el ruso", y en su párrafo segundo señala que "cualquier otro idioma podrá ser igualmente reconocido como lengua oficial de la Conferencia General a petición del Estado o los Estados Miembros interesados; sin embargo, ningún Estado Miembro podrá pedir ese privilegio para más de una lengua".

Esta multiplicidad de posibilidades se intenta contener en los dos artículos siguientes, pues el artículo 55 afirma que "todos los documentos, así como el "Diario de la Conferencia General" se publicarán en las lenguas de trabajo" y distingue a continuación entre la publicación "provisional" en que cada intervención se reproducirá en la lengua de trabajo empleada por el orador y la "definitiva" en que estas reproducciones serán seguidas, si la intervención se ha hecho en lengua de trabajo que no sea francés o inglés, de traducción, alternativamente de una sesión a otra, en una u otra de esas dos lenguas.

Se intenta así conciliar la igualdad en principio concedida a las seis lenguas de trabajo, con la exigencia práctica de que los textos sean entendidos por el mayor número posible de lectores, lo que lleva a traducirlos, pero sólo a uno, alternativamente diferente de una sesión a otra, de los idiomas de trabajo, reconociendo así una mayor universalidad al francés y al inglés por encima de los otros cuatro: árabe, chino, español y ruso.

A las lenguas oficiales (las nueve mencionadas en el artículo 54, es decir, las seis del artículo 53 más el hindi, el italiano y el portugués) a las que puede añadir más la Conferencia General, según el segundo apartado de este artículo 54, se traducirán (según dispone el artículo 56 "todas las modificaciones del texto de la Constitución y todas las decisiones de la Conferencia que afecten a la Constitución y a la condición jurídica de la U.N.E.S.C.O.". Es decir, que las modificaciones de la Constitución deberán ser traducidas a más idiomas (nueve en principio) que los dos (francés e inglés) del texto original. En el apartado 2 de este artículo 56 se abre aún más esta posibilidad de traducción a lenguas oficiales, pues bastará con la petición de una Delegación para que haya que traducir a cualquier lengua oficial cualquier documento importante, pero la Delegación peticionaria deberá proporcionar los traductores necesarios.

En el artículo 57 se abre la posibilidad para los delegados de utilizar cualquier idioma, aunque no sea lengua de trabajo, pero con la obligación de encargarse de su interpretación a una lengua de trabajo, a partir de la cual la Secretaría lo hará interpretar a las otras lenguas de trabajo.

En el Consejo Ejecutivo las lenguas de trabajo (según el artículo 21 de su Reglamento aprobado en su 29.ª reunión) serán el árabe, el chino, el español, el francés, el inglés y el ruso, es decir, las mismas de la Conferencia General, sin que exista, en el Consejo Ejecutivo, la categoría de "lengua oficial".

El Acuerdo de Sede firmado en París el 2 de julio de 1954 con el Gobierno francés fue "hecho por duplicado en francés e inglés siendo ambos textos igualmente auténticos"[15].

Esta amplitud lingüística, producto de la propia naturaleza de la U.N.E.S.C.O., convive con la tensión que las razones eco-

[15] Todas las citas relativas a la U.N.E.S.C.O. están tomadas de la publicación *Textos fundamentales, Manual de la Conferencia General y del Consejo Ejecutivo*, edición 1992. Publicada por la propia Organización.

nómicas provocan en el seno de la Organización y que llevan a reducciones presupuestarias que perjudican más a unas u otras de las seis lenguas de trabajo, como consecuencia de los esfuerzos de los Miembros cuyos idiomas no figuran entre estos seis para intentar limitar los gastos producidos por el multilingüismo que, piensan, no son para ellos rentables. Frente a estos intentos, los Representantes de los países a los que pertenecen los idiomas de trabajo vienen reaccionando no sólo para mantener el statu quo jurídico, sino sobre todo para procurar que éste no se degrade en la práctica.

Así, en 1974 se creó por los países de nuestro idioma el denominado "Comité del Idioma Español" (C.I.E.), cuya presidencia se ejerce de manera rotativa por los países miembros del Comité, desempeñando siempre España la Secretaría.

Los países miembros de este comité en la actualidad son: Argentina, Bolivia, Chile, Colombia, Costa Rica, Cuba, República Dominicana, Ecuador, El Salvador, España, Filipinas, Guatemala, Guinea Ecuatorial, Honduras, México, Nicaragua, Panamá, Paraguay, Perú, Uruguay y Venezuela. Existe una mesa de este Comité de composición más restringida que en 1995 constaba de los siguientes siete países: Cuba (Presidente del C.I.E.), Honduras (Vicepresidente), España (Secretaría), Panamá, Paraguay, Perú y Filipinas.

Organismo Internacional de Energía Atómica (O.I.E.A.)

El Organismo Internacional de Energía Atómica (O.I.E.A.) no ha establecido ningún idioma oficial ni de trabajo y de una forma bastante pragmática y caso a caso ha dejado la decisión a sus órganos, que se mueven en torno a los seis idiomas que venimos citando como privilegiados en el seno de Naciones Unidas y U.N.E.S.C.O., más, para algunos casos concretos (en general por cortesía, pues la sede está en Viena) el alemán.

El Estatuto del Organismo tiene cinco versiones consideradas todas auténticas: chino, español, francés, inglés y ruso[16]. A petición de Siria se publicó, después de aprobado el Estatuto,

[16] Artículo XXIII del *Estatuto del OIEA*. Publicado en Viena en abril de 1990 por el propio Organismo.

una versión "semioficial" en árabe. Austria, la República Federal Alemana y Suiza prepararon una traducción al alemán, que al haber sido publicada en sus países de manera oficial tiene carácter de texto auténtico para estos tres Estados y que fue también publicada por el O.I.E.A. en diciembre de 1967.

Para el Acuerdo de Sede con Austria existen seis textos auténticos: chino, inglés, francés, alemán, ruso y español.

Esta amplia panoplia de textos auténticos no ha sido respetada en otros convenios firmados por el O.I.E.A., que ha preferido siempre reducir el número lo más posible, incluyendo siempre inglés o francés, pero aceptando usar ruso o español si lo pide la otra parte, en cuyo caso el O.I.E.A. pide un texto auténtico en inglés. Su preferencia es tener un único texto auténtico en inglés o en francés.

La regla 86 del Reglamento de la Conferencia General menciona como sus idiomas oficiales: árabe, chino, español, francés, inglés y ruso; y, como idiomas de trabajo: árabe, chino, español, francés, inglés y ruso[17]. Lo mismo disponen las reglas 51 y 52 del Reglamento de la Junta de Gobernadores[18].

Es interesante señalar que en muy contadas ocasiones se ha hecho uso en la Conferencia General o en la Junta de Gobernadores de la posibilidad de utilizar un idioma no de trabajo haciéndose cargo de los gastos, y que en las reuniones de la Conferencia General en Viena el Gobierno austriaco sufraga los gastos de interpretación de las Sesiones Plenarias al alemán. También el alemán ha sido utilizado por el Auditor Externo en sus intervenciones en la Conferencia General y en la Junta de Gobernadores, con cargo al Organismo, por entender que se trataba de un servicio al O.I.E.A.

Los documentos y Actas del Comité Consultivo Científico se redactan sólo en inglés y ruso.

Inglés, francés, ruso y español fueron también los cuatro idiomas oficiales y de trabajo de la Conferencia de Viena sobre Responsabilidad Civil por Daños de Origen Nuclear celebrada

[17] *Reglamento de la Conferencia General.* Publicado por el OIEA en Viena en septiembre de 1987.

[18] *Reglamento de la Junta de Gobernadores,* publicado por el OIEA en Viena en septiembre de 1986.

en 1963, y en ellos están redactados los textos auténticos del Acta Final del Convenio de Viena sobre Responsabilidad Civil por Daños de Origen Nuclear y del Protocolo Opcional.

Las circulares informativas que el Director General envía a los Estados Miembros están casi siempre redactadas en inglés, francés, ruso y español, añadiéndose a estos cuatro idiomas el alemán para las notas dirigidas a los medios informativos.

Las comunicaciones escritas del Organismo, según su Manual administrativo, se realizan en inglés o francés de acuerdo con los deseos que hayan sido manifestados por cada destinatario individual, pero deben ser acompañadas por una traducción al español o al ruso si se sabe que el destinatario tiene uno de estos dos idiomas como oficial. Como cortesía se sugiere la posibilidad de dirigirse en alemán a autoridades, sociedades o personas austriacas.

Los miembros de la Secretaría pueden corresponder, entre ellos, en ruso o español, pero deben conservar en archivo una traducción a francés o inglés de estas comunicaciones.

La Asamblea de Personal utiliza los idiomas de trabajo del Organismo y el alemán. El Consejo de Personal trabaja en inglés y alemán, pero las Actas se redactan sólo en inglés, a no ser que el Consejo pida una traducción al alemán. El informe anual de este Consejo se publica en inglés con traducción al alemán.

El O.I.E.A. no exige formalmente ningún requisito lingüístico para el reclutamiento de su personal, pero obviamente es esencial para poder desempeñar eficazmente el trabajo encomendado conocer al menos uno de los cuatro idiomas de la Junta de Gobernadores, excepto para los niveles más bajos de los Servicios Generales, para los que puede bastar con el conocimiento del alemán en la sede de Viena o del italiano en el Centro de Trieste; sin embargo, los conocimientos lingüísticos se tienen en la práctica muy en cuenta para establecer contratos de larga duración. Por supuesto que sin un conocimiento razonable del inglés (en teoría, al menos, del francés como equivalente) es difícil trabajar eficazmente en este Organismo, cuyos directivos estiman que una política demasiado generosa en este punto puede reducir la eficacia.

El párrafo 38 de los denominados "Revised Safeguard Documents" señala que "salvo disposición en contrario en el acuerdo de salvaguardias aplicable, los informes deben presentarse en una de las lenguas de trabajo de la Junta de Gobernadores". En cuanto a los datos que deben ser conservados a efectos de estas inspecciones, el párrafo 34 establece que "si no están en uno de los idiomas de trabajo de la Junta, el Estado" (es decir, el Estado inspeccionado) "debe tomar las medidas necesarias para facilitar su examen por los inspectores". Estos párrafos se incorporan siempre a los acuerdos de salvaguardias y nunca se ha utilizado la posibilidad de cambiar lo dispuesto en el citado párrafo 38.

En los contratos de investigación se especifica el idioma en que deben presentarse los informes, normalmente uno de los de trabajo de la Junta y, en algunas ocasiones, el alemán.

En cuanto a las publicaciones, el Organismo procura encontrar un equilibrio entre la conveniencia de alcanzar la máxima difusión posible y las dificultades presupuestarias. Para obtenerlo, la Secretaría suele incluir en las propuestas de Presupuesto y Programa que la Junta presenta a la Conferencia General una declaración sobre el deseo de que todas las publicaciones aparezcan en todos los idiomas de trabajo, seguida de unas precisiones más inspiradas por las citadas exigencias presupuestarias, que suelen traducirse en la publicación de los trabajos científicos en el idioma en que fueron redactados con extractos en los idiomas de trabajo, y, para publicaciones de menor número de destinatarios potenciales, en la posibilidad de utilizar uno o dos idiomas de trabajo únicamente, teniendo en cuenta el uso más apropiado del contenido[19].

Organización de las Naciones Unidas para el Desarrollo Industrial (O.N.U.D.I.)

La Constitución de esta Organización aprobada en Viena el 8 de abril de 1979 está redactada en árabe, chino, español, fran-

[19] Para estos datos referentes al OIEA he utilizado la Publicación del Organismo titulada *Legal series*, edición 1970, cap. 33: "Languages".

cés, inglés y ruso, a cuyos textos el artículo 29 de la misma da carácter de "auténticos"[20].

Estos mismos seis idiomas son los que el artículo 65 del Reglamento de la Junta de Desarrollo Industrial (aprobado por la Junta en sus sesiones de 10 de diciembre de 1985 y 18 de octubre de 1988) considera "idiomas de la Junta" cuya utilización (según el artículo 66 del mismo Reglamento) dará lugar a la interpretación a los otros cinco; mientras que, si se utiliza otro idioma, quien lo haga deberá proporcionar la interpretación a uno de los idiomas de la Junta, sobre la cual los intérpretes de la Secretaría podrán basarse para completar las restantes interpretaciones (artículo 67)[21].

El artículo 68 establece que "1. Todos los documentos básicos relativos a temas del programa de la Junta y de sus órganos subsidiarios, así como las actas resumidas, se publicarán simultáneamente en los idiomas de la Junta.– 2. Todas las resoluciones y demás decisiones oficiales de la Junta, así como sus informes a la Conferencia y los informes presentados por cualquiera de sus comités o grupos de trabajo del período de sesiones, o por un órgano subsidiario de la Junta, deberán facilitarse en los idiomas de la Junta. Durante los períodos de sesiones de la Junta el Diario de la Organización de las Naciones Unidas para el Desarrollo Industrial será publicado también en los idiomas de la Junta".

Sin embargo, en la práctica, las habituales dificultades presupuestarias han llevado en ocasiones a un incumplimiento de este principio de igualdad entre los idiomas de la Junta cuando se trata de reuniones de comités y grupos de trabajo, lo que llevó a una alianza de hecho entre francófonos e hispanófonos para reiterar la necesidad del respeto de este principio, pidiéndose (por ejemplo en el tercer período de sesiones de la Conferencia General celebrada en Viena del 20 al 24 de noviembre de 1989) al Director General "que proporcione servicios de interpretación a los Comités y Grupos de Trabajo establecidos por los órganos

[20] *Constitución de la Organización de las Naciones Unidas para el Desarrollo Industrial*, publicada en Viena en noviembre de 1985.

[21] *Reglamento de la Junta de Desarrollo Industrial*, publicado en Viena en enero de 1989.

normativos durante los períodos de sesiones y entre éstos, en la medida en que lo permitan los recursos disponibles en la partida presupuestaria pertinente".

Para coordinar mejor y reforzar así la acción de los países de lengua española en la O.N.U.D.I., en el O.I.E.A. y en los Organismos de Naciones Unidas con sede en Viena y en relación con la U.N.R.W.A. (United Nations Relief and Works Agency)[22], se creó en Viena en 1989 un Comité similar al que hemos mencionado en el apartado dedicado a la U.N.E.S.C.O. también presidido de manera rotativa por cada uno de los miembros, pero sin Secretaría. El primer Presidente fue el Embajador Representante Permanente de México.

Unión Internacional de Telecomunicaciones (U.I.T.)

Sus instrumentos rectores son la Constitución y el Convenio, aprobados ambos en la Conferencia de Plenipotenciarios celebrada en Ginebra en 1992. El artículo 29 de la Constitución establece:

> "Idiomas.
> 171.1 (1). Los idiomas oficiales y de trabajo de la Unión son: el árabe, el chino, el español, el francés, el inglés y el ruso.
> 172 (2) Estos idiomas se utilizarán de conformidad con las decisiones pertinentes de la Conferencia de Plenipotenciarios para la redacción y publicación de los documentos y textos de la Unión, en versiones equivalentes en su forma y contenido y para la interpretación recíproca durante las Conferencias y reuniones de la Unión.
> 173 (3) En caso de divergencia o controversia, el texto francés hará fe.
> 174 (2) Cuando todos los participantes en una Conferencia o reunión así lo acuerden podrá utilizarse en los debates un número menor de idiomas que el mencionado anteriormente".

[22] Organización de Naciones Unidas que se ocupa de la ayuda a los refugiados palestinos.

De hecho, los idiomas más utilizados en la U.I.T. son el inglés, el francés y el español, en los que aparecen incluso las circulares destinadas al personal, aunque no es excepcional que, alegando premuras de tiempo, se preparen en los tres idiomas pero se distribuyan sólo en francés e inglés.

El citado número 174 del artículo 29 de la Constitución se está utilizando en la práctica, desde hace unos años y por razones fundamentalmente económicas, para reducir el uso del español e incluso del francés, pues algunos documentos aparecen sólo en inglés.

La autonomía importante de que gozan los cuatro grandes sectores de actividad de la U.I.T. (Sector de Radiocomunicaciones, Sector de Normalización de las Radiocomunicaciones, Sector de Desarrollo de las Telecomunicaciones y Secretaría General) favorece estas medidas de ahorro lingüístico. Los dos primeros desarrollan una amplia actividad a través de Comisiones de estudio, que formulan recomendaciones aprobadas más tarde en Conferencias Mundiales. La amplitud de los temas que abordan las Comisiones de estudio (por ejemplo: "Características generales de las conexiones y circuitos telefónicos internacionales", "Servicios de Telemática, Transmisión de datos y Teleconferencia") les obliga a subdividirse en Grupos de Trabajo, que a su vez crean Subgrupos de Trabajo o Grupos de Tareas Especiales. Mientras que la documentación de las Comisiones de Estudio aparece en inglés, francés, y español (excepto algunos fascículos publicados sólo en inglés), los documentos de nivel inferior se están publicando con creciente frecuencia sólo en inglés o en una mezcla de los tres idiomas.

En definitiva podíamos considerar que el idioma español ocupa en este Organismo, el más antiguo del sistema de las Naciones Unidas, un rango muy elevado desde el punto de vista estatutario, pero, en la práctica, está sufriendo la erosión provocada por las medidas de reducción de gastos que afectan en la actualidad a todo el sistema.

Frente a esta erosión se pretende reaccionar y así la Conferencia de Plenipotenciarios de la U.I.T., celebrada en Niza en 1989, después de declararse consciente "de la conveniencia de ampliar la utilización de los idiomas oficiales de la Unión como idiomas de trabajo", "considerando que la utilización plena de todos los idiomas oficiales de la Unión como idiomas de trabajo dentro de la estructura actual de la Unión puede requerir recursos importantes que difícilmente se podrían facilitar en este momento", resolvió "que los siguientes documentos de la Unión se redacten solamente en inglés, francés y español: –todos los documentos de las Conferencias de Plenipotenciarios y Administrativas, salvo las Actas Finales, Protocolos, Resoluciones, Recomendaciones y Ruegos de las mismas; –los documentos preparatorios de las Comisiones de estudio de los Comités consultivos internacionales, los documentos y actas de sus Asambleas Plenarias, salvo los textos de los Libros de dichos Comités; –las propuestas y contribuciones para las Conferencias, Asambleas plenarias y reuniones de los Comités Consultivos Internacionales que se distribuyen a los Miembros y cuyos originales se someten a estas Conferencias, Asambleas y Reuniones en cualquiera de los idiomas de trabajo de la Unión; –todos los demás documentos de distribución general preparados por la Secretaría General en el marco de sus funciones, salvo las circulares semanales de la I.F.R.B., las cartas circulares del Secretario General, del Presidente de la I.F.R.B., y de los Directores de los Comités Consultivos Internacionales, de acuerdo con lo que concierte el Secretario General con los miembros o grupos de miembros interesados"[23].

[23] Resolución n.º Com 8/3, que precisa que en los casos en que se señala una excepción iniciándola con la palabra "salvo", se aplicará lo dispuesto en el artículo 16 de la Constitución, es decir, se utilizarán los seis idiomas de trabajo. En la misma Resolución se establece que en las reuniones de los Comités Consultivos Internacionales, salvo los de la Asamblea Plenaria y de las Comisiones de Estudio incluidas en el programa de trabajo aprobado por la Asamblea Plenaria en las que se seguirá aplicando el artículo 16 de la Constitución y en las que se utilizarán los seis idiomas de trabajo, habrá interpretación recíproca en inglés, francés y español, a condición de que los Miembros que necesiten interpretación en uno de estos idiomas comuniquen su participación en estas reuniones con una antelación de 90 días. También la Resolución establece que los gastos totales resultantes permanezcan dentro de los topes financieros establecidos por la propia Conferencia de Plenipotenciarios.– Encarga al Secretario General que, previa consulta con los Miembros o grupos de Miembros interesados, organice la preparación de los documentos de la Unión en árabe, chino y ruso de la manera más eficaz y económica posible y someta un informe al Consejo de Administración sobre la evolución de la situación en esta materia.

Es decir, que la U.I.T. es uno de los ejemplos en que el español se incorpora a la triada de idiomas privilegiados dentro de los idiomas oficiales de la Organización.

Organización Mundial de la Salud (O.M.S.)

El español empezó a utilizarse como idioma oficial de la Asamblea Mundial de la Salud y del Consejo Ejecutivo en 1951, a los cuatro años de vida de la O.M.S.[24] En 1954, la Séptima Asamblea Mundial de la Salud entendió que convenía adoptar nuevas medidas para que el español pasase de la simple condición de idioma oficial a la de idioma de trabajo y pidió que se tradujesen al español "todos los volúmenes de las Actas Oficiales de la Organización Mundial de la Salud, las Actas resumidas definitivas del Consejo Ejecutivo y los informes de los Comités de expertos". La misma medida se extendió, en virtud de dicha Resolución, a "todas las resoluciones y demás decisiones oficiales" de la Asamblea y del Consejo[25].

En 1967 el Consejo Ejecutivo adoptó una Resolución felicitando al Director General por el acierto con que había aplicado las Resoluciones de la Asamblea de la Salud y del Consejo Ejecutivo sobre el empleo de los idiomas español y ruso y la elevada calidad científica y lingüística de las publicaciones de la Organización en ambos idiomas, y pidiendo al Director General que efectuara un estudio completo de las consecuencias que tendría la adopción progresiva del español y del ruso como idiomas de trabajo de la Asamblea de la Salud y del Consejo Ejecutivo en un período de tres años e informara a la 20ª Asamblea Mundial de la Salud de los resultados de su estudio y de las consecuencias financieras correspondientes.

En mayo del mismo año 1967 la citada 20ª Asamblea Mundial de la Salud adoptó el español y el ruso como lenguas de trabajo de la Asamblea de la Salud y del Consejo Ejecutivo.

[24] Resolución WHA4.57 de la Cuarta Asamblea Mundial de la Salud.
[25] En 1957 las disposiciones aplicadas al español se extendieron al ruso.

La situación actual quedó fijada en mayo de 1974 al aprobar la 27.ª Asamblea Mundial de la Salud el artículo 84 de su Reglamento Interior con la siguiente redacción: "Artículo 84: el árabe, el chino, el español, el francés, el inglés y el ruso serán los idiomas oficiales de la Asamblea de la Salud. El español, el francés, el inglés y el ruso serán sus idiomas de trabajo".

Sin embargo, a los tres años escasos de incorporación del español y del ruso a la misma categoría que el francés y el inglés como idiomas de trabajo se inició en materia lingüística una política discriminatoria para el uso preferente, con tendencia a resultar exclusivo, del inglés, a pesar de que los Miembros del Consejo Ejecutivo Representantes de Francia y Rusia protestaron contra la misma.

El origen de estas medidas estaba, como siempre, en razones presupuestarias y concretamente en la Resolución WHA29.48 de la 29.ª Asamblea Mundial de la Salud, que fue aplicada por el Director General a los servicios lingüísticos, reduciendo sus efectivos y encargando los correspondientes servicios en el exterior por el sistema de subcontratos. La tendencia no ha sido hasta ahora modificada y ante la enorme reducción de personal del servicio de traducción al español, la Asamblea Mundial de la Salud de 1993 decidió que los documentos se distribuyeran sin esperar a que existiera la versión española.

Oficina Internacional de trabajo (O.I.T.)

En la O.I.T. el idioma español no es "lengua oficial", sino que sólo dan fe de Acuerdos y Convenios los textos inglés y francés, pero sí es "lengua de trabajo" a todos los efectos o, para ser más precisos, a casi todos.

Documentos oficiales: nuestro idioma figura en paridad con el inglés y el francés en todos los documentos de los órganos rectores: Conferencia, Consejo de Administración, Comisiones Permanentes... No ocurre así con otros idiomas: alemán, árabe, ruso, chino, en los que sólo se publica una parte pequeña de todos los documentos de dichos órganos.

Ahora bien, en la práctica la situación es menos satisfactoria, porque, por ejemplo, en la Conferencia, incluso cuando los oradores intervienen en español, casi siempre las notas se toman ya en inglés (o francés); los informes originales se redactan casi siempre en inglés y nunca en español y los secretarios de comisión encargados del español se limitan a traducirlos.

Documentos internos: en este ámbito aún es menos satisfactoria la situación de nuestro idioma. En la O.I.T. los documentos internos se hacen casi siempre en inglés o francés. El personal de lengua española se ve obligado frecuentemente a escribir las notas internas e incluso los estudios, informes..., en inglés o francés, porque una buena parte de sus jefes no entienden bien el español. Incluso los altos funcionarios hispanohablantes se ven inducidos muchas veces a escribir las notas internas o los informes en inglés. Supone un gran sostén el servicio común de mecanografía, porque la mayoría de los departamentos no tienen secretarias de lengua materna española, como fue habitual.

Publicaciones periódicas: aún se agrava más el problema, aunque el principio sigue siendo procurar que todo se publique al menos en los tres idiomas principales: inglés, francés y español. Actualmente en estos tres idiomas se publican todas las notas, boletines y documentación para la prensa y dos de las publicaciones principales: la "Revista Internacional del Trabajo" (seis números anuales) y el informe "El Trabajo en el mundo" (anual). Otras publicaciones, (todavía pocas) no aparecen en español. Para que se publicara una versión española del "Boletín de Actualidad Sociolaboral" (trimestral, que acaba de cerrarse) tuvieron que hacer la impresión, durante los últimos años, primero el Gobierno mexicano y, luego, el español. Parece que un Ministerio español va a publicar ahora la versión en castellano del estudio anual "Conditions of Work Digest".

Publicaciones no periódicas: buena parte de los libros de la O.I.T. se publican sólo en inglés o en inglés y francés. El Centro de Publicaciones del Ministerio de Trabajo español viene ayudando desde muchos años a traducir y publicar los títulos que la O.I.T. no puede publicar por razones presupuestarias (en una colección titulada "Informes O.I.T."). Otros Ministerios y Entidades de nuestro país también vienen colaborando para publicar materiales sobre seguridad y salud, mujer, cooperativas...

ORGANIZACIÓN DE LAS NACIONES UNIDAS PARA LA AGRICULTURA Y LA ALIMENTACIÓN (Food and Agricultural Organization, F.A.O.)

El artículo XLVII del Reglamento General de la Organización de las Naciones Unidas para la Agricultura y la Alimentación (F.A.O.) establece: "Idiomas: el árabe, el chino, el español, el francés y el inglés son los idiomas de la Organización"[26]. Estos idiomas se utilizan sistemáticamente tanto en las reuniones de las Conferencias como de los Consejos de la Organización, así como en los documentos de trabajo que se distribuyen para dichas reuniones.

Aunque en los estatutos de la F.A.O. no se regulan de forma expresa los idiomas de trabajo, en la inmensa mayoría de los casos se utilizan inglés, francés y español y en ellos se realizan la mayoría de las publicaciones de la Organización.

Sólo en contadas ocasiones, cuando se trata de reuniones regionales en las que participan muchos países árabes, se utiliza también el árabe como idioma de trabajo.

En la práctica se observa una utilización cada vez mayor del inglés, en detrimento del francés y del español, en el seno de la F.A.O.

ACUERDO GENERAL SOBRE TARIFAS Y COMERCIO (General Agreement on Tarifs and Trade, G.A.T.T.)

También en el G.A.T.T. nuestro idioma tiene desde el punto de vista normativo una situación privilegiada, junto con el inglés y el francés, considerados los tres como idiomas oficiales y de trabajo a partir de la publicación del 1 de noviembre de 1983 del Memorándum Administrativo n.º 605, en el que el Director General Adjunto, Sr. William B. Kelly, informaba que la Secretaría podía ya asegurar que todos los documentos serían

[26] *Textos fundamentales de la Organización de las Naciones Unidas para la Agricultura y la Alimentación*, edición de 1992, publicada en Roma por la propia Organización.

normalmente distribuidos en las tres lenguas de trabajo, incluyendo el español. Señalaba, sin embargo, que para evitar retrasos los documentos serían distribuidos en cuanto estuvieran preparados en dos idiomas, sin esperar a que terminará la traducción al tercero, que sería distribuida tan pronto como fuera posible.

Esta era la culminación de un largo proceso iniciado por la Delegación del Uruguay, a cuya petición, el tema del uso del español como idioma de trabajo se había incluido en el orden del día de la reunión de las Partes Contratantes celebrada en Ginebra el 10 de noviembre de 1960.

Veintitrés años fueron necesarios para la culminación de este proceso, a pesar del apoyo de otros países de lengua española, entre los cuales España, y la solidaridad de las Delegaciones portuguesa y brasileña. Otras Delegaciones, aceptando la idea, se mostraron reticentes en la realidad, aduciendo las consabidas razones presupuestarias.

En la práctica, sin embargo, el idioma dominante en la Secretaría y entre las Delegaciones sigue siendo el inglés y aproximadamente el 90 % de los documentos del G.A.T.T. se redactan originalmente en este idioma, aunque todos ellos se traducen a los otros dos y las tres versiones se distribuyen generalmente al mismo tiempo.

Lo mismo ocurre con la interpretación, ya que en todas las reuniones oficiales de los órganos del G.A.T.T. hay interpretación generalmente simultánea, a y desde los tres idiomas oficiales.

También Uruguay fue el origen de otra iniciativa en favor del español: declaración como texto auténtico de la traducción a nuestro idioma de la enmienda para incluir en el protocolo del G.A.T.T. la parte IV sobre Comercio y Desarrollo. La propuesta uruguaya, también a través de un largo proceso, tuvo éxito, a pesar de que algunas Delegaciones aducían la contradicción entre que el texto original tuviera únicamente dos versiones auténticas: inglés y francés, mientras que esta parte IV dispondría de tres: inglés, francés y español.

Organización de Aviación Civil Internacional (O.A.C.I.)

En el Convenio sobre Aviación Civil Internacional firmado en Chicago en 1944 no se hace ninguna referencia a los idiomas, salvo en la última disposición, relativa a la firma del Convenio, y en el artículo IX del Protocolo del texto auténtico (trilingüe) firmado en Buenos Aires el 24 de septiembre de 1968. Ningún artículo del Convenio de Chicago estipula cuáles son los idiomas de la Organización.

Se partió en un principio del supuesto de que los tres idiomas: inglés, francés y español, en los que se redactarían los textos auténticos del Convenio eran los idiomas de trabajo de la Organización.

Durante su primer período de sesiones, la Asamblea de la O.A.C.I. adoptó, en mayo de 1947, la Resolución A1–17: "Política a seguir respecto a los idiomas en la O.A.C.I.", que determinaba la responsabilidad del Consejo en la aplicación de los principios relativos a la política que debía seguirse respecto a la utilización del inglés, el francés y el español en las reuniones, publicaciones y documentos.

El 28 de noviembre de 1951, el Secretario General, en virtud de los poderes que le fueron otorgados por el Consejo, promulgó el Reglamento de publicaciones de la O.A.C.I. (Doc. 7231/4) que ha sido modificado posteriormente, y al que nos referiremos más tarde, en cuyo artículo VII se indicaba en qué idioma (inglés, francés y español) deberían publicarse los documentos de la Organización. En el 18.º período de sesiones de la Asamblea se incluyó el ruso que empezó a utilizarse a principios de 1972.

Esta Resolución A1–17, por haber caído en desuso, fue considerada no vigente por la Asamblea en su 21.º período de sesiones en el que se aprobó también la utilización limitada del árabe.

En la actualidad las normas vigentes son las siguientes:

Asamblea de la O.A.C.I.: su Reglamento interno[27] dedica la Sección X al tema "Idiomas" y establece: "Artículo 64: Toda

[27] Doc. 7600/5. Quinta edición – 1990. Editado por O.A.C.I.

la documentación preparatoria de la Asamblea o que se prepare en la misma, así como las recomendaciones, resoluciones y decisiones de la Asamblea, se redactarán y distribuirán en español, árabe, francés, inglés y ruso.– Artículo 65: En las deliberaciones de la Asamblea y de sus órganos, podrán emplearse el español, árabe, chino, francés, inglés y ruso. Los discursos que se pronuncien en cualquiera de estos seis idiomas se interpretarán en los otros cinco, excepto cuando, por mutuo acuerdo, se decida prescindir de dicha interpretación".

A los "Idiomas del Consejo" está dedicada la sección IX del "Reglamento Interno del Consejo". El artículo 56 establece: "Los debates del Consejo se llevarán a cabo en los idiomas español, chino, francés, inglés y ruso, y la interpretación se hará de acuerdo con ello". El artículo 57 dispone: "El Consejo decidirá periódicamente en qué idioma o idiomas de los especificados en el artículo 56, se redactará la documentación del Consejo"[28]. El Reglamento Interno de los Comités Permanentes del Consejo[29], sección IX "Idiomas del Comité", artículo 37, dispone: "Los debates del Comité se desarrollarán en español, francés, inglés y ruso y la interpretación se hará en esos mismos idiomas".

En el Comité Jurídico la normativa aplicable es su Reglamento Interno[30] en cuya sección IX, "Idiomas", el artículo 44 dispone: "a) Los documentos del Comité, incluyendo los proyectos de convenios, recomendaciones, resoluciones y decisiones se redactarán y distribuirán en español, francés, inglés y ruso.– b) Se emplearán el español, el francés, el inglés y el ruso en las deliberaciones del Comité, subcomités y grupos de trabajo. Los discursos que se pronuncien en cualesquiera de estos cuatro idiomas se interpretarán en los otros tres, excepto cuando todos los interesados acuerden prescindir de dicha interpretación".

Para los Grupos de Expertos de la Comisión de Aeronavegación, el Consejo ha aprobado y hecho públicas unas instrucciones[31] cuyo párrafo 9. "Idiomas" dice: "9.1.– La Comisión de Aeronavegación escogerá, entre los idiomas de trabajo de la

[28] Doc. 7559/5. Quinta edición – 1980. Publicado por O.A.C.I.
[29] Doc. 7669–LC/139/4. Cuarta edición. Editado por O.A.C.I.
[30] Doc. 8146 C/930/2. Segunda edición – 1981. O.A.C.I.
[31] Doc. 7984/4. Cuarta edición. Diciembre de 1980. O.A.C.I.

Organización, el idioma o idiomas que tendrá que utilizar el grupo de expertos para el intercambio de correspondencia y en las reuniones. Esta decisión será adoptada después de haber consultado a los miembros sobre las necesidades que tengan en materia de traducción y de interpretación. Posteriormente, la comisión de Aeronavegación podrá modificar su decisión según las necesidades que surjan".

Asimismo el Consejo ha aprobado y hecho públicas las siguientes normas:

"Instrucciones para las reuniones de navegación aérea de tipo departamental y reglamento interno de las mismas"[32], punto 4: "Idiomas de la reunión" establece: "4.1.– Los idiomas de la reunión serán los que prescriba en cada caso el Consejo. 4.2.– Las notas de estudio, listas de asuntos a tratar y actas se publicarán en los idiomas prescritos para la reunión".

"Instrucciones para las reuniones regionales de navegación aérea y reglamento interno de las mismas"[33], punto 4.: "Idiomas de la reunión" dice "4.1.– Los idiomas de la reunión serán los que prescriba en cada caso el Consejo. 4.2.– Se publicarán, en todos los idiomas de la reunión, listas de los asuntos que hayan de tratarse en todas las sesiones del Comité General y de sus comités técnicos. 4.3.– Las notas de estudio y las actas se publicarán en todos los idiomas de la reunión."

Bajo la responsabilidad del Secretario General se ha publicado el Reglamento de Publicaciones de la O.A.C.I. al que antes me refería[34]. El artículo VII dispone: "Idiomas. Sujeto a otras decisiones que pueda tomar el Consejo, las publicaciones de la Organización aparecerán en los idiomas siguientes:

a) *en español, francés, inglés y ruso*

– el Convenio sobre Aviación Civil Internacional y sus Anexos y los textos aprobados por la Asamblea o el Consejo para aplicación por todos los Estados contratantes;

32 Doc. 8143–AN/873/3. Edición 1983. O.A.C.I.
33 Doc. 8144–AN/874/6. Sexta edición – 1991. O.A.C.I.
34 Doc. 7231/7. Séptima edición. En vigor a partir del 30 de junio de 1988. Publicado en 1989 por O.A.C.I.

– las actas y documentos del Comité jurídico;

– los informes de las reuniones tipo departamental y de las conferencias;

– los documentos y notas de estudio para los períodos de sesiones de la Asamblea y las reuniones tipo departamental y las conferencias, o que emanen de los mismos;

– los documentos y notas de estudio para el Consejo y sus órganos subordinados o que emanen de los mismos, según determine el Consejo;

– los reglamentos internos de los órganos estatutarios y las disposiciones administrativas publicadas bajo la autoridad de la Asamblea o del Consejo;

– las publicaciones de carácter universal, tales como manuales, circulares, recopilaciones, el Léxico de la O.A.C.I.;

b) *en el idioma o idiomas elegidos por el Consejo*

– los documentos y notas de estudio de las reuniones regionales y especiales o que emanen de las mismas;

– el Indice de Publicaciones de la O.A.C.I.;

– el Boletín de la O.A.C.I. y demás publicaciones de divulgación."

Entre las Resoluciones Vigentes de la Asamblea de la OACI al 6 de octubre de 1989 según el documento 9558 publicado bajo la responsabilidad del Secretario General, son importantes las siguientes:

– A22–29: Empleo de los idiomas en la Comisión de Aeronavegación...

– A16–16: Textos en español y en francés del Convenio sobre Aviación Civil Internacional.

– A22–2: Enmienda del Convenio de Chicago relativa al texto ruso auténtico de dicho Convenio.

– A21 Decisión: Uso limitado del idioma árabe.

– A23 Decisión: Uso del idioma árabe en los períodos de sesiones de la Asamblea.

– A26 Decisión: Aprobación del idioma árabe como idioma de trabajo de la O.A.C.I.

– A22 Decisión: Introducción del idioma chino en la O.A.C.I.

– A1–54: Publicaciones de la O.A.C.I.

– A24–21: Publicación y distribución de documentos.

En la A22.29 se decide la preparación y distribución de los documentos de la Comisión de Aeronavegación en los cuatro idiomas de trabajo de la Organización y en el A24–21 se adopta el principio de simultaneidad en la distribución en todos los idiomas de trabajo de la O.A.C.I.

En la práctica la igualdad entre español, francés, inglés y ruso es en general respetada aunque es curioso señalar que la reunión regional Europa–Atlántico Septentrional emplea inglés, francés y ruso y no español, optando la Delegación de nuestro país por el francés o el inglés, incluso como ocurrió en Lisboa en la primavera de 1993. Sin embargo las regiones de Norteamérica y Centroamérica y la de Sudamérica y Caribe, trabajan en inglés, español y francés, mientras que la de Asia–Pacífico solamente lo hace en inglés y francés y la de Oriente Medio en inglés, francés y árabe.

También es importante mencionar que tanto en la Reunión Regional Sudamérica como en la sede de la O.A.C.I., los brasileños suelen optar por el español.

Fondo Monetario Internacional (F.M.I.)

La Regla C–13 titulada "Idiomas" establece: "El idioma de trabajo del Fondo será el inglés. La discusión, documentos e informes de las reuniones se harán ordinariamente en inglés. Los discursos o documentos presentados en otros idiomas serán traducidos en inglés"[35].

[35] Adoptado el 25 de septiembre de 1946, enmendado el 1 de abril de 1978. *By–Laws, Rules and Regulations*, International Monetary Fund, 48.ª edición. Corregido el 3 de agosto de 1992. Publicado por el propio Fondo.

BANCO INTERNACIONAL PARA LA RECONSTRUCCIÓN Y EL DESARROLLO (International Bank for Reconstruction and Development– I.B.R.D.)

Los Directores Ejecutivos del Banco, decidieron el 14 de mayo de 1946 que "... por el momento, los debates, los documentos y los informes relativos a las reuniones de los Directores Ejecutivos se harían en inglés, siempre que fuere posible".

Esta referencia aparece sólo en las actas de las reuniones de los Directores Ejecutivos y no en los Estatutos.

A partir de 1964 se decidió que los documentos preparados para consideración por los Gobernadores, tales como los informes de los Directores Ejecutivos y los proyectos de resolución, se acompañarían de traducciones al francés y al español. Esta referencia, como la anterior, tampoco es estatutaria, sino simplemente una decisión del Consejo.

* * * * *

Sería interesante referirnos a otros importantes organismos de carácter universal, pero ha faltado el tiempo: a la publicación que tenía que cumplir su calendario para salir a la luz, y al autor, absorbido primero por el día a día de su labor profesional y arrastrado, cuando se disponía a iniciar la redacción de este artículo, al remolino de un cambio de destino, que le llevó lejos de este tipo de trabajos. Confía, sin embargo, en que otras personas (o él mismo, en otros momentos) podrá completar estas lagunas, pero, cree que, mientras tanto, basándose en esos ejemplos y los que a continuación va a señalar de un tipo distinto, puede tener base suficiente para conclusiones provisionales que sirvan de pauta para la acción.

Para completar el panorama pienso que podría ser interesante la referencia, en primer lugar, al mundo deportivo y al de los medios informativos y, en segundo a Organizaciones gubernamentales sin vocación de universalidad como la O.C.D.E. o limitadas geográfica o políticamente.

Utilización del idioma español en los organismos internacionales de carácter deportivo

En esta parte del artículo soy absolutamente tributario del espléndido, aunque breve, trabajo realizado por María Teresa García Gil, Jefe de la Sección de Relaciones con Organismos Internacionales del Consejo Superior de Deportes del Ministerio de Educación y Ciencia, que señala lo siguiente:

Organismos Intergubernamentales

Consejo de Europa: el Comité para el Desarrollo del Deporte celebra varias reuniones anuales: tres del Bureau Ejecutivo, una Asamblea Plenaria y varias de los diferentes Comités (violencia, dopaje, documentación ...) y Grupos de Trabajo que desarrollan proyectos de investigación). Los idiomas oficiales de estas reuniones son el francés y el inglés y en estas dos lenguas se publican todos los documentos de trabajo. Si alguna Delegación desea interpretación a su idioma, debe hacerse cargo de los gastos correspondientes.

Conferencia Europea del Deporte: se reúne tres veces al año con vistas a la preparación de la Conferencia. El idioma en todos los casos es el inglés.

U.N.E.S.C.O.: en el seno de la U.N.E.S.C.O. existe un Comité Intergubernamental de Educación Física y de Deporte (Comité Intergouvernemental d'Education Physique et Sportive, C.I.G.E.P.S.) que según el país en que se reúne utiliza uno u otro idioma y así, por ejemplo, en la última reunión celebrada en Paipa (Colombia) el español fue uno de los idiomas oficiales pero en reuniones anteriores no figuró entre las lenguas de trabajo.

Comunidad Europea: normalmente la Comunidad garantiza la interpretación a todos los idiomas de los países comunitarios pero, hasta ahora, por lo que respecta a las reuniones de trabajo que la Comunidad Europea ha convocado para tratar temas concretos de carácter deportivo entre las lenguas de trabajo no figuraba el español.

La creación en 1991 de un Foro Europeo del Deporte para asesorar a la Comisión en cuestiones de aplicación del Derecho comunitario en el sector deportivo, implica unos encuentros regulares entre la Comisión y los responsables deportivos de los países comunitarios. A partir de la segunda reunión celebrada en 1992, sí se ha utilizado el idioma español.

Organismos No Gubernamentales

Comité Olímpico Internacional (C.O.I.). Los idiomas oficiales del C.O.I. son el francés y el inglés por este orden pero en la Asociación de Comités Olímpicos Nacionales (A.C.O.N.) sí se utiliza el español.

Asociación Internacional de Escuelas Superiores de Educación Física (Association Internationale des Écoles Supérieures d'Éducation Sportive, A.I.E.S.E.P.). Los idiomas oficiales son el inglés y el francés. Del Boletín que publica mensualmente se hace una traducción a nuestro idioma para España e Hispanoamérica que realiza UNISPORT de Andalucía.

Federaciones Deportivas. El Consejo Superior de Deportes remitió un cuestionario a las cincuenta y cuatro Federaciones Deportivas españolas, al que respondieron cuarenta y cinco, pero sin embargo, dado que algunas Federaciones pertenecen a más de una Federación Internacional en razón de las distintas especialidades de su deporte, habría que considerar que las respuestas recibidas son cincuenta y nueve. Partiendo, pues, de cincuenta y nueve respuestas, en el estudio realizado por la citada Jefa de la Sección de Relaciones con Organismos Internacionales del Consejo Superior de Deportes se realiza la siguiente valoración.

Idiomas utilizados en las Asambleas:

Inglés:	50 – 85 %
Francés:	37 – 63 %
Español:	16 – 27 %
Alemán:	16 – 27 %
Otros:	10 – 17 %

Se señala en el mencionado estudio, aparte de la supremacía del inglés sobre las demás lenguas, el hecho de que éste con el francés es, en la mayor parte de los casos, lengua oficial. Influye también bastante en la elección del idioma utilizado en la Asamblea el lugar de la sede de la Federación Internacional correspondiente.

Se precisa asimismo que la mención del uso del español, se refiere en la mayor parte de los casos, al hecho de que hay traducción simultánea a nuestro idioma y a otros y en muy pocos casos a que sea idioma oficial.

La inclusión de algunos idiomas como oficiales que habitualmente no lo son, se debe a razones diversas tales como la supremacía del país en la práctica de un deporte, la nacionalidad del Presidente y de los Miembros de la Asamblea ...

Lenguas de trabajo de los Comités o Grupos de Expertos:

Inglés:	55 – 90 %
Francés:	29 – 49 %
Español:	6 – 10 %
Alemán:	11 – 19 %

En las reuniones de los Comités, que son más restringidas, el inglés es aún más preponderante.

Lenguas en las que se publican las Actas o documentos de trabajo:

Inglés:	55 – 93 %
Francés:	33 – 59 %
Español:	13 – 22 %
Alemán:	15 – 25 %

Valoración de la dificultad que supone el hecho de que no se utilice el castellano en los encuentros internacionales (Sobre 50 respuestas):

Importante:	27 – 52 %
Relativamente importante:	11 – 21 %
Poco importante o nada:	12 – 23 %

Para más de la mitad de los encuestados el hecho de tener que utilizar otros idiomas distintos del español supone una dificultad importante, que disminuye cuando el idioma utilizado es el francés, más cercano al castellano. Se señala asimismo que en los casos en que el uso de otro idioma no significa ninguna dificultad no se debe siempre a que se conozcan otros, sino a que se dispone de traducción simultánea.

En el caso concreto del deporte quizás más popular en España, el fútbol, hay una diferencia clara entre la Federación Internacional de Fútbol Asociación (F.I.F.A.) y la correspondiente europea: Unión Europea de Fútbol Asociación (U.E.F.A.).

En la primera, F.I.F.A., el artículo 48 de su Estatuto establece:

1. Los idiomas oficiales de la Federación serán el inglés, el francés, el español y el alemán. El inglés será la lengua usual para las Actas, la correspondencia oficial y los Comunicados.
2. Cada Asociación Nacional será responsable de su propia traducción.
3. Los idiomas inglés, francés, español, alemán, ruso, árabe y portugués serán las lenguas oficiales del Congreso. Las traducciones estarán a cargo de intérpretes acreditados por el Comité Ejecutivo. Los delegados estarán autorizados en el Congreso a expresarse en su propio idioma, siempre que aseguren las traducciones de sus intervenciones en uno de los siete idiomas antes mencionados.
4. Si ningún delegado se opone, el Congreso podrá renunciar a uno de estos siete idiomas.
5. Las decisiones oficiales del Congreso o del Comité Ejecutivo y las Comunicaciones de la Secretaría General serán transmitidas en cada uno de los cuatro idiomas oficiales.
6. En caso de divergencia en la interpretación de los textos francés, español o alemán de los Estatutos, Reglamentos, Decisiones y Comunicaciones de la Federación, el texto inglés dará fe.

Sin embargo, el artículo 19 del Estatuto de la U.E.F.A. establece: "Las lenguas oficiales en sesiones del Congreso y del Comité Ejecutivo de la U.E.F.A. son el francés, el inglés, el alemán y el ruso. El texto francés tendrá fuerza de ley si las interpretaciones difieren. Todos los documentos enviados a las Asociaciones miembros, como por ejemplo las Actas del Congreso, las Decisiones del Comité Ejecutivo y las Comunicaciones de la Secretaría General son redactadas en francés, inglés y alemán".

Instituto Internacional de la prensa (I.P.S)

Quizás por tratarse de un organismo que actúa en los medios informativos, la Constitución del I.P.S.[36] dedica los dos primeros párrafos de su artículo 1 al tema lingüístico, señalando en el primero el nombre oficial de la Organización en inglés, francés, español y alemán, declarando en el párrafo segundo que los idiomas oficiales del Instituto serán inglés, francés, alemán y español; y las lenguas de trabajo el inglés y el francés.

En el artículo último, artículo X bajo el epígrafe "interpretación" se dispone: "Los textos inglés y francés serán considerados igualmente oficiales para la interpretación de la presente Constitución."

El I.P.S. es una Organización No Gubernamental cuyo principal objetivo es la defensa de la libertad de prensa y tiene estatuto de observador en Naciones Unidas, U.N.E.S.C.O. y Consejo de Europa.

Unión Europea

El artículo 217 del Tratado C.E.E. dispone: "El régimen lingüístico de las instituciones de la Comunidad será fijado por el Consejo, por unanimidad, sin perjuicio de las disposiciones previstas en el Reglamento del Tribunal de Justicia".

[36] *Constitution of the International Press Institute*, publicada por el propio Instituto, en julio de 1991, en Londres, en substitución al texto anterior, publicado en París en mayo de 1951.

Sobre esta base se fijó el régimen lingüístico de la Comunidad Económica Europea en el Reglamento nº 1 que se publicó en el nº 385/58 de 6/10/1958 del Diario Oficial de las Comunidades Europeas. En este Reglamento "Considerando que las cuatro lenguas en las que ha sido redactado el Tratado son reconocidas como lenguas oficiales cada una de ellas en uno o varios Estados Miembros de la Comunidad" se establecía: "las lenguas oficiales y las lenguas de trabajo de las Instituciones de la Comunidad serán el alemán, el francés, el italiano y el neerlandés" (artículo 1).

Con motivo de las sucesivas ampliaciones de la Comunidad, el Reglamento fue modificándose para incluir las lenguas de los nuevos países miembros, salvo en el caso de Irlanda que aceptó la no inclusión de su idioma oficial, el gaélico, probablemente en base a su limitada utilización fuera del ámbito administrativo nacional.

La adhesión de España y Portugal dio lugar a la modificación de los artículos 1, 4 y 5 del citado Reglamento 1 que quedaron redactados de la manera siguiente:

> "Artículo 1.: Las lenguas oficiales y las lenguas de trabajo de las Instituciones de la Comunidad serán el alemán, el castellano, el danés, el francés, el griego, el inglés, el italiano, el neerlandés y el portugués".
>
> "Artículo 4.: Los Reglamentos y los demás textos de alcance general serán redactados en las nueve lenguas oficiales".
>
> "Artículo 5.: El diario Oficial de las Comunidades Europeas se publicará en las nueve lenguas oficiales".

El 4 de mayo de 1994, el Parlamento Europeo aprobó el tratado de adhesión de Austria, Finlandia, Noruega, y Suecia a la UE, en el que se modifica el régimen lingüístico cambiando nuevamente el artículo 1.º del Reglamento n.º 1 del Consejo, antes citado, que quedó redactado de la manera siguiente:

> "Artículo 1: Las lenguas oficiales y las lenguas de trabajo de las instituciones de la Comunidad serán el alemán, el castellano, el danés, el finés, el francés, el griego, el inglés, el italiano, el neerlandés, el noruego, el portugués, y el sueco."

El propio tratado de adhesión, según se establece en su Artículo 3 fue redactado en trece lenguas puesto que establece:

> "El presente Tratado, redactado en un ejemplar único, en lengua alemana, danesa, española, finesa, francesa, griega, inglesa, irlandesa, italiana, neerlandesa, noruega, portuguesa, y sueca, cuyos textos en cada una de estas lenguas son igualmente auténticos, será depositado en los archivos del Gobierno de la República Italiana, que remitirá una copia autenticada a cada uno de los Gobiernos de los restantes Estados signatarios".

También cambiaron los Artículos 4 y 5 redactados de la manera siguiente:

> "Artículo 4.: Los Reglamentos y los demás textos de alcance general serán redactados en las doce lenguas oficiales".
>
> "Artículo 5.: El diario Oficial de las Comunidades Europeas se publicará en las doce lenguas oficiales".

Modificaciones similares se introdujeron en los artículos 1, 4 y 5 del Reglamento en el que se fija el régimen lingüístico de la Comunidad Europea de la Energía Atómica.

El Artículo 169 del acta de adhesión establece por su parte: "Los textos de los actos de las instituciones adoptados antes de la adhesión y establecidos por el Consejo o la Comisión en lengua finesa, noruega y sueca serán auténticos, desde el momento de la adhesión, en las mismas condiciones que los textos redactados en las nueve lenguas actuales. Se publicarán en el Diario Oficial de las Comunidades Europeas en los casos en que los textos en las lenguas actuales hubieren sido así publicados."

El artículo 175 de esta acta de adhesión dispone:

> "El Gobierno de la República Italiana remitirá a los Gobiernos de los nuevos Estados miembros una copia autenticada del Tratado constitutivo de la Comunidad Europea, del Tratado constitutivo de la Comunidad Europea de la Energía Atómica y de los Tratados que los han modificado o completado, incluidos los Tratados relativos a la adhesión a la Comunidad Económica Europea y

> a la Comunidad Europea de la Energía Atómica del Reino de Dinamarca, de Irlanda y del Reino Unido de Gran Bretaña e Irlanda del Norte, de la República Helénica y del Reino de España y de la República portuguesa, y del Tratado de la Unión Europea, en lengua alemana, danesa, española, francesa, griega, inglesa, irlandesa, italiana, neerlandesa y portuguesa".
>
> "Los textos de dichos Tratados, redactados en lengua finesa, noruega y sueca, se adjuntarán a la presente Acta. Estos textos serán auténticos en las mismas condiciones que los textos de los Tratados mencionados en el párrafo primero, redactados en las lenguas actuales".

Incluso aparece una especificidad dentro del idioma alemán puesto que, debido a la incorporación de Austria se ha adoptado el protocolo nº 10 "Sobre el uso de términos específicos austríacos de la lengua alemana en el marco de la Unión Europea" que dispone:

> "En el Marco de la Unión Europea se aplicarán las disposiciones siguientes:
>
> 1.– Los términos específicos austriacos de la lengua alemana contenidos en el ordenamiento jurídico austriaco y que figuran en el Anexo del presente Protocolo, tendrán el mismo status y podrán utilizarse con los mismos efectos jurídicos que los términos correspondientes utilizados en Alemania y que también figuran en dicho Anexo.
>
> 2.– En la versión en lengua alemana de nuevos actos jurídicos se añadirán los términos específicos austriacos mencionados en el Anexo del presente Protocolo en la forma apropiada a los términos correspondientes utilizados en Alemania".

Con el resultado negativo del referéndum popular en Noruega, la ampliación de la UE se limitó a Austria, Suecia y Finlandia, por lo que en los textos anteriores se suprimió la mención al idioma noruego y los idiomas de la Unión ampliada han pasado de nueve a once.

Continúan sin modificar los artículos 2., 3., 6., 7. y 8. del primitivo Reglamento 1. que por lo tanto quedan en la forma siguiente:

> "Artículo 2.: Los textos que un Estado Miembro o una persona sometida a la jurisdicción de un Estado Miembro envíe a las instituciones se redactarán, a elección del remitente, en una de las lenguas oficiales. La respuesta se redactará en la misma lengua".
>
> "Artículo 3.: Los textos que las instituciones envíen a un Estado Miembro o a una persona sometida a la jurisdicción de un Estado Miembro, se redactarán en la lengua de dicho Estado".
>
> "Artículo 6.: Las instituciones podrán determinar las modalidades de aplicación de este régimen lingüístico en sus Reglamentos internos".
>
> "Artículo 7.: El régimen lingüístico del procedimiento del Tribunal de Justicia se determinará en el reglamento de procedimiento de éste".
>
> "Artículo 8.: Por lo que respecta a los Estados Miembros donde existan varias lenguas oficiales, el uso de una lengua se regirá, a petición del Estado interesado, por las normas generales de la legislación de dicho Estado".

En la misma línea se sitúa el artículo 8. del Reglamento interno del Consejo de las Comunidades Europeas de 24/7/1979 modificado el 20/7/1987 que dispone:

> "Artículo 8.1.: Salvo decisión en contrario adoptada por el Consejo por unanimidad y motivada por la urgencia, el Consejo deliberará y decidirá únicamente sobre la base de documentos y de proyectos establecidos en las lenguas previstas por el régimen lingüístico en vigor".
> 2. "Cualquier Miembro del Consejo podrá oponerse a la deliberación si el texto de las eventuales enmiendas no se hubiere establecido en aquellas de las mencionadas lenguas que él designe".

Por tanto, desde el punto de vista legal, las once lenguas de los países miembros se encuentran en un pie de igualdad y cualquier Delegado nacional puede exigir la deliberación a cualquier nivel decisorio, contando con interpretación en su propia lengua y la discusión en base a documentos redactados en la misma. Dicho Delegado podría, en su caso, solicitar la suspensión de una reunión que no contara con dicha interpretación (hipótesis que se ha convertido en algunos casos en realidad, figurando algún Delegado español entre los que ha utilizado esta posibilidad en grupos de trabajo del Consejo) o negarse a tomar parte en el debate en el caso de inexistencia de textos redactados en su propio idioma.

Esta proliferación de lenguas oficiales en la Comunidad crea, indudablemente, un problema bastante grave de funcionamiento de las instituciones.

En la práctica, se corrige, de hecho, esta igualdad, dependiendo sobre todo del nivel de la reunión:

– En el Consejo, propiamente dicho, es decir el nivel superior de carácter decisorio, no se plantean normalmente problemas de tipo lingüístico, por contarse prácticamente siempre con la interpretación en las nueve lenguas (y es de suponer que a partir de la incorporación de los nuevos miembros en las once), aunque los colegas finlandeses me han señalado que, en algunas ocasiones en Bruselas, no estaban siempre los textos y la traducción a todas ellas de todas ellas de todos los documentos en finés y sueco. Sólo en el caso de textos redactados durante la propia reunión puede faltar la traducción inmediata de los mismos y discutirse sobre la base de textos en francés y/o inglés.

– En el nivel intermedio: Comité de Representantes Permanentes (COREPER) la situación ya es totalmente diferente ya que los países Miembros han aceptado que los debates tengan lugar únicamente en tres lenguas: francés, inglés y alemán, únicas para las que se cuenta con interpretación a este nivel. Cualquier país Miembro podría solicitar la modificación de dicha práctica, pero hasta el momento ello no parece haber ocurrido.

– En cuanto a los documentos, también la situación es muy diversa: en algunas ocasiones se cuenta con todos los textos traducidos, especialmente cuando ha pasado cierto tiempo entre la discusión en el grupo y la inclusión del tema en el orden del día del COREPER; otras veces –más frecuentes– faltan algunas versiones lingüísticas. Normalmente se cuenta siempre con los textos en francés e inglés y la Delegación alemana suele reclamar muy celosamente la versión en su idioma, mientras que otras, en especial la española, recuerda con regularidad la necesidad de contar en el momento del debate, y especialmente de la aprobación, con la versión lingüística en nuestra lengua.

– En el nivel inferior: Grupos de trabajo. La práctica difiere aún más del mandato legal. El número de reuniones y la limitación de medios, tanto en la interpretación como en traducción, así como la propia infraestructura del edificio del Consejo, en el que solamente un número limitado de salas de reunión cuenta con el suficiente número de cabinas para la interpretación, imposibilita la aplicación estricta del Reglamento.

Las Representaciones Permanentes, conscientes de estas limitaciones, comunican sus prioridades en materia de interpretación en unos u otros grupos, con el resultado de que suele haber interpretación en cuatro, cinco o seis lenguas, no faltando en ningún caso el inglés y el francés. Alemanes y españoles recuerdan a menudo la necesidad de contar con interpretación en sus propios idiomas.

En materia de traducción la propuesta de la Comisión que se discute existe en todas las lenguas, pero en relación con los numerosos documentos de trabajo que se van elaborando paralelamente a las discusiones se suele aceptar tácitamente su redacción y discusión en un único idioma: francés o inglés, dependiendo que se trate de Presidencias prioritariamente francoparlantes o angloparlantes.

Como consecuencia de esta práctica, puede decirse que de hecho hay dos idiomas vehiculares, el francés y el inglés, con preponderancia todavía del primero (francés) pese al auge continuado del segundo (inglés).

Ante la insistencia de alemanes y españoles, estos dos idiomas tienden a ser considerados, respectivamente, como tercera y cuarta lengua por su importancia real, aunque a gran distancia de las dos primeras.

Esta situación práctica no es estable sino que motiva de hecho continuas quejas por parte de las Delegaciones con lenguas minoritarias, lo que llevó, concretamente a la Delegación española a expresar una reserva general al informe sobre el régimen lingüístico en las reuniones de Grupos de trabajo del Consejo presentado el 10 de junio de 1992.

Al iniciarse la presidencia francesa en enero de 1995, hubo cierto intento de abordar el problema de los idiomas en la UE que no siguió adelante porque era muy difícil dar marcha atrás y más aún si quien lo pretendía era Francia. El Presidente Mitterand, en su discurso ante el Parlamento Europeo el 17 de enero de 1995, para presentar el programa de la Presidencia francesa, dedicó especial atención a este tema afirmando: "Represento a Francia que conoce las amenazas que la rodean en este tema" (identidad cultural), " que sabe muy bien la rivalidad de los idiomas. Pero pienso en otros países tan respetables cuyos idiomas no tienen la dimensión geográfica de Francia que, a su vez, no tiene la dimensión geográfica de otros. ¿Qué ocurrirá con el fondo del alma de expresión gaélica, flamenca, neerlandesa? No quiero que parezca que trato de aislar a los más pequeños o a los más débiles, porque son menos numerosos. En realidad, Italia, Alemania, Francia, también están amenazados. Hoy casi únicamente la cultura inglesa y americana, la cultura española, están en condiciones de afrontar estos retos y, a pesar de la amistad que tengo por estos países, prefiero hablar mi idioma en lugar del suyo".

El Ministro francés de Asuntos Exteriores, Alain Lamassoure, pareció querer dar un paso más e introducir en la UE la distinción entre idiomas oficiales (los once actuales y los de los países que después se incorporen) e idiomas de trabajo, que serían cinco (inglés, francés, alemán, italiano y español).

La reacción contra esta tentativa fue muy fuerte, como era de esperar, y el Parlamento Europeo aprobó por 234 votos a favor, 1 en contra y 1 abstención, una resolución en la que anuncia su determinación de combatir cualquier intento de establecer una discriminación entre idiomas oficiales e idiomas de trabajo de la UE, añadiendo que "el derecho de un diputado a expresarse y trabajar en su propio idioma es una parte indisociable de su derecho democrático y de su mandato". Intervino la eurodiputada socialista española Ana Terrón, quien, tras señalar que ella tampoco podía expresarse en su lengua materna, el catalán, que aún siendo lengua oficial en un territorio de un Estado de la Unión, no es lengua oficial de la Unión, ha insistido en que la lengua no es únicamente un medio de comunicación sino también un elemento de identidad. Todos estamos obligados a respetar la pluralidad europea y debemos poder usar nuestras lenguas, "algo que en España, que es un Estado plurinacional, se practica a nivel institucional con muy buenos resultados".

El Comisario Hans Van den Broek, que intervino al término del debate, se limitó a recordar que el reglamento nº1 CEE sobre el régimen lingüístico de la Comunidad, que establece que todas las lenguas oficiales son también de trabajo, no ha sido modificado. El Parlamento Europeo reiteró su compromiso favorable a la igualdad de los idiomas oficiales y de los idiomas de trabajo de todos los países que constituyen la Unión, "elemento fundamental de la noción de Unión Europea, de su filosofía y de la igualdad política de sus Estados miembros." En opinión de los eurodiputados "el multilingüismo constituye uno de los rasgos característicos de la cultura y la civilización europeas y un elemento importante de la pluralidad y de la riqueza culturales de Europa". Por ello, los habitantes de un grupo lingüístico reconocido no deben ser degradados a ciudadanos de segunda categoría. Una limitación de las lenguas no haría sino ampliar la distancia que separa a los ciudadanos de las instituciones europeas, "que ya ha alcanzado un nivel preocupante".

En una conferencia de prensa, el 10 de enero, el Ministro Lamassoure y su colega de Asuntos Exteriores Alain Jupé insistieron en que no había ninguna propuesta francesa en este sentido ni iba a haberla, sino que Lamassoure se había limitado a llamar la atención sobre el problema, señalando que este plurilingüismo podría terminar en monolingüismo, por lo que Francia sí que proponía que en los países de la UE se enseñaran obligatoriamente dos lenguas vivas europeas, para evitar precisamente la tendencia al monolingüismo.

Por su parte el ministro Lamassoure escribió una carta al Parlamento en la que reiteraba que Francia no piensa hacer durante su presidencia ninguna proposición en el sentido denunciado por el Parlamento Europeo y sí aspira en cambio a promover y reforzar el plurilingüismo. "Lo que evoqué, a título personal, es el problema práctico de las lenguas de trabajo que se planteará cuando haya entre 20 y 30 Estados miembros, y no el régimen de las lenguas oficiales. No es imaginable que se pueda pedir a un parlamentario europeo que intervenga o trabaje en una lengua que no sea la suya. Simplemente, en el seno de las demás instituciones, a medida que la Unión se amplíe, será cada vez más difícil garantizar el uso de todas las lenguas oficiales en todas las reuniones de trabajo".

Oficina Europea de Marcas

El Consejo de Asuntos Generales de la Comunidad Europea aprobó el 6 de diciembre de 1993, el Régimen lingüístico de la Oficina de Marcas, cuya sede se ha asignado a España, (artículo 115, 116, y 116 bis del Reglamento) en la siguiente forma:

"Artículo 115 (117)
Idiomas

1. Las peticiones de marca comunitaria serán presentadas en uno de los idiomas de la Unión Europea.
2. Los idiomas de la Oficina comunitaria de marcas, son alemán, inglés, español, francés e italiano.
3. El peticionario debe indicar un segundo idioma, que debe ser un idioma de la Oficina, cuyo uso acepta como idioma eventual procesal para los procedimientos de oposición, de caducidad y de anulación.

Si la petición se ha hecho en un idioma que no es un idioma de la Oficina, ésta realizará la traducción de la petición, tal como está previsto en el artículo 26, párrafo 1, en el idioma indicado por el peticionario.
4. Cuando el demandante de una marca comunitaria es la única parte en el procedimiento ante la Oficina, el idioma procesal es el utilizado para la presentación de la inscripción de marca comunitaria. Si la petición se ha hecho en otro idioma distinto de los de la Oficina, la Oficina puede enviar comunicaciones escritas al demandante en el segundo idioma indicado por él en la petición.
5. El acta de oposición y la petición de caducidad o de nulidad serán presentadas en uno de los idiomas de la Oficina.
6. Si el idioma elegido, conforme al párrafo 5, para el acta de oposición o la petición de caducidad o de nulidad, es el idioma de la petición de la marca, o el segundo idioma

indicado al presentar la petición, este idioma será el idioma procesal.

Si el idioma elegido, conforme al párrafo 5, para el acta de oposición o la petición de caducidad o de nulidad no es ni el idioma de la petición de marca, ni el segundo idioma indicado en la presentación de esta petición, el opositor o el peticionario de caducidad o de nulidad está obligado a presentar, a sus expensas, una traducción de su acta, sea en el idioma de petición de la marca, a condición de que sea un idioma de la Oficina, sea en el segundo idioma indicado en la presentación de la petición de marca. La traducción se hará en el plazo previsto por el reglamento de ejecución. El idioma en el cual el acta ha sido traducida, será entonces el idioma procesal.

7. Las partes en los procedimientos de oposición, de nulidad, de caducidad y de recursos pueden convenir que uno u otro idioma de la Unión Europa sea el idioma procesal.

Artículo 116
Publicación; Registros

1. La petición de marca comunitaria, tal y como está descrita en el artículo 26, párrafo 1, y todas las demás informaciones cuya publicación está prevista por el presente reglamento o por el reglamento de ejecución, son publicadas en todos los idiomas oficiales de la Unión Europea.

2. Todas las inscripciones en el registro de marcas comunitarias se harán en todos los idiomas de la Unión.

3. En caso de duda el texto en el idioma de la Oficina en el que la petición de marca comunitaria ha sido presentada hace fe. Si la petición se ha realizado en un idioma de la Unión Europea, distinto de los idiomas de la Oficina, hace fe el texto en el idioma de la Oficina indicado por el peticionario.

Artículo 116 bis

Los servicios de traducción necesarios para el funcionamiento de la Oficina comunitaria de marcas serán realizados por el Centro de traducción de los órganos de la Unión, desde que éste entre en funcionamiento."

El Consejo aprobó también la siguiente declaración:

> "Declaración
>
> Por el Consejo y la Comisión se ha acordado que el Centro de Traducción creado por decisión de 29 de octubre de 1992 del Consejo Europeo, funcionará a partir del primero de enero de 1994 en Luxemburgo, con el fin de asegurar los servicios de traducción necesarios para la entrada en función del conjunto de los organismos y servicios creados por la misma decisión a medida que comiencen sus actividades respectivas".

A petición de la Delegación española se hicieron constar en acta unas manifestaciones verbales del Comisario Vanni D'Archirafi, sobre la necesidad de que cada una de las Agencias y Oficinas de nueva creación se haga cargo de los trabajos de traducción necesarios para su funcionamiento.

Cuerpo de Ejército Europeo (Eurocuerpo)

Por acuerdo del Consejo de Ministros de 1.7.94, el Gobierno español decidió aprobar la participación española en el denominado "Cuerpo de Ejército Europeo" "(Eurocuerpo)". El mismo día 1 de julio los Ministros de Asuntos Exteriores y de Defensa remitieron sendas cartas a sus homólogos de Alemania, Bélgica y Francia comunicándoles la decisión del Gobierno español, adoptada tras concluir satisfactoriamente las negociaciones mantenidas con esos tres países en los seis meses anteriores. Con la respuesta afirmativa por los destinatarios de dichas cartas, España queda incorporada como miembro de pleno derecho del Eurocuerpo, en igualdad de condiciones con los otros tres países participantes.

En el acuerdo final, al que se había llegado en París el 14 de junio de 1994, se habían fijado los términos de la participación española, con una especial referencia al tema lingüístico en el que se acordó:

El castellano será lengua oficial del Eurocuerpo junto con las lenguas nacionales (alemán, francés y neerlandés) de los otros países participantes, por lo que podrá utilizarse en los documentos, reuniones y actos oficiales del Eurocuerpo. Sin embargo, los idiomas de trabajo del Cuartel General seguirán siendo el alemán y el francés; y en las reuniones importantes celebradas entre representantes de las capitales de los países participantes España deberá proporcionar interpretación a uno de esos idiomas si sus representantes usan el español, y contar igualmente con los intérpretes necesarios si aquéllos no tienen dominio pasivo de los dos idiomas citados (en la práctica, los otros países ya se encargan de la interpretación alemán–francés).

La formación de este Eurocuerpo se inició el 14 de octubre de 1991, con el lanzamiento por el Presidente Mitterand y el Canciller Köhl, de la idea de constituir un cuerpo de ejército franco-alemán, con vocación de convertirse en el núcleo de un futuro ejército europeo, todo ello en el contexto de una mayor coordinación en materia de seguridad y política exterior dentro de la Unión Europea que el Tratado de Maastricht iba a instituir.

En abril de 1993 se incorporó Bélgica.

El 9 de mayo de 1994 Luxemburgo, previa decisión de su Consejo de Ministros, anunció en el Consejo Ministerial de la Unión Europea Occidental (UEO) su intención de participar en el Eurocuerpo. Quedan por determinar las modalidades y la entidad de esta participación.

Centro Europeo de Investigación Nuclear (Centre Européen de Recherche Nucléaire, C.E.R.N.)

En este Organismo el español no es idioma oficial ni de trabajo y sólo se emplean el inglés y el francés.

Organización de Cooperación y Desarrollo Económicos (O.C.D.E.)

La O.C.D.E. nació el 30 de septiembre de 1961 como consecuencia del Convenio firmado el 14 de diciembre de 1960, sucediendo a la Organización Europea de Cooperación Económica (O.E.C.E.) creada el 16 de abril de 1948 para administrar la ayuda del Plan Marshall de Estados Unidos. Veinte países participaron en la fundación de la O.C.D.E.: la República Federal de Alemania, Austria, Bélgica, Canadá, Dinamarca, España, Estados Unidos, Francia, Grecia, Irlanda, Islandia, Italia, Luxemburgo, Noruega, Países Bajos, Portugal, Reino Unido, Suecia, Suiza y Turquía; Japón se incorporó en 1964, Finlandia en 1969, Australia en 1971, Nueva Zelanda en 1973 y México en 1994. Yugoslavia disfrutó de 1961 a 1992 de un estatuto especial como observador.

El Convenio de la O.C.D.E. fue redactado en francés y en inglés "les deux textes faisant également foi" (version francesa), "both texts being equally authentic" (versión inglesa)[37].

El Reglamento de Procedimiento de la Organización, en su apartado VII. "Idiomas" establece: "Regla 27 a) Inglés y francés serán los idiomas oficiales de la Organización. b) Los discursos hechos en cualquiera de los idiomas oficiales serán interpretados en el otro idioma oficial. d) Los órganos de la Organización podrán, si lo consideran oportuno, dispensar la interpretación en uno u otro de los idiomas oficiales".

En el apartado VIII "Actas y documentos" la Regla 28 establece:

> "a) A menos que el Consejo decida en contrario, las Actas de las reuniones del Consejo y del Comité Ejecutivo se redactarán en ambos idiomas oficiales y se aprobarán en la reunión siguiente.
> b) Un resumen será redactado en ambas lenguas oficiales de las decisiones y conclusiones alcanzadas por los Comités y aprobado en la reunión siguiente"[38].

En virtud de una Resolución del Consejo de la O.C.D.E. de 3 de julio de 1962 tomada sobre la base de una Resolución de 1961 relativa a los idiomas de trabajo de la Organización, se

[37] Cláusula final del Convenio de la O.C.D.E. Editado por la Organización en París el 14 de diciembre de 1960.

[38] Reglamento de Procedimiento de la Organización. Editado en París por la O.C.D.E. en agosto de 1986.

han creado servicios especiales de traducción y de interpretación en alemán e italiano en el seno de la Organización y pagados por estos países[39]. Las traducciones así efectuadas no se convierten en documentos oficiales de la Organización.

En virtud de las Reglas de aplicación del Reglamento Financiero de la Organización, si el Secretario General estima que la interpretación de las sesiones o la traducción de los documentos en otro idioma distinto de los oficiales, o de otro idioma hacia los idiomas oficiales, tiene una importancia particular para el éxito de la actividad en cuestión, la Organización sufraga los gastos de estas interpretaciones y traducciones. El Comité del Presupuesto debe ser informado de estos casos[40].

En efecto, en la sección II "Lenguas de trabajo, Conferencia-Documentos" del Reglamento Financiero de la Organización y Reglas de aplicación[41] la regla 48 establece: "Interpretación y Traducción. La Organización únicamente sufragará los gastos de interpretación de uno de los idiomas oficiales al otro, de las sesiones, de las conferencias u otras reuniones necesarias para la ejecución de las actividades, así como los gastos de traducción de uno de los idiomas oficiales al otro de los documentos necesarios".

En virtud de una Resolución del Consejo de 1973[42] los Gobiernos de los países Miembros han sido invitados a prestar la máxima atención a la posibilidad de traducir en su propio idioma ciertos documentos de la O.C.D.E. (como, por ejemplo, los comunicados de prensa, los documentos de difusión general, la publicación titulada "L'Observateur de l'O.C.D.E." y las monografías de fondo) que puedan presentar un interés especial para su país respectivo.

En la práctica, un delegado que desea utilizar otro idioma diferente de los dos oficiales puede hacerlo sufragando los gas-

[39] Ver Actas de la Organización, Vol. 1 p. 42, Vol. 2 p. 326, Vol. 10 pp. 462 y 464 citados en el *Manual para los presidentes de los órganos subsidiarios de la Organización* publicado en París por la OCDE en junio de 1988, p.56.

[40] Ver mismo Manual para los presidentes de los órganos subsidiarios de la Organización, p. 57.

[41] Reglamento Financiero de la Organización y reglas de aplicación. Publicado por la O.C.D.E. en París en enero de 1980.

[42] Citada en el mencionado Manual para presidentes de los Organos subsidiarios de la Organización, p. 57.

tos de interpretación hacia uno de los idiomas oficiales y en los límites de las posibilidades técnicas de que dispone la Organización, es decir, las cabinas de interpretación.

En la O.C.D.E. existen cinco órganos autónomos y semiautónomos: la Agencia Internacional de la Energía (A.I.E.), la Agencia para la Energía Nuclear (A.E.N.), el Centro de Desarrollo, el Club de Sahel y el Centro para la Investigación y la Innovación en la Enseñanza (Centre pour la Recherche et l'Innovation dans l'Enseignement, C.E.R.I.) cuyos miembros son en general los mismos de la O.C.D.E., aunque no exactamente, pues por ejemplo de la A.I.E. no forma parte Islandia; de la A.E.N. no es miembro Nueva Zelanda; del Centro de Desarrollo no son miembros Australia y Nueva Zelanda y, sin embargo, forma parte Corea; del Club de Sahel son miembros Alemania, Austria, Canadá, Dinamarca, Estados Unidos, Francia, Italia, Japón, Países Bajos y Suiza más Burkina Faso, Cabo Verde, Gambia, Guinea–Bissau, Mali, Mauritania, Níger, Senegal, Chad y el Banco Mundial, la Comisión de las Comunidades Europeas, el Fondo Monetario Internacional y U.N.S.O. (Organismo de las Naciones Unidas para el Sahel).

En todos estos órganos el régimen lingüístico es en principio el mismo que en la O.C.D.E., pero en la Agencia Internacional de la Energía (A.I.E.) se ha creado una situación un tanto confusa porque, al producirse la incorporación de Francia, el 24 de mayo de 1991, Alemania intentó obtener para su idioma un tratamiento equivalente al que tienen el inglés y el francés en el seno de la Organización, pretendiendo que hasta entonces la A.I.E. no había utilizado más que el inglés o, de manera equivalente, inglés, francés y alemán.

Después de una serie de discusiones que retrasaron la aprobación de la Resolución correspondiente hasta el 16 de julio del mismo año 1991 en que España retiró su reserva, se aprobó una confusa Resolución en la que el Consejo de Dirección de la A.I.E. tomaba nota de la Nota presentada por la Secretaría titulada "Uso del idioma alemán en la A.I.E." y recordaba Resoluciones anteriores del propio Consejo de Dirección, una de ellas de 18 de noviembre de 1974 en la que, cito textualmente, el Consejo de Dirección decide "que, para los órganos superiores de la Agencia, la interpretación será asegurada en idioma alemán y los documentos importantes serán, en su caso, difundidos en alemán así como en francés y en inglés". Asimismo se citaba la decisión de 18 y 19 de diciembre de 1974 en la que el Consejo de Dirección conviene "sobre una base preliminar, que los gastos de interpretación, de traducción y de establecimiento de documentos en alemán serán cubiertos conforme a las disposiciones en vigor en la O.C.D.E." (nos hemos referido ya a ellas anteriormente) y conviene en "volver a examinar esta cuestión después de algunos meses de práctica para determinar si las referidas disposiciones son suficientes". Se decidía finalmente "que sería oportuno que los costes de la utilización del alemán, tal como definidos en el párrafo a)", (antes citados) "sean progresivamente incluidos en los presupuestos anuales de la Agencia, en cantidades que serán determinadas por el Consejo de Dirección conforme a los procedimientos presupuestarios normales, y pide al Director Ejecutivo" (la alemana Helga Steeg) "que presente al Consejo de Dirección para su examen un plan que permita llegar a ello sin obstaculizar el cumplimiento del trabajo de fondo de la Agencia".

En la Resolución se hizo constar que las Delegaciones de España, Italia, Japón y Portugal habían reservado su derecho a plantear el tema del uso de sus idiomas respectivos en el seno de la A.I.E.

Banco Europeo de Reconstrucción y Desarrollo (B.E.R.D.)

Durante las discusiones preparatorias de los Estatutos del B.E.R.D. se acordó seguir la práctica normal de no referirse a los idiomas de trabajo en los Estatutos del Banco y consecuentemente –y para dejar constancia del acuerdo alcanzado– el Presidente de la Conferencia Preparatoria dirigió una carta a todos los Delegados en la que se señalaba que, según este acuerdo, las cuatro lenguas oficiales del texto auténtico del Acuerdo (inglés, francés, alemán y ruso) serían las lenguas de trabajo del Banco, y que se utilizarían de acuerdo con las necesidades y tomando en consideración los intereses de eficiencia y economía.

Consejo de Europa

El artículo 12 del Estatuto del Consejo de Europa establece: "Los idiomas oficiales del Consejo de Europa son el francés y el inglés. Los Reglamentos internos del Comité de Ministros y de la Asamblea Consultiva determinarán las circunstancias y las condiciones en las que otros idiomas podrán ser utilizados"[43].

En cuanto a la Asamblea su Reglamento dedica al tema el capítulo V titulado "Empleo de idiomas y documentos oficiales de la Asamblea", y concretamente son aplicables los artículos 17, 18, 19 y 22.1 que a continuación transcribimos:

> "Artículo 17: Idiomas oficiales y de trabajo
>
> 1. Los idiomas oficiales de la Asamblea son el francés y el inglés.
> 2. Todos los documentos de la Asamblea deberán ser redactados en los dos idiomas oficiales.
> 3. Además de los dos idiomas oficiales, se utilizarán el alemán y el italiano en los debates de la Asamblea y podrán ser utilizados en las comisiones como idiomas adicionales de trabajo.
>
> Artículo 18: Interpretación en Asamblea
>
> 1. Los discursos pronunciados en un idioma oficial o en un idioma adicional de trabajo son interpretados simultáneamente en los otros idiomas oficiales y de trabajo.
> 2. Los discursos pueden pronunciarse en otro idioma que los oficiales o de trabajo. En este caso, el orador debe asegurar bajo su propia responsabilidad la interpretación, a ser posible simultánea, en uno de los idiomas oficiales o de trabajo. Este último será objeto de interpretación simultánea en los otros idiomas oficiales y de trabajo.
>
> Artículo 19: Interpretación en comisión
>
> 1. Si la interpretación es necesaria en comisión, se procede, en la medida de lo posible, a la interpretación simultánea, si no a la interpretación consecutiva, en los otros idiomas oficiales y en los idiomas adicionales de trabajo.

[43] Reglas de Procedimiento de la Asamblea y Estatuto del Consejo de Europa. Editado en el Consejo de Europa. Estrasburgo 1988.

> 2. Sin embargo, un representante o suplente que habla otro idioma que uno de los idiomas oficiales o de trabajo, está autorizado a ser asistido por un intérprete. Se procede entonces en la medida de lo posible, a una interpretación en las mismas condiciones que en Asamblea plenaria."
>
> Artículo 22: Actas de los debates
>
> 1. Se redacta un Acta, para cada sesión, en uno y otro idiomas oficiales y se distribuye en el más breve plazo. Cada una de las dos ediciones del acta contiene la reproducción íntegra de los discursos pronunciados en el idioma en que está redactada y un resumen de la interpretación de las intervenciones que se hicieron en otros idiomas. La reproducción íntegra de los discursos pronunciados en cada uno de los idiomas adicionales de trabajo se distribuye igualmente. Además en el acta figuran los textos remitidos por los representantes y suplentes regularmente inscritos en la lista de oradores que, aunque presentes, no pudieron intervenir por falta de tiempo: estos textos podrán ser presentados en cuanto se anuncie la clausura de la discusión general".

Finalmente, hay que tener en cuenta el Reglamento revisado sobre las reuniones de las comisiones y subcomisiones de la Asamblea adoptado por la Comisión Permanente el 23 de marzo de 1988 que en sus apartados 6 y 7 dispone:

> "6. La interpretación en los idiomas suplementarios de trabajo se asegurará sólo cuando los miembros concernidos hayan anunciado su participación a la reunión.
> 7. Para reuniones de subcomisiones que tienen lugar separadamente, se asegurará la interpretación en dos idiomas solamente".

Nuestro idioma, por tanto, cuando es utilizado en el Consejo de Europa, es previa petición de reclutamiento de intérpretes temporales, en cuyo formulario se hace constar, expresamente, que la Autoridad nacional que solicita este reclutamiento se compromete a asumir los gastos correspondientes.

Banco Interamericano de Desarrollo

El Convenio Constitutivo del Banco Interamericano de Desarrollo, firmado en Washington el 8 de abril de 1959 (entró en vigor el 30 de diciembre del mismo año 1959) fue redactado en cuatro idiomas: español, francés, inglés y portugués, cuyos textos, según se señala en su final "son igualmente auténticos"[44].

Estos cuatro idiomas son los que se utilizan en la práctica del Banco.

De este Banco son Miembros todos los países iberoamericanos excepto Cuba, más Estados Unidos, Canadá, Japón, Israel, los doce países de la C.E.E., Suiza y los países escandinavos.

Conclusiones

La situación lingüística actual es radicalmente diferente de las anteriores. Como fue señalado al principio de este artículo, por primera vez la Historia tiene un escenario planetario, debido al espectacular progreso de las comunicaciones y a que la evolución hacia formas comunitarias se hace, no siguiendo la vía imperial, sino a través de "foros" o "ágoras" que van creando una opinión pública mundial y dotándola de lugares de expresión.

Sobre el primer factor: el espectacular progreso de las comunicaciones y su resultado, se ha escrito ya muchísimo, como decía antes, pero pienso que no bastante sobre el segundo.

Las dos catástrofes de este siglo, las dos guerras mundiales, fueron percibidas por los sectores más sensibles e influyentes de los países más avanzados como consecuencia de los intentos de establecer sistemas de relación internacional basados en la vieja idea imperial, que hasta el estallido de 1914-1918 había sido el motor de la Historia.

Además, el nuevo poder emergente como consecuencia de la primera guerra mundial, los Estados Unidos de América, había nacido como expresión de la voluntad de un grupo de

[44] Convenio Constitutivo del Banco Interamericano de Desarrollo. Reimpreso en enero de 1988 por el propio Banco en Washington.

europeos que, a bordo del "Mayflower", había abandonado este continente para fundar una sociedad nueva, una Arcadia feliz (típico sueño renacentista, que estuvo siempre presente desde la invención del Nuevo Mundo), libre de las tremendas luchas que fueron las guerras religiosas.

Claro que la dinámica irreprimible (o, al menos, irreprimida) del crecimiento llevó pronto a Estados Unidos a enfrentarse con su "destino manifiesto" y a querer salvaguardar primero el territorio de las trece colonias, después toda América del Norte, luego (sobre todo como reacción a la aventura americana de Napoleón el Chico) todo el continente, al final el mundo entero, de los afanes dominadores de los otros (así se presentó siempre este cambio en la orientación expresada claramente por los fundadores), hasta terminar siendo, en constante tensión, el gendarme del mundo.

La ideología del Presidente Wilson reforzó y dio expresión a la aplicación de las ideas democratizadoras a la relación internacional, y cuando Estados Unidos se abstuvo de participar en la creación de la Sociedad de las Naciones, Francia e Inglaterra, dos viejos países imperiales, asumieron el protagonismo en la construcción de un nuevo sistema. Este nuevo sistema trató, ante todo, de evitar la repetición de la catástrofe basándose en el aplastamiento de los vencidos con la esperanza de impedir que su agresión se repitiera y tomando medidas –jurídicas– para impedir la guerra, a través de su prohibición. El Pacto Briand–Kellog y las declaraciones unilaterales de algunas nuevas Constituciones, como la de Weimar o la española de 1931, son ejemplos de esta mentalidad.

En consecuencia, la Sociedad de Naciones instaló en sus órganos el bilingüismo (francés e inglés) como expresión de una realidad de poder (que pronto dejaría de serlo) y del peso que ambos idiomas tenían en aquellos momentos, por razones diferentes que la evolución posterior haría más evidentes.

De nuevo la catástrofe volvió a producirse y en 1945 el nuevo sistema buscó nuevas bases:

1. Un acuerdo permanente entre las cinco potencias consideradas vencedoras, aunque lo fueran en grados muy distintos: Estados Unidos (el poder emergente), Inglaterra (la gran resis-

tente), Francia (premio a la identificación de una biografía con un país), la U.R.S.S. (eterna Rusia y detentadora entonces del sentido histórico) y China (siempre, como se acostumbra a decir del Brasil, el país del futuro, y representante del mundo asiático que Japón había intentado utilizar como trampolín).

2. Implicación clara del gran vencedor (que encarnaba, entonces, las aspiraciones de todos), con el establecimiento de la sede de la nueva Organización en su gran metrópoli y atención a la zona en la que primero se había realizado su expansión, cuyos recursos habían sido tan importantes en el esfuerzo bélico ("En guardia para la defensa de las Américas", "Saludos amigos", en español, eran dos consignas de la época), y cuyas élites se embarcaron entonces decididamente en la construcción de la nueva Utopía, tan distinta, por todo ésto y a pesar de la semejanza, del precedente ginebrino.

3. Cooperación internacional para un crecimiento económico, que, en sí mismo, se consideraba democratizador y garantía de la paz. "La paz por el desarrollo" como lema de Naciones Unidas o "el desarrollo es el otro nombre de la paz" en la formulación de Pablo VI.

La traducción en el terreno lingüístico fue la redacción de la Carta en textos "igualmente auténticos" en cinco idiomas: los de los cinco grandes (Miembros Permanentes del Consejo de Seguridad) a los que "se añadió el español", "fruto de la importante participación de los Estados Latinoamericanos en la Conferencia de San Francisco" como señalé al principio de este artículo, citando al Profesor Jacqué.

Este número se incrementará con el árabe, como consecuencia de la aspiración al protagonismo internacional unitario que da a los países de este idioma su enfrentamiento con el naciente estado de Israel, como expresión de la potencia económica que les confieren sus recursos petrolíferos y, "last but not least", como una manifestación más de la creciente oposición de los dos principios inspiradores de la Carta: "aristocrático" (en sentido aristotélico), consecuencia de la responsabilidad producida por el poder, es decir, importancia del Consejo de Seguridad y de cada uno de sus Miembros Permanentes por el derecho de veto; y "democrático": un hombre, es decir, un

Estado, un voto, que se expresa en las mayorías de la Asamblea General.

Esta generosidad lingüística es producto también de la época en que la nueva Organización empieza a construirse, en y a imagen de Estados Unidos (es decir, de un país, hasta muy recientemente, con la conciencia de tener recursos ilimitados) y con la preocupación de asegurar la implicación norteamericana (no repetir el fracaso del intento anterior), lo que llevó a dotarla de medios presupuestarios que permitieran la atracción de los súbditos de este país, en competencia con las necesidades –y consiguientes– ofertas de sus importantes empresas.

Frente a esta generosidad lingüística pronto empezarán a manifestarse las duras realidades presupuestarias, hechas aún más acuciantes por las tentaciones aislacionistas de Estados Unidos, cuya opinión pública es desconcertada por el comportamiento de su criatura y, en el terreno lingüístico, por la postura de los países cuyos idiomas no están entre los seis privilegiados y que, cada vez, son más reticentes a asumir cargas económicas que, para ellos, no son consideradas rentables en ningún terreno y que estiman producto de motivaciones "políticas". Su opción en favor de una solución "razonable", "económica", les lleva a defender el monolingüismo (por supuesto del inglés) como imposición de la realidad, en postura que aparece como desinteresada ya que este idioma no es el oficial de la mayoría de ellos, pero sí es dominado suficientemente por una gran parte (o, al menos, la "élite") de sus poblaciones.

En los últimos tiempos, dos hechos nuevos:

1. La reunificación alemana y el derrumbamiento del sistema soviético, que aumenta, como es lógico, el deseo de protagonismo internacional y la capacidad de atracción de una importante zona europea hacia un idioma que tradicionalmente figuró entre los predominantes en la misma.
2. El creciente peso económico del Japón y la también creciente participación asiática, conectada con él, en el comercio mundial.

Hasta ahora sólo Alemania ha intentado reivindicar un trato preferencial para su idioma en algunos foros internacionales, mientras que Japón empieza a ser un temible líder de los partidarios del monolingüismo. Ambos países sin haber superado todavía los complejos originados por su ya lejana, pero aún presente, derrota.

En el otro campo, los defensores del plurilingüismo. Dos campeones principalmente:

1. Francia, consciente de que el mantenimiento de su idioma como lengua diplomática es vital para asegurar su propia presencia política, económica y cultural en el mundo e incluso para la propia supervivencia de su idioma en algunas de sus antiguas colonias y, por tanto, no sólo vigilante ante cualquier posible atentado contra su status en cualquier foro, sino, sobre todo, incansable en la dotación de cuantiosísimos recursos para la acción cultural (que desborda la simple difusión del conocimiento del idioma) en todo el planeta. Dos acciones que mutuamente se apoyan.

2. El amplio, y variado, mundo que tiene al español como idioma oficial de sus Estados, dispuestos siempre, en general, a la acción inmediata para defender posiciones adquiridas o incluso a intentar ampliarlas, pero sin la constancia, la coordinación, la implacabilidad y la intransigencia francesas y, por supuesto, sin que la acción diplomática esté apoyada por un esfuerzo, ni siquiera análogo, muchísimo menos equivalente, de acción cultural semejante a la francesa.

El francés y el español son, junto con el inglés, los grandes idiomas que, sin llegar a ser "lingua franca" en el sentido utilizado por el Marqués de Tamarón en la ponencia presentada al Congreso de la Lengua Española en Sevilla en el otoño de 1992 con el título "El español, ¿lengua internacional o lengua franca?", constituyen la triada de lenguas que pueden ser consideradas vehiculares a nivel internacional mientras que todas las otras, incluso las utilizadas por mayor número de seres humanos, están concentradas en zonas geográficas o sectores culturales mucho más delimitados.

Como consecuencia, en la práctica, tenemos un gran predominio del inglés en los foros internacionales, pero en las normativas estatutarias situaciones variadas, que dependen, en gran manera de la composición de cada organismo:

1. Dualidad de inglés y francés en los organismos europeos (Consejo de Europa, CERN, U.E.F.A....) o procedentes de la Sociedad de Naciones (Corte Internacional de Justicia) o de composición restringida (O.C.D.E. por ejemplo en la que sólo España y México son Miembros entre los países de nuestro idioma).

2. Triada inglés-francés-español en algunos organismos de vocación universal (por ejemplo Consejo Económico y Social de Naciones Unidas, G.A.T.T.) por el peso de todo el grupo iberoamericano: España, Guinea Ecuatorial y los países de América de nuestro idioma. En algunos casos, por ejemplo la U.I.T. aunque no hay distinción de idiomas oficiales y de trabajo y son considerados en pie de igualdad el árabe, el chino, el español, el francés, el inglés y el ruso, en la práctica son inglés, francés y español los más utilizados.

3. Ampliación a tres idiomas más: ruso, chino y árabe de esta triada por razones políticas y coyunturales. El paradigma es todo el sistema de Naciones Unidas.

4. Excepcionalmente, consideración especial de otros idiomas: hindi, italiano, portugués en U.N.E.S.C.O., pero en un segundo plano, o alemán en el O.I.E.A. a nivel práctico.

5. En algunos casos (organizaciones de ámbito europeo siempre) el español no figura entre el grupo de idiomas privilegiados. Por ejemplo, el Banco Europeo de Reconstrucción y Desarrollo, que utiliza como lenguas de trabajo inglés, francés, alemán y ruso, o la Unión Europea de Fútbol Asociación que utiliza francés, inglés, alemán y ruso. En el Consejo de Europa, además de los dos idiomas oficiales, francés e inglés, el alemán y el italiano tienen una situación especial, aunque de segundo rango.

6. Más excepcional aún, el caso de la Unión Europea con su proliferación de idiomas que ya hemos señalado.

7. Aún más excepcionalmente: inglés como único idioma. He citado el Fondo Monetario Internacional (F.M.I.) como ejemplo.

8. Situación privilegiada de francés y alemán en el Cuerpo de Ejército Europeo.

Parece lógico, pues, que nuestro objetivo debiera ser asegurar a nuestro idioma una posición en los distintos organismos internacionales que correspondiera a sus posibilidades, es decir, tener en cuenta ante todo las características del organismo, en especial qué países lo integran y cuál es la situación real en cada momento.

En muchos de estos Organismos, fundamentalmente en aquellos de vocación universal, el idioma español es ya, o puede serlo, uno de los tres privilegiados entre los privilegiados. Ahora bien, para el mantenimiento del statu quo o su modificación en favor de nuestro idioma, o simplemente para hacer que la norma no se deteriore en la práctica, debemos tener muy en cuenta la necesidad de una actitud vigilante, activa y coordinada con los demás países de nuestro idioma, con los eventuales aliados y, muy en especial, entre las personas de nuestra nacionalidad (funcionarios públicos españoles o de nuestro idioma del organismo[45], personas privadas...) que actúan en el correspondiente organismo, manteniendo constante como referencia en nuestra acción –y sobre todo en nuestra argumentación– el interés del organismo y las posturas –"interesadas" o "desinteresadas"– de los representantes de otros Miembros, evitando

[45] Particular atención al tema presta la Asociación de Funcionarios Internacionales Españoles (A.F.I.E.), que agrupa a nuestros compatriotas que prestan servicio en distintos organismos y, por lo tanto, realiza una tarea importante en todas las sedes, ya que entre sus asociados cuenta con numerosos miembros de los servicios de traducción y edición en español de los organismos internacionales. En 1987 la A.F.I.E. creó una Comisión de la Lengua para unificar el uso del español en las diferentes organizaciones internacionales, realizar investigaciones terminológicas e impulsar el uso de nuestro idioma a fin de que éste alcance el mismo nivel de empleo que el inglés o el francés. Esta Comisión de la Lengua estimó de inmediato que debía establecer los oportunos contactos con la Real Academia Española y, en particular, con su Comisión de Vocabulario Técnico. Se procedió a enviar a esa Comisión, a fin de que formulara los comentarios oportunos, una serie de glosarios utilizados en las Naciones Unidas o en sus organismos especializados. Un resultado tangible de esa colaboración fue la conferencia pronunciada en el Palais des Nations de Ginebra por el Académico D. Valentín García Yebra, el 31 de octubre de 1989. La Comisión de la Lengua de la A.F.I.E. ha entablado también relación con el Instituto Cervantes, cuya sede de Alcalá de Henares visitó una delegación de la A.F.I.E. en noviembre de 1992. Mantuvo una reunión de trabajo con el Director del Instituto, don Nicolás Sánchez Albornoz, y con el Secretario General. Desafortunadamente, los problemas presupuestarios del Instituto Cervantes impidieron que su Director pudiera aceptar la invitación que le dirigió la A.F.I.E. para pronunciar una conferencia en Ginebra. En Viena, "La Confraternidad Hispánica", que reúne a funcionarios de lengua española en general, tiene preocupaciones similares.

enfrentamientos innecesarios pero sin rehuir las necesarias y clarificadoras tomas de postura.

Pero esta acción no será suficientemente eficaz –y creo que este es uno de los grandes retos pendientes– si no es completada por una acción cultural seria y sistemática, a ejemplo de la realizada por Francia, que no puede –ni debe– ser asumida sólo por España, puesto que es interés de todos los países que hablan español y porque su gran fuerza –y su gran ventaja frente al francés– es poder presentarse como voluntad colectiva de un grupo tan importante de tantos países de tan consolidada tradición de presencia en la vida internacional.

Claro es que, ante todo, debiéramos estar convencidos de que se trata de un objetivo verdaderamente importante y no sólo de una mera vanidad narcisista y por ello consideraciones como las aducidas en la citada ponencia del Marqués de Tamarón sobre la "industria de la enseñanza del inglés como lengua extranjera" y muchas más que pueden hacerse en la misma línea, son absolutamente relevantes, pero todo ello es más que materia suficiente para otros artículos, por lo que me limitaré a señalar que la implantación del monolingüismo en los organismos internacionales, la opción "razonable", "económica", supondría, dada la creciente tendencia a tratar todos los problemas en este tipo de foros, que todo el desarrollo futuro de todos los países estaría supeditado al conocimiento de ese idioma, pues sin dominarlo, sus expertos no podrían participar en las correspondientes reuniones internacionales, ni aprovechar las experiencias de sus colegas, ni influir en las tomas de decisiones que, cada vez más serán coordinadas internacionalmente.

El bilingüismo parece reducir a la mitad estos inconvenientes, pero sería estúpidamente suicida para los países de lengua española desaprovechar la oportunidad histórica que todavía se nos brinda y que he intentado hacer patente en este trabajo.

Escándalo o precaución
Sobre el futuro de nuestra lengua

José A. Pascual

Introducción, a propósito de la prospectiva lingüística

Puede parecer inútil esa actitud de mirar adelante intentando imaginar lo que nos depara el futuro, cuando hay tantos datos de nuestro presente que nos son desconocidos y tantos otros que no resultan fáciles de valorar. Si en 1983 hubiera caído en mis manos la primera edición del *Curso de semántica* de J. R. Hurford y B. Heasley[1], ante una pregunta como:

> ¿Está a finales del siglo XX el rey de Francia en buenas relaciones con el zar de Rusia?

hubiera respondido, sin dudar, que ese hecho no podía corresponder al universo del discurso de los finales del siglo XX. Pero ahora que tan cerca estamos de esos momentos, me entra la duda de si cuando termine el siglo la respuesta no va a ser otra, dado que ya ni existe la Unión Soviética ni se necesita tener una imaginación excesiva para concederles, en sentido figurado, a Jacques Chirac el título de rey de Francia –que con todo merecimiento hubiera podido ostentar François Mitterrand, su antecesor en el cargo– y a Yeltsin el de zar de Rusia. Quizá esperando unos pocos años más no sería ni siquiera necesario acudir al sentido figurado...

Cualquier persona medianamente sensata que haya vivido con alguna consciencia estos últimos años debe tentarse la ropa

[1] El ejemplo citado está en la p. 70 de la versión española [hecha por E. de Miguel e I. López Fraguas] publicada en Madrid, Visor, 1988.

antes de hacer una predicción sobre el futuro; máxime los lingüistas, que sentimos el mismo desasosiego cuando se nos pregunta por el origen del lenguaje que cuando se nos pide, como me ocurre a mí ahora, un pronóstico sobre el porvenir del español. A estas alturas, lo único claro es que este porvenir estará sin duda condicionado por las posibilidades de tratamiento técnico que se han empezado a aplicar a las lenguas.

Los antecedentes de la ingeniería lingüística

En el pasado, es probable que la mayor parte de las veces no se haya caído en la cuenta de las consecuencias a que pudieron conducir determinadas acciones; aunque se tratara de algunas tan importantes como la invención del alfabeto griego, que supuso una verdadera revolución frente a otros tipos de escritura:

> La revolución conceptual comenzó cuando se advirtió que el registro completo de los sonidos podía colocarse en un nuevo tipo de almacenamiento que ya no dependía de los ritmos usados por la memoria oral. Este registro podía convertirse en un documento, en un conjunto permanente de formas visibles, ya no una fugaz vibración del aire, sino formas que podían ser dejadas de lado por un tiempo, vueltas a examinar con algún propósito y, ciertamente, olvidadas. Los mecanismos de la memoria oral fueron entonces lentamente sustituidos por la prosa documentada [...] La cultura europea se trasladó paulatinamente al ámbito del discurso en prosa, analítico, reflexivo, interpretativo y conceptual[2].

Tampoco era previsible que la sustitución que se hizo en el reino de Castilla de la letra visigótica por la francesa, en ese primer renacimiento que se dio en el siglo XI, fuera a significar el abandono de la tradición hispánica y la apertura decidida a la

[2] E. Havelock, "La ecuación oral-escrito: una fórmula para la mentalidad moderna", en D. R. Olson y N. Torrance, comps., *Cultura escrita y oralidad*, Madrid, Gedisa, 1994, p. 43.

cultura francesa, es decir europea. La aparición de la imprenta fue otro de los hechos decisivos para el porvenir de nuestra lengua, que no todo el mundo fue capaz de entender: así la historia no dio la razón al duque de Urbino, que no aceptaba en su biblioteca ningún libro que no fuera manuscrito y no estuviera además copiado en pergamino, sino a Gonzalo García de Santa María, que dejó constancia, al redactar su testamento –de ello nos separan unos quinientos años–, de la pérdida de valor que habían sufrido los manuscritos de su importante biblioteca, a causa de la imprenta. Ésta iba a permitir en muy poco tiempo ciertos cambios de orientación en lo cultural, acordes con las ideas de una burguesía cultivada, interesada por nuevos textos, como los de Salustio, Tito Livio o algunos muy concretos de Petrarca[3], y que podía además desentenderse de lo permanente para acercarse a hechos de tan "rigurosa actualidad" como las noticias del descubrimiento de América, contadas por el propio Almirante al poco tiempo de haber ocurrido aquel. Pero en un ámbito más relacionado con lo lingüístico, las prensas iban a servir para uniformar los usos gráficos de un castellano que estaba a punto de sustituir al universal latín: el propio García de Santa María había limado de dialectalismos aragoneses varios incunables impresos por Hurus; a la vez que había mostrado su acuerdo con Lorenzo Valla en que "la fabla comúnmente más que otras cosas, sigue al imperio"[4].

Son los primeros pasos de lo que se denomina con el sintagma banal de "ingeniería lingüística"; los que vinieron después los dio en el siglo XVIII la Real Academia Española, al adoptar una determinada norma para los usos gráficos, fonéticos, gramaticales y léxicos. No son episodios intrascendentes éstos que han servido para la creación de una norma culta y escrita del español, imprescindible para su enseñanza y hasta para su comprensión en un espacio tan amplio como el de las muchas naciones que la emplean como lengua propia.

[3] Para estos cambios, vid. E. Einsestein, *The Printing Revolution in Early Modern Europe,* Cambridge University Press, 1979, trad. abreviada al español en Akal, 1994.

[4] E. Asensio, "La lengua compañera del imperio. Historia de una idea de Nebrija en España y Portugal", *RFE,* XLIII, 1961.

Ventajas para afrontar el futuro

De partida, disfruta nuestra lengua de algunas claras ventajas: el número de sus hablantes es una de ellas[5], como lo es la masa de su literatura y la gran cantidad de traducciones a que ha dado acogida. Cuenta para ello con una codificación tan cuidadosa y lentamente realizada que ha impedido el triunfo de algunas reformas particulares, aunque fueran tan razonables como la que se intentó durante el siglo pasado en Chile, amparada en la solvencia científica de Andrés Bello e impulsada por Domingo Faustino Sarmiento[6]; a la vez que ha permitido que se dé una buscada convergencia en la norma culta de los escritores de uno y otro lado del Atlántico. Pero, ¿va a mantenerse esta situación en el futuro? ¿va a cambiar? Y en este caso, ¿en qué medida?

Nuestra lengua presenta, desde lo que podríamos llamar su estructura, algunos perfiles positivos cuya importancia no debemos, sin embargo, sobrevalorar: la relación que existe, por ejemplo, entre grafía y pronunciación sirve para menos de lo que se supone, pues, en cualquier caso, incluso en los programas que se están desarrollando para la conversión de voz en texto o de texto en voz, no significa un grave problema introducir entre lo hablado y lo escrito una notación fonética más cercana a la pronunciación que cualquier tipo de norma ortográfica. Hechos de este tipo tienen poca trascendencia, en comparación con los problemas que plantea la descripción de la sintaxis de una lengua o del significado de sus unidades.

Otra de las ventajas procede de la actitud de los hablantes, que, en lugar de tomar a las restantes lenguas como invasores

[5] Para los problemas que existen respecto al número de hablantes de nuestra lengua, vid. G. Salvador, *Lengua española y lenguas de España,* Barcelona, Ariel, 1987, pp. 45-67. Existen, sin embargo, otros modos de establecer su peso internacional, vid. del Marqués de Tamarón, "El español, ¿lengua internacional o *lingua franca*?", en *Actas del Congreso de la Lengua Española, Sevilla 1992,* Madrid, Instituto Cervantes, 1994, pp. 189-211. El español y portugués tienen en el ámbito europeo mucho menos peso que otras lenguas que cuentan con menos hablantes: con respecto a esto es revelador el panorama que presenta C. Hagège en los capítulos 5 y 6 de su libro: *Le souffle de la langue: voies et destins des parlers d'Europe,* París, Odile Jacob [1992], 1994.

[6] Vid. L. Contreras, "En pro y en contra de las reformas ortográficas en Chile", en *Ortografía y grafémica,* Madrid, Visor, 1994, pp. 73-85.

insolentes[7] del español, han sabido convertirlas en auxiliares capaces de enriquecerlo con sus préstamos. Unos han servido para designar nuevos conceptos; pero muchos otros se importaron como si de productos de lujo se tratara, sin que para ello hubiera otra necesidad que la que se deriva de la libertad lingüística y del gusto por elegir bien. Así, el italiano permitió a nuestros cortesanos, en el Siglo de Oro, cambiar el tradicional *potaje* por la *menestra,* o dejar de lado el verbo *desemparar,* sustituido por un italianismo flagrante como era *abandonar,* con cuyo empleo consiguió sorprender el exquisito Garcilaso a sus lectores.

No es ésta la ocasión adecuada para plantearnos las venturas y desventuras que suponen los préstamos para las lenguas, por lo que he de conformarme con mostrar que los problemas que se derivan de ellos no se reducen a nuestro horizonte histórico, pues tanto en el pasado como en el presente, por encima de no pocas torpezas, nuestra lengua ha sabido evolucionar sin dar la espalda a las demás, con el deseo decidido de no aislarse de ellas. Sé que esto no lo entenderán tantos puristas como hay, dispuestos a defender heroicamente ese cosmos que son las lenguas, con las que la primera medida que se debería tomar sería lograr que no se contaminaran entre sí. Pero la historia nos muestra que no es perjudicial saber mezclarse, como ha sabido hacerlo el inglés y aun el propio castellano, a lo largo del tiempo. Esto ha conducido a que se disponga de unas posibilidades derivativas que permiten adoptar cualquier voz creada en las lenguas de cultura, sin que por ello se vea obligado a forzar su estructura[8].

[7] Atribuyo al español la misma actitud con que León Feugère ha caracterizado al francés, en algunos momentos de su historia, en relación con algunos tipos de préstamos: "Henri Estienne nous a montré les perils qu'il s'agissait de conjurer. Grâce à lui, l'italien, au lieu d'entrer dans notre idiome en vainqueur insolent qui le bouleverse, n'a plus été qu'un auxiliaire propre à en reculer l'étendue et à en accroître la richesse", cito a través de Y. Berger, *Le Monde des debats,* n.º 19 (mayo, 1994), p. 24.

[8] No veo en esto diferencias notables con el francés, al que, en cambio, Y. Berger, *art. cit.,* p. 24, considera que: "En fait le français est mal à l'aise pour assurer l'intégration morphologique de l'anglais".

Problemas para afrontar el futuro

Pero el español se adentra por el futuro con algunos problemas. Uno de ellos se refiere a lo que se conoce como "intelectualización" de una lengua estandarizada, es decir la mayor o menor facilidad que existe para realizar en ella formulaciones precisas y rigurosas y si es necesario abstractas; esta intelectualización tiene uno de sus pilares en la terminología[9], que es uno de los ámbitos en que nos encontramos más desasistidos los hispanohablantes[10]. Carecemos de una institución que oriente eficaz y compartidamente la creación terminológica en España y en la América de habla española; hecho para el que no existen graves problemas de índole teórica, pero que exige una política lingüística bien orientada que facilite la creación paralela de voces técnicas en los distintos países de habla hispana[11]. La situación, tal y como la presenta Francisco Marcos Marín, no parece prometedora:

> La constitución de la Red Iberoamericana de Terminología RITerm, y la celebración de su Congreso bienal en la Rioja, a finales de 1992, han dejado al Consejo Superior de Investigaciones Científicas con la responsabilidad de coor-

[9] Tal y como señaló Havránek, según P. L. Garvin y M. Mathiot, "La urbanización del idioma guaraní. Problema de lengua y de cultura", en P. L. Garvin y Yolanda Lastra, *Antología de estudios de etnolingüística y sociolingüística,* México, UNAM, 1974, pp. 306-7. Para la importancia que la terminología en lo referente a la intelectualización de las lenguas, baste con citar dos libros fundamentales: J. C. Sager, *A Practical Course in Terminology Processing,* Amsterdam, John Benjamins, 1990 [hay traducción al español, con un capítulo adicional sobre la "Formación de términos en los léxicos especializados de la lengua española" de G. Clavería y J. Torruella, en la "Biblioteca del Libro" de la Fundación Sánchez Ruipérez, Madrid, 1993]; y M.ª T. Cabré, *La terminologia. La teoria, els mètodes, les aplicacions,* Barcelona, Les Naus d'Empuries, 1992 [existe traducción al español, al inglés y al francés].

[10] Nos encontramos a gran distancia de lo que se ha hecho en el dominio del catalán; de forma que no pocas veces hemos de acudir a los repertorios terminológicos catalanes para encontrar la solución más adecuada a un problema terminológico que se nos plantee en el ámbito del castellano.

[11] La creación de estas voces debería estar amparada en la aceptación de criterios lingüísticos comunes, avalados además por especialistas en los distintos campos de la ciencia y la técnica, con el fin de lograr un grado alto de aceptación social para las propuestas de orden terminológico.

dinar los trabajos para el bienio siguiente. Aunque lo conseguido hasta ahora no sea mucho, al menos hay cauces abiertos para la participación de todos los países ibéricos[12].

No puede sorprendernos, por tanto, que uno de nuestros mejores lexicógrafos haya escrito un juicio verdaderamente acre con respecto a la falta de comunicación entre los países de habla española, en lo referente a la terminología[13]:

> la cultura hispánica contemporánea sólo tiene un núcleo terminológico común a todas sus regiones cuando se trata de las ciencias que se desarrollaron después de los siglos XVII y XVIII, como la biología y la física, cuyas terminologías son fundamentalmente de raíz grecolatina. En cambio, cuando se trata de ciencias más modernas, cuyas terminologías proceden de lenguas modernas como el inglés, el francés o el alemán, cada país sigue las corrientes terminológicas que le dictan las influencias científicas a que está sometido [...] De ahí que la terminología científica hispánica sea caótica e impida, en realidad, la comunicación entre científicos hispanohablantes entre distintos países. En las ciencias contemporáneas y en las investigaciones llamadas «de frontera», casi no hay un vocabulario hispánico común.

Representa también un grave problema para una lengua estandarizada lo que unos prefieren llamar sentido de "autoenajenación" y otros de "deslealtad lingüística", actitud originada por la falta de orgullo de muchos de sus hablantes. Ciertamente, cuando se van perdiendo las reticencias entre España y América, porque se admite que no tiene por qué haber un único estándar, aflora la que se ha llamado "función separatista"[14], como consecuencia, la mayor parte de las veces, de la autoafirmación que mantienen hacia otras lenguas españolas sus propios hablantes;

[12] F. Marcos Marín, *Informática y humanidades,* Madrid, Gredos, 1994, p. 69.

[13] L. F. de Lara, "La complejidad léxica del español contemporáneo, desde el punto de vista internacional", en *Langues et societés en contact.* Mélanges offerts à Jean-Claude Corbeil, Tubinga, Max Niemeyer, 1994, p. 299.

[14] Lo uso en el sentido con que lo emplean P. L. Garvin y M. Mathiot, *art. cit.* , p. 308.

aunque no faltan ocasiones en que el desapego hacia el castellano no tiene más justificación que creencia en fantasmas, como se puede comprobar en el siguiente ejemplo, tomado de un periódico zamorano[15]:

> Nos llena de pesadumbre que la preocupación por los idiomas minoritarios [...] omita el idioma más cercano a Salamanca y su provincia y región, y que no exista, como sería lógico, una cátedra de lengua y literatura leonesas [...] Sabemos que se ha querido silenciar, antes y después del cambio, que existe la lengua leonesa.

Silencio precavido, cuando sencillamente tal lengua leonesa no existe.

Tan grave como la deslealtad lingüística son los cambios rapidísimos, mezcla de error y de cursilería, que se están dando en las lenguas. No es que este mal no existiera en el pasado; pero no se disponía entonces de tan formidables resonadores para reforzar la banalidad como son los medios de comunicación. Por ello puede un escritor como Manuel Vicent[16] evadirse de la dura realidad de las frases hechas, mediante unas cuantas palabras:

> en medio del atasco abro la ventanilla del coche y pronuncio algunos vocablos excelsos: hierba, tahona, agua, románico, granado, códice, y a bordo de ellos me voy muy lejos.

De la *hierba,* la *tahona* y el *agua,* nos van alejando cada vez más los inevitables *emerger, generar, tejido industrial, concreción* o *construccional;* nos va separando la falsa novedad, que oculta una sociedad fundada sobre una palabra embrollada, falsaria y convencional y que conduce a una aburrida uniformidad, es decir al empobrecimiento[17]:

[15] Lo cita (tomado de *El Correo de Zamora,* 23.3.83) J. Borrego, "Norma, variación y enseñanza de la lengua", en L. Alcalde y V. López, coord., *El área de lengua y literatura en la etapa 12-16,* CEP Salamanca, 1990, p. 148.

[16] M. Vicent, "Fugarse", *El País,* 26.2.95, p. 52.

[17] Hago mías las palabras de J. L. Enzine, publicadas en *Le Nouvel Observateur,* que reproduce J. M. Ullán, en *El País,* 24.2.95, p. 36.

> Por ejemplo, cuando escucho la radio, me sorprende el montón de palabras cruzadas. La mayor parte de cuanto se dice no parece tener más fin que aumentar la algarabía. Y en plena algarabía, se es pasivo. Que usted la padezca o que usted la amplifique, nada cambia. El verbo no sólo pierde fuerza, sino también color. Ya no existe el lenguaje maravilloso. La gente de los pueblos habla igual que los locutores de televisión. Y los pintores de brocha gorda ya no cantan; cuelgan un transistor de su escalera.

O la trivialización y desvalorización del lenguaje, a que se refiere Javier Marías[18]:

> se está produciendo una contaminación considerable, que no afecta al conjunto de la lengua –no podría–, pero sí al lenguaje periodístico y a determinados vocablos o expresiones que fueron fundamentales hace no mucho y que hoy van quedando [...] casi inservibles. Hasta cierto punto repugna hacer uso de ellos, están tan manoseados o ensalivados, tan usurpados, tan trivializados, pertenecen ya también a tantos miserables, que se siente la tentación de no volver a emplearlos o de cogerlos sólo con pinzas y guantes esterilizados. Todos sabemos que la mejor manera de desvalorizar una palabra es repetirla hasta la saciedad y abusar de ella (quién no ha jugado a decir una muchas veces seguidas hasta verle perder su significado).

A estos problemas se deben añadir los que proceden de la desconfianza muy generalizada que existe hacia cualquier apoyo que pueda darse a un idioma a través de la técnica, como si de algo antinatural se tratara, pues está bastante extendida la idea de que las lenguas han de confiar en sus propias fuerzas, máxime las que como la nuestra –tan extensas y tan bien amparadas por su literatura– parecen imperecederas. Algunos políticos y lingüistas de nuestro país suelen dar por sentado, casi con la seguridad con que se contempla el cumplimiento de las leyes físicas, que al español le aguarda un brillante futuro, garantizado por el gran número de sus hablantes; por lo que en vez de

[18] J. Marías, *El País,* 11.12.94, p. 13.

aplicar a nuestra lengua una determinada política lingüística –y no digamos nada de la "ingeniería lingüística"–, lo que deberíamos hacer con ella es dejarla en paz, mientras la jaleamos en repetidos homenajes, con los que parecería que se quisiera demostrar la veracidad del aserto de Jean Daniel de que "cada vez que un imperio retrocede, avanza el chovinismo"[19].

Que el español esté sometido a norma ha llegado a parecernos un hecho natural, cuando no es sino la consecuencia de la idea que las gentes de la Ilustración se hacían sobre la necesidad de unificar las lenguas, por encima de sus variedades dialectales, a través de la enseñanza, la imprenta y el lenguaje de la Administración. De hecho no puede considerarse que un idioma en cuyas gramáticas y diccionarios se da cuenta de una determinada norma, haya campado por sus respetos en la más completa espontaneidad.

Nuestro horizonte inmediato

Mejor que dejar las cosas como están es intentar mejorarlas. Y las cosas del español son, según hemos visto, el resultado del trabajo desarrollado para disponer de una norma estable, contenida en el diccionario y la gramática académicos. En ellos encuentra uno la seguridad de saber que no hay problema para emplear lo que en su momento fueron barbaridades, como *avilantez* con el significado de 'altanería' o *viable,* con el que hoy le da todo el mundo, o la grafía antietimológica que se ha adoptado *barrer, abogado* u *orzuelo.* Esto y la actitud prudente de la Academia, permite que nadie se sienta incómodo por sesear y hasta que no sorprenda el atrevimiento de Julio Cortázar de introducir en su prosa escrita el voseo. Gracias a la falta de tensiones en cuanto a la norma, no existen graves suspicacias entre esos aproximadamente trescientos millones que hablamos español en una veintena de países. Pero esto no permite contar con otro seguro para su futuro que el dudosamente eficaz de los buenos deseos; éstos pueden llevarnos a creer que un día estará de moda todo lo latino y con ello nuestra lengua, ya que:

[19] J. Daniel, *El País,* 10.8.95, p. 9.

> Los distintos organismos internacionales empezarán a utilizar el español sin ningún tipo de presión. Nuestro idioma está de moda y necesitarán de nuestra lengua[20].

Aunque nada nos demuestre que no vaya a ocurrir lo contrario:

> Llegará un día en el que el planeta sólo sea un gigantesco aeropuerto que difunda, por los altavoces, música y palabras anglo-americanas. Y de ese modo los hombres arraigados en esa cultura habrán olvidado la identidad misma de sus recuerdos[21].

Lo único cierto es que de poco le van a servir nuestros buenos deseos al español. Desde luego, en la actualidad no sirven para que nos entendamos en cualquier país del mundo en actividades tan simples como sacar un billete, pedir la llave de la habitación de un hotel o preguntar por una dirección. Aunque lo grave no es ésto, sino comprobar que el español cada vez se utiliza menos para hablar y escribir sobre la ciencia y la técnica, y en gran medida para las relaciones comerciales. En la universidad salmantina, en mi propio Departamento de Filología Española, empiezan algunos profesores a escribir sus trabajos en inglés, costumbre que está muy extendida en las Facultades llamadas de ciencias, pues saben los científicos que su consideración como tales se debe, en gran medida, a que sus trabajos sean conocidos, leídos y citados; y para ello es imprescindible que estén escritos en inglés. No creo que nadie se escandalice porque en los cursos del verano de 1994 organizados por la Universidad Complutense, se anunciaran varios desarrollados exclusivamente en inglés, sin ningún tipo de traducción, aun cuando un gran número de sus profesores fueran españoles:

> "Superredes", "Protein design: from experiments to computers", "Neurobiología del dolor", "Fullerenos", "Avances en oncología ginecológica", "400 años de matemáticas alre-

[20] Declaraciones de Odón Betanzos, director de la Academia Norteamericana de la Lengua, *ABC,* 24.1.94, p. 49.

[21] G. Steiner *En diálogo con Jahanbegloo,* trad. M. Serrat Crespo, Madrid, Anaya y M. Muchnik, 1994, p. 201.

dedor del teorema de Fermat", "Análisis del proceso evolutivo","La no linealidad y el desorden".

No hay que tener grandes dotes adivinatorias para suponer que los pequeños reductos de la investigación y de la divulgación cultural de los que se da cuenta todavía a través del español, han de pasar de forma irremediable, y no dentro de mucho tiempo, al inglés. Cuando esto llegara a ocurrir, el castellano quedaría para entendernos todos en el gueto de los culebrones y del sermón dominical; aunque también, al menos por un tiempo, en el refinado ámbito que ocupa la literatura. Vendría de ese modo a repetirse la situación con la que rompió el español en el comienzo de la historia moderna: solo que si entonces era el latín el que servía para la comunicación científica y literaria, sería ahora el inglés el que desempeñaría esa función. No creo que se presentaran demasiados problemas para que, en la parcela de lo literario, alternara el inglés por un largo periodo de tiempo con nuestro vulgar ilustre, el cual tiene, por otro lado, asegurado su uso en la aventura de la comunicación cotidiana.

Las posibilidades que abre la ingeniería lingüística

El futuro no parece prometedor, a menos que lo que suele designarse como "ingeniería lingüística" pudiera alterar la situación de nuestras lenguas, pues bastaría con que la informática facilitara la comunicación intralingüística para que cambiaran notablemente las relaciones entre los idiomas del mundo. Tal vez se conseguiría, si fuese hacedero, por ejemplo, realizar la *traducción automática* –sintagma cuyo sentido es hoy por hoy metafórico– de textos científicos y técnicos del español al inglés, para que los investigadores de nuestro país volviesen a escribir sus trabajos en español, a sabiendas de que, escritos en su propia lengua, los colegas de ese "laboratorio global" que es una determinada disciplina científica, podrían leerlos igualmente en las suyas. Claro está que la traducción automática no ha de salir de la nada, sino que exige un trabajo lento y cuidadoso en el campo de la tecnología lingüística (lo que se conoce también como "industrias de la lengua") y, de un modo muy concreto, en el de la terminología, tal y como explica Philippe Rossillon, secretario general de la Unión Latina[22]:

> es necesario que el castellano, el francés y las otras lenguas surgidas del mosaico romano puedan servir para la comunicación internacional en los ámbitos científico, técnico, financiero, etcétera. Esto implica traducir del inglés y al inglés, y para ello hacen falta terminología e industrias de la lengua; en suma, algo muy diferente al simple trato «académico» que le dan tradicionalmente a la lengua los latinos.

Que resulte imposible traducir automáticamente *El Quijote* al inglés no implica que no sea factible traducir un artículo de química o de radiología o de semántica entre dos lenguas, tal y como lo supo explicar Luis Michelena con su envidiable sentido común[23]:

> Parto del supuesto, nada original, de que las lenguas y la traducción entre ellas, por consiguiente, se mueven entre dos polos: la prosa utilitaria, de una parte, en que las dificultades de versión (sobre todo de léxico, fáciles en último extremo de salvar) son mínimas, y de la otra, la lírica en que la única traducción posible es la recreación, porque la forma verbal es tan esencial como el contenido. Y, como según el dicho de los viejos progresistas españoles, la metafísica tiene una cierta propensión a moverse de tejas arriba, al igual que los gatos, no tendría inconveniente en conceder que bastante de lo que se llama metafísica es, en el fondo, poesía lírica de mejor o peor calidad.

Pero para lo que no es lírica o metafísica necesitamos urgentemente poner nuestra lengua a la par de otras, en las que se está desarrollando una intensa actividad relacionada con la

22 Ph. Rossillon, *El País,* 4.4.94, p. 14.

23 L. Michelena, "Color y sonido en la lengua", en *Lengua e historia,* Madrid, Paraninfo, 1985, p. 177.

terminología[24] y con su adaptación a las posibilidades que brinda la informática[25].

La traducción automática

Con el fin de contar con el apoyo de la informática en la traducción de esa "prosa utilitaria" que sirve para la exposición del pensamiento científico y técnico, se requiere cumplir una serie de condiciones –difíciles de conseguir, pero no imposibles– como es la de disponer en las lenguas entre las que se pretende traducir, de descripciones sintácticas fiables, que tengan como punto de mira la exhaustividad; de diccionarios adecuados, explícitos y bien ordenados; y de bancos terminológicos actualizados. Todo lo cual tiene menos que ver con lo técnico que con la investigación lingüística previa que se ha de acometer en las dos lenguas. La informática resulta, por lo tanto, una condición necesaria para la traducción automática, pero no suficiente.

Claro está que el tipo de lengua que describen esas gramáticas y diccionarios a que acabo de referirme ha de responder al empleo real y más general posible, y no exclusivamente a usos restringidos de un determinado grupo social o regional, ni debe reducirse a un determinado registro formal, etc. El acceso a esta realidad lo podemos hacer a través de *corpus* lingüísticos cuya selección de textos y cuyo tamaño los haga representativos del uso. Con un corpus bien hecho, resulta difícil seguir confiando –lo ha escrito R. Quirk en algún lugar que ahora no recuerdo– en la mera especulación para tomar decisiones en cuanto al uso y significado real de una determinada palabra.

De ahí que muchos problemas de la traducción automática encuentren una solución en que el corpus de que dispongamos

24 A pesar de ella no es posible seguir el ritmo tan fuerte en la creación de tecnicismos que se desarrolla en inglés; lo que explica por qué, en la mayor parte de los casos, las lenguas no suelen resistir la tentanción de adaptar sin demasiados remilgos las voces inglesas (vid. C. HAGÈGE, *op. cit.*, p. 43).

25 Cf. F. Marcos Marín, "La inteligencia artificial: Descripción y planteamientos humanísticos", *Razón y fe*, nº 1056 (1986), p. 165. Resulta sumamente instructivo para un ámbito mayor de lo que hace pensar el título, el artículo de R. Cerdà, "Lexicografía i intel·ligencia artificial", *Cap i Lletre*, nº17 (1994), pp. 81-108.

sea un buen reflejo de la realidad del uso. Se entenderá fácilmente con un ejemplo:

> Para que una máquina traduzca del español a otra lengua: "franquéame la carta cuanto antes", tiene esa máquina que contar con un diccionario. En él debería constar de algún modo que cuando *franquear* convive en un texto con una palabra como *carta,* lo normal es que signifique 'poner sellos', mientras que si se junta a otras palabas, como *puerta,* lo normal será también que signifique 'sortear un obstáculo'. Podría esa máquina, incluso, decidir entre una u otra acepción de *franquear,* aun cuando el contexto fuera tan insuficiente como en "... lo franqueé inmediatamente ...", pues en este caso la frecuencia que tienen los distintos significados de *franquear* en los distintos tipos de textos en que aparece, llevaría a elegir el de más alta frecuencia. Claro está que si "alguien franquea con una carta la puerta...", lo normal, en el planteamiento que hemos hecho, es que la máquina se confundiera y tradujera mal, hasta que no mejoráramos la información que le habíamos dado previamente...

La simplificación que acabamos de hacer permite comprender cómo, sin que se lleguen a suprimir todos los problemas, los fracasos serán menores cuanto mayor sea el refinamiento de las descripciones lingüísticas con que contemos. Lo que no puede hacer una máquina es tomar una decisión con respecto a la organización que los diccionarios de uso dan en la actualidad a las palabras.

Los corpus lingüísticos

La representatividad de los corpus:

Para saber qué palabras se emplean en una lengua y con qué sentido, cuáles son propias de un determinado lugar, cuáles se consideran formales, anticuadas o rabiosamente neológicas, cuáles se reputan como cultas, es decir, para conocer el uso real que los hablantes hacen de una lengua, no podemos suponer que una sola persona, aunque se trate de un gramático muy afamado, y ni siquiera un grupo de ellas, por muy cultos que sean sus integrantes, pueden dar cuenta por medio de la introspección de la realidad de la lengua. Estamos más cerca de esa realidad de los usos lingüísticos, si somos capaces de allegar una muestra representativa –aunque, naturalmente, parcial– de ellos, por medio de una serie de textos, a cuyos datos tendremos un acceso cómodo si somos capaces de someterlos a un buen tratamiento informático. Es lo que se conoce como un *corpus textual*[26].

No disponemos en español de corpus lingüísticos comparables a los dos de más de cien millones de palabras[27] con que se cuenta en la lengua inglesa[28] o el de cien millones y medio de la francesa[29], o el de cincuenta millones en la catalana[30]; aunque las muestras de estas dos últimas lenguas están tomadas, según se ha señalado en nota, de un periodo de tiempo superior a un siglo. Los corpus ingleses que acabo de citar son cualitativamen-

[26] G. Leech hace una acertada caracterización de los corpus lingüísticos en "The State of the Art in Corpus Linguistics", en K. Aijmer y B. Altenberg, *English Corpus Linguistics. Studies in Honour of Jan Svartvik*, Londres, Longman, 1991, pp. 8-29; para la diferencia entre *corpus textuales* y *corpus de referencia*, vid. M. Alvar Ezquerra y G. Corpas, "Criterios de diseño para la creación de córpora", en M. Alvar y J. A. Villena, coord., *Estudios para un corpus del español*, Málaga, Universidad de Málaga, 1994, p. 31-33.

[27] El uso que hacemos de *palabras* referido a los corpus lingüísticos, no implica que todas las palabras que aparecen en ellos sean distintas entre sí; se trata de lo que suele designarse como *palabras ortográficas, ocurrencias*, etc.

[28] El *British National Corpus* (de la universidad de Lancaster y la editorial Longman) pasa de los 100 millones, vid. R. Quirk, "On Corpus Principles and Design", en J. Svartvik, ed., *Directions in Corpus Linguistics*, Berlin, Walter de Gruyter, 1992, pp. 457-469. El *Bank of English* (de la universidad de Birmingham y la editorial Harper-Collins) presentado en julio de 1994, llega a los doscientos millones. Incidentalmente, los fondos públicos no han supuesto para la confección de estos corpus más de un 50% del coste total.

[29] El *Tresor de la Langue Française* cuenta con unos ciento cincuenta millones de palabras, procedentes de dos mil textos, del periodo que va desde el XVII hasta la actualidad.

[30] Se trata del *Corpus General de Referència de la Llengua Catalana*, realizado en el Institut d'Etudis Catalans, bajo la dirección de J. Rafel. Este corpus se ha hecho sobre textos completos, publicados entre 1833 y 1988; en la actualidad están lematizados unos de treinta y dos millones de palabras. Vid. J. Rafel, "Un corpus de referència de la llengua catalana", *Caplletra*, nº17 (1994), pp. 219-250. He de agradecer las facilidades que se me han dado siempre para acceder a los datos de este corpus, así como a la información referente a su diseño y mantenimiento.

te representativos de los usos actuales, pues se han tomado de distintos tipos de textos en una proporción adecuada (en el plano diastrático, de registro, etc.[31], dando entrada, claro está, a textos orales); y son también representativos desde un punto de vista cuantitativo, por el número de palabras que contienen[32]. Para que estos corpus sigan siendo en el futuro representativos del uso han de revisarse periódicamente, con el fin de sustituir en ellos los textos más antiguos por otros recientes.

La accesibilidad de los corpus:

Me he referido machaconamente a la representatividad como cualidad fundamental que hay que tener en cuenta para confeccionar un corpus; lo más importante para su uso es, en cambio, su accesibilidad. Para lograrla necesitamos disponer de herramientas informáticas que permitan organizar adecuadamente los textos: comenzando por ordenar alfabéticamente sus palabras, por medio de concordancias; agrupando después las distintas actualizaciones de una palabra bajo un mismo lema (a ser posible por medio de lematizadores); y terminando por presentar el material lematizado con una parte suficiente de texto, que permita ver el contexto en que aparece la voz. Pero aun así, un lexicógrafo tardaría varios días en ordenar los miles de ejemplos que se acumulan para muchas palabras. Necesita por ello que la informática le ayude a organizarlas, teniendo en cuenta algunos hechos externos, como las obras en que aparecen las voces, los distintos registros lingüísticos a que pertenecen; o bien otros internos, como las palabras que acompañan al lema, las diferentes formas que aquellas adoptan, la distinta situación sintáctica en que se muestran, etc. Y aun así el lexicógrafo tendrá que seleccionar aleatoriamente sólo una parte del material, den-

[31] Se entiende que en estos corpus que tratan de dar cuenta de los usos reales de la lengua, las obras literarias –donde aparecen los usos marcados de los escritores– tengan menos peso del que han tenido en la lexicografía tradicional.

[32] "Según Pierre Guiraud, una compliación de 300.000 ocurrencias (*tokens*) no ofrece garantías más allá del rango 500, ni más allá del 1000 cuando se trata de un millón de palabras, ni más allá de 2.000 a 3.000 con una muestra de cinco millones", cit. por M. Alvar Ezquerra y G. Corpas, *art. cit.* en M. Alvar y J. A. Villena, coord., *Op. cit.,* p. 32.

tro de cada grupo, si quiere llegar a manejar en un tiempo razonable toda esta enorme cantidad de información.

La accesibilidad a un corpus y la correcta valoración de los elementos que aparecen en él, exige que se siga en su confección un cuidadoso proceso de marcación. Este proceso se realiza en dos niveles distintos: en primer lugar introduciendo una serie de marcas documentales que permitan dar cuenta de la situación de las palabras en un texto (por ejemplo, si aparecen en un título, si pertenecen al pie de una foto, si forman parte de un diálogo, si están entrecomilladas o en cursiva o dentro de una cita, si han sido incorporadas como voces extranjeras, etc.), pues esta situación condiciona su construcción y hasta su significado. En la mayor parte de las lenguas se recurre a las mismas marcas textuales, contenidas en el SGML (Standard Generalized Markup Language), con el fin de poder intercambiar información interligüística en soporte magnético[33].

El uso que ha de darse a un corpus puede exigir, en segundo lugar, que se desvele una parte de la información lingüística que permanece escondida entre las palabras, dotando a éstas o a las unidades más amplias en que se integran, de una serie de etiquetas. Estas etiquetas pueden dar cuenta de la categoría gramatical (si se trata de un sustantivo, preposición, adjetivo), del tipo de sintagma (si es un sintagma nominal, preposicional, etc.) y hasta del funcionamiento de estas unidades en una oración (pues un sintagma nominal puede funcionar como sujeto, como complemento, etc.). Se pueden mostrar por medio de estas etiquetas también algunos rasgos semánticos de las palabras (lo que permite deshacer cualquier tipo de ambigüedad léxica); o las funciones semánticas de los elementos que constituyen una oración; y hasta establecer una serie de nudos semánticos, útiles para el trabajo de lexicógrafos y gramáticos, que pueden incluso servir para el almacenamiento y localización de textos. Resulta posible incluso, dotar de marcas pragmáticas a un texto, de forma que se puedan ver las relaciones que existen entre sus partes.

Un corpus bien etiquetado es mucho más útil que uno sin etiquetar; así la categoría gramatical puede permitir saber si una

[33] Vid. J. M. López Guzmán, "Niveles de representación de textos escritos", en M. Alvar y J. A. Villena, coord., *Op. cit.*, pp. 63-71.

palabra (*canto,* por ejemplo) es un sustantivo o un verbo, del mismo modo que conocer su comportamiento sintáctico puede dirimir no pocos problemas referentes a su significado; pero es muy distinta la necesidad que con respecto a esto tiene el lexicográfo que quien se dedica a la traducción automática. De ahí que varíe mucho el etiquetado de los corpus, en función de los objetivos a que se pretende llegar con ellos. Etiquetar un texto exige partir de una determinada teoría lingüística; sin la que la marcación que hiciéramos podría convertirse en un verdadero disparate. Se entenderá por ello que en la preparación de estos materiales que pertenecen a la tecnología lingüística, aunque la informática esté por medio, resulta imprescindible contar con el tino del lingüista. ¿Quién, si no, ha de resolver problemas técnicos, como etiquetar unidades discontinuas, junto a otros derivados de las diversas interpretaciones que se puede dar a algunos componentes de un texto? Lo grave es que para resolver estos y otros muchos problemas se necesita consumir muchísimo tiempo[34]; al menos, hasta que se pueda hacer esta labor de una manera automática o semiautomática[35].

Con qué corpus podemos contar:

No sólo los lexicógrafos y gramáticos nos servimos para nuestro trabajo de corpus textuales, pues también necesitan disponer de ellos los especialistas en inteligencia artificial, en medicina o psicología... En todos estos casos es necesario promediar las ventajas que se derivan de contar con corpus textuales de gran tamaño, con el coste que supone su construcción, mantenimiento y actualización, e incluso con una más difícil accesibilidad. En muchos casos, con corpus de pequeño tamaño se han realizado obras de no poco interés en el dominio de la lexicografía y de la gramática, como ocurre con el proyecto COBUILD (en que ha

[34] Lo que explica que el etiquetado se haga sólo sobre una pequeña parte –que no suele pasar del millón de palabras, y en muchas ocasiones no llega a las cien mil– de los grandes corpus.

[35] Vid. J. M. Sinclair, "The Automatic Analysis of Corpora", en J. Svartvik, ed., *Op. cit.,* pp. 379-400; y R. Garside, "The Large-Scale Production of Syntactically Analysed Corpora", en *Literary and Linguistic Computing,* VIII (1993), pp. 40-45.

participado la universidad de Birmingham y la editorial Collins), iniciado hace ya bastante más de diez años por J. M. Sinclair[36]. Con un corpus de siete millones de palabras, más el doble de palabras de reserva, se han podido confeccionar gran cantidad de materiales lexicográficos y gramaticales, de gran interés para la enseñanza del inglés como segunda lengua. Corpus de no muy gran tamaño existen en el dominio alemán (por ejemplo el *Manheim Corpus* de ocho millones de palabras del alemán escrito, del *Institut für Deutsche Sprache* de Manheim), italiano (por ejemplo el de tres millones y medio de palabras del *Istituto de Linguistica Computazionale* de Pisa) y portugués...

En el caso del español[37] la Real Academia Española se dispone a confeccionar un corpus sincrónico (CREA) de un tamaño que no tenga que envidiar a los mayores ingleses, a la vez que afronta la tarea de cambiar su fichero manual por un gran corpus diacrónico en soporte magnético (CORDE). Por otro lado, en algunas editoriales, como SGEL[38] o VOX[39], existen desde no hace mucho tiempo pequeños corpus, que han sido empleados ya en

[36] Vid. J. M. Sinclair, ed., *Looking Up. An account of the COBUILD Project*, Londres, Collins, 1987, particularmente el cap. I de A. Renouf, "Corpus Development", pp. 1-32.

[37] Vid. los datos que proporciona el *Informe sobre recursos lingüísticos para el español: Corpus escritos y orales disponibles y en desarrollo en España,* que ha publicado el Instituto Cervantes en 1994 [que se actualizará en 1995]. Estos datos proceden de las respuestas dadas –algunas de ellas con una sorprendente imaginación– a una encuesta llevada a cabo por el Instituto Cervantes durante el curso 1993-4. Vid. también J. M. López Guzmán, "Adquisición y reusabilidad de materiales en la creación de corpus", en M. Alvar y J. A. Villena, coord., *Op. cit.,* pp. 51-62; F. Marcos Marín, *Informática y humanidades,* ed. cit., pp. 79-178 (de un modo particular las pp. 82, 115, 143 y 148) proporciona datos de interés sobre los corpus del español de España y América, hechos a partir de textos orales y escritos, en los que este lingüista ha participado. Para el corpus oral de la Universidad de Valencia, vid. A. Briz, coord., *La conversación coloquial. Materiales para su estudio,* Cuadernos de Filología, Anexo 16, Universidad de Valencia, 1995.

[38] Vid. A. Sánchez, Teresa Espinet *et al., Corpus lingüísticos del español contemporáneo. Cumbre,* Madrid, SGEL 1995. Contiene ocho millones de palabras.

[39] Vid. M. Alvar, en colaboración con M.ª J. Blanco, "Creación de un corpus textual del español", en prensa en las Actas del *Simposio de la Lengua Española. Ciencia y Tecnología,* Barcelona, octubre de 1991, trabajo del que representa una segunda versión el publicado por ambos autores y F. Pérez, "Diseño de un corpus español en el marco de un corpus europeo", en M. Alvar y J. A. Villena, coord., *Op. cit.,* pp. 9-29 ; cf. del mismo M. Alvar, "El centro de lexicografía Vox (CELEX)", *Español Actual,* nº 59 (1993), p. 26.

algunos de sus diccionarios. Con una muestra textual mucho más pequeña aún, Josse de Kock ha dado cuenta de algunas características gramaticales del español actual, referentes a los tiempos verbales, al uso de ser y estar, a los pronombres, etc., muy útiles para el aprendizaje de nuestra lengua; del mismo modo que Guillermo Rojo ha afrontado la creación de su *Base de datos del Español actual* con aproximadamente un millón y medio de palabras[40].

Mi valoración claramente positiva de estos productos de la tecnología del lenguaje que son los corpus no ha de servir para ocultar que se trata de meros complementos del trabajo lingüístico, con los que nunca se puede suplir las tareas que han de realizar lexicógrafos y gramáticos. Si he querido fijarme en el valor puramente instrumental de los corpus, quisiera relativizar también para el momento presente, las dificultades que en el pasado suponía adentrarse por estos caminos, a causa, sobre todo, de las fortísimas inversiones que había que afrontar: en un futuro muy próximo parece irremediable que se abarate la construcción de los corpus, por el descenso permanente que experimentan los precios de los productos informáticos, junto a la mejora paulatina de su calidad (lo que se refleja en las mayores facilidades que existen para la introducción de los datos en el ordenador, en el aumento considerable de capacidad de almacenarlos, en la mayor rapidez de acceso a ellos, y en las posibilidades de organizarlos gracias a nuevas herramientas informáticas). Aparte de que cada vez se justifica menos organizar un corpus de espaldas a una gran editorial[41] que pueda proporcionar todos sus fondos, bien en las propias cintas de fotocomposición, bien en soporte de papel, para ser escaneado[42].

La conversión de voz en texto

He partido de la traducción automática como indicio de las posibilidades que la técnica informática abre a las lenguas. Son,

[40] Vid. G. Rojo, "La base de datos sintácticos del español actual", *Español Actual*, n.º 59 (1993), pp. 15-20.

[41] No es casual que los dos grandes corpus del inglés estén ligados a dos grupos editoriales.

[42] Vid. J. M. López Guzmán, "Adquisición y reusabilidad...", en M. Alvar y J. A. Villena, coord., *Op. cit.*, pp. 47-51.

sin embargo, muchos más los cambios que se prevén en este terreno: por medio de un ordenador se puede llegar a transformar en texto escrito lo que se dicte, es decir convertir la voz en texto; del mismo modo que se puede lograr lo contrario, la transformación del texto escrito en texto hablado. A poco que mejoren y se generalicen las aplicaciones informáticas desarrolladas para estos usos, se notará el efecto que estos cambios pueden tener sobre nuestra lengua. Bastaría con que a la máquina de traducción automática a que nos hemos referido antes, le añadiéramos a la entrada ese conversor y el conversor contrario a la salida, para que una persona pudiese dictar en español, y que su dictado se tradujese a otra lengua, en forma de texto oral; y si tales tareas se llegaran a realizar a una velocidad razonable, nos permitirían comunicarnos telefónicamente, en determinadas situaciones, con una persona de cuya lengua no tuviésemos ningún conocimiento, ni ella de la nuestra. Entre las posibilidades que la conversión de texto en voz abre para las lenguas no quiero olvidar –y no es necesario que me detenga en ello– la importancia que tiene para los ciegos.

Es esperable que posibilidades como éstas, que están lejos de pertenecer al dominio de la ciencia ficción, disgusten a algunas personas, que pensarán que todo esto conduce a la pérdida de las responsabilidades ortográficas, con las que se valoran en la actualidad los conocimientos de los escolares, de los universitarios y hasta de los doctorandos. Pero hay que contar con que dichas expectativas se harán reales en el futuro, del mismo modo que es irremediable aceptar que los jóvenes han perdido en el presente la facilidad que las personas de mi generación teníamos para sumar, restar y multiplicar mentalmente. ¡A otras máquinas, las calculadoras, hay que achacarles la responsabilidad de esta situación! Ciertamente, si pudiéramos dictar con comodidad nuestros escritos, desaparecerían las faltas de ortografía, que la máquina resolvería por su propia cuenta; pero esto debería contemplarse como una ventaja y no como un problema, salvo si tomamos la buena ortografía, que en la actualidad refleja una buena cultura, por la cultura misma. De hecho no siempre ha existido esta consideración hacia el conocimiento de la norma gráfica, que muchas veces no ha tenido más valor que el que se da a la buena letra. Por ejemplo, en las anotaciones manuscritas que el Marqués de Santillana hizo a algunos textos de su biblioteca, aparecen usos gráficos distintos a los normales de la época, a la vez que su ductus destaca claramente por su inseguridad, frente al de los buenos copistas que trabajaban a su servicio. Son consecuencias del poco hábito de copiar –que no de escribir–, pues se trataba de una tarea mecánica que un escritor no tenía por qué realizar bien, como hoy no es imprescindible que un intelectual sepa escribir a máquina. En el Siglo de Oro no estaba mal visto que los impresores corrigieran la ortografía de los escritores, e incluso en algunos casos asumían contractualmente la obligación de realizar esta tarea. Y ya en nuestro propio siglo, no ha sido infrecuente que un buen escritor se rindiera a las correcciones que le hiciese un buen linotipista. Al fin y al cabo lo que puede llegar a ocurrir es que se generalice para todo el mundo la situación que, con respecto a la escritura, tienen en la actualidad las personas que dictan su correspondencia a un secretario y encomiendan sus pensamientos a la pequeña compañía de un dictáfono.

A mí, para quien la pluma estilográfica supuso el gran alivio de poder olvidarme de los palilleros, y que recibí el invento del bolígrafo con tanta complacencia como desazón mostraron mis profesores hacia él, me hubiera parecido impensable una educación como la que se da ahora, en la que los alumnos no necesitan dominar la traidora propensión que tenían las plumillas a repartir borrones por los textos, cuando menos se lo esperaba uno. Hoy es asunto que preocupa a la gente tan poco como nos preocupaba a los niños de mi generación saber lo que para un escolar del siglo XVI resultaba un conocimiento indispensable: cómo había que hacer tinta común, cómo se elegía un papel de buena calidad, de qué aves había que tomar las plumas, y hasta las distintas formas en que éstas se podían cortar[43]. Del mismo modo ha de ser bien recibida la posibilidad de que en el futuro un alumno se despreocupe de si se escribe *exhausto, bisagra* o *falleba,* ante la falta de opciones para elegir una forma

[43] En la *Doctrina Christiana del Ermitaño y Niño,* compuesta por Fray Andrés Flórez, en 1552, que contiene un "Arte para bien leer y escrivir", hay una cuidadosa relación de este tipo de hechos.

incorrecta: tiene para ello la misma falta de libertad que tenemos nosotros para fabricar la tinta, el papel o la pluma.

La continuación con el pasado

Corpus, traducción automática, conversión de voz en texto, diccionarios electrónicos, bancos terminológicos. ¿No supone esto complicarnos innecesariamente la vida? Sí, ciertamente, al menos tanto como se la complicó Nebrija al escribir su gramática y se la han seguido complicando gramáticos y lexicógrafos a lo largo de la historia. Los problemas hoy son del mismo tipo que los del pasado, sólo que con teorías más sólidas, con medios técnicos antes impensables, y con mejores posibilidades de acceso a los datos. En el fondo, se trata de una de las vertientes de la planificación lingüística, que ha de afrontar en el futuro muchas más tareas de las que le cupo atender en el pasado.

La lengua, camino hacia la libertad

Los que acabamos de mostrar no son los únicos caminos que la informática abre a nuestra lengua: son asombrosas, por ejemplo, las posibilidades de almacenar datos y de acceder a ellos, combinándolos además en forma de hipertexto, es decir haciendo convivir imágenes, signos gráficos y sonidos; a la vez que "navegar" interactivamente por las que se conocen como autopistas de la información. Todo lo cual permite el acceso a la información en unas condiciones cualitativas y cuantitativas impensables hace muy poco tiempo; lo que supone no sólo un cambio en la manera de trabajar de la gente –periodistas y científicos, por ejemplo– sino también la posibilidad de romper con la exagerada dependencia que ha existido hacia las ideas de los grandes grupos de intereses que controlan los productos salidos de la imprenta.

Hasta ahora la mayor parte de los escritores estaba demasiado condicionada –y sigue estándolo– por ese complejo entramado económico e ideológico que es una editorial; de forma que publicar un libro exige recorrer un largo camino, en el que hay que soslayar lo que los editores pueden ver como riesgos ideológicos, estéticos y económicos. Cualquier tipo de heterodoxia, de ruptura con las ideas esperables, puede originar que un libro no llegue a editarse. Lo que se publica es, pues, producto de unos determinados gustos formados en el posibilismo de las ideas aceptables y aceptadas, impuestas por un pequeño grupo de personas; y lo que se lee se encuadra en los mismos márgenes de libertad que permite la autocensura con respecto a esas ideas posibles. En estas condiciones las vanguardias rara vez son más que un amago estético de romper con lo establecido. Los hechos son particularmente graves cuando llegamos al mundo de la mera información, en el que las empresas, concentradas en muy pocas manos, pueden condicionar sin ningún miramiento unas noticias en las que todo es problemático: su elección, su ordenación y, desde luego, la valoración de su contenido.

De tanto oír una noticia, de tantas vueltas como se le da a lo largo del día, de tanto repetir la misma valoración sobre ella, de tanto centrar en un intrascendente rincón de la "aldea global" lo acaecido, de tanto impedir que cada uno levante la mirada hacia donde le venga en gana, estamos logrando convertir las lenguas en vehículos de la banalidad y del conformismo, reservando para nuestra conversación la mera función de contacto. Relegar al plano de la pura intrascendencia muchas informaciones ciertas y relevantes ha sido la gabela con que se ha tenido que contribuir a un mundo de la comunicación cada vez más rápido y abarcador, pero también más mediatizado por la pura economía. En estas condiciones resulta impensable la posibilidad de considerar los textos como bienes comunes de los que todos puedan participar; pero el hecho es que un ordenador y una línea de comunicación como INTERNET permite difundir las propias ideas, darle vueltas a las ajenas y vivir, entre las rejas de la técnica, en una situación bastante semejante a lo que hace unos pocos años hubiéramos entendido por libertad.

> Aunque suene a utopía tecnológica, la tendencia hacia la descentralización e individualización de los medios de comunicación hará difícil la manipulación de información

> por parte de unos pocos puntos de emisión centralizada. Tales medios tecnológicos estarán en funcionamiento antes de diez años, tiempo infinitesimal en una perspectiva histórica. La sociedad de la comunicación generalizada y descentralizada es el único antídoto real a la falta de transparencia en el uso de los medios de comunicación[44].

Y del mismo modo que cambia la situación del lector o escritor por las posibilidades que da la informática, cambia su mismo acceso a los textos, la capacidad de ampliar hacia el infinito sus elecciones:

> Dentro del ordenador han surgido medio centenar de boletines propios respondiendo a los intereses de los *conectados* y 60 periódicos y revistas, los más prestigiosos de Estados Unidos, se difunden a través del soporte electrónico. Día a día se suman más bancos de datos, más centros o agencias difundiendo información o demandándola.

Y la posibilidad misma de romper con una interpretación de la realidad a que nos llevan los *media:*

> La cibernética procura la personalización de los productos en la información y atiende a los gustos diversos y cambiantes de los pequeños grupos. Dentro de las grandes redes, los individuos se reúnen en comunidades cruzando nacionalidades y continentes, combinando intereses de religión, etnias, obsesiones, enfermedades crónicas, el amor por la pornografía o por las plantas. La educación normalizada se transforma gradualmente en una secuencia de elecciones que constituirán modelos cada vez más variados. En los Estados Unidos se discute ya la pervivencia de una formación homogeneizada y pública ante las prestaciones que los estudiantes están recibiendo en su interacción con la pantalla[45].

Ya no resulta una utopía consultar a través del ordenador el catálogo de una biblioteca, ni es obligatorio deambular por los

[44] M. Castells, *El País,* 24.1.94, p. 13.
[45] Ambos textos proceden de V. Verdú, *El País,* 2.11.94, p. 14.

libros de una manera lineal –tal y como escribimos, tal y como leemos– sino que podemos recorrerlo por un sistema de relaciones entre todos sus elementos que se asemeja (o, si se prefiere, parodia) un poco al funcionamiento de nuestros procesos mentales.

La lengua y la tan temida técnica se han unido para abrir un poco los caminos de la libertad. Lo cual es sumamente importante en un momento histórico en que –cometo la injusticia de basarme en las medidas del mundo desarrollado– predomina el ocio sobre el trabajo, el conocimiento sobre el esfuerzo; aunque también es cierto que el futuro que se nos avecina puede presentar riesgos hasta ahora impensables. Por ello, si nunca como ahora ha sido posible la cultura, nunca como ahora es tan necesaria; aunque sólo sea para no perdernos en el laberinto de posibilidades que proporcionan los *media,* sin saber dónde están las puertas del discernimiento, que son las del disentimiento, pues podríamos acceder, a poco que nos descuidásemos, a un mundo inventado, acrítico, en el que se renunciase a cualquier otra elección que no fuera la del juego permanente de coleccionar una información imposible de digerir.

No está de más rematar éstas más cautas que apasionadas consideraciones sobre la libertad, con una sencilla pregunta, que tiene no poco que ver con el propósito de este trabajo: ¿es el español la lengua más adecuada para introducirnos por una red como INTERNET? A sabiendas de que no es necesario dar una respuesta para extraer conclusiones de ella.

De vuelta al presente

A pesar del remate con el que se cierra el apartado anterior, nos hemos escapado en ese apartado, por unos momentos, del marco concreto de la lengua española para mostrar que la técnica permite el empleo de las lenguas en soportes muy diferentes a los tradicionales. Vamos a continuar de nuevo con el futuro del español.

En la antesala de la revolución técnica

Puede resultar impertinente hablar de "ingeniería lingüística" aplicable a nuestra lengua, cuando todavía no se ha desarrollado sobre ella un tipo de trabajos que la separan muchísimo de otras lenguas, como el inglés. Se ha señalado –y es un juicio que dista mucho de ser justo– lo poco propensos que fueron nuestros antepasados a estudiar la gramática de su lengua, así como la falta de materiales que tenían para hacerlo[46]:

> A la falta de traducciones, y de su manejo, por raras, imperfectas o desconocidas, debemos agregar la de una gramática filosófica [...] ¿Qué ventajas pueden haber dado a la lengua unos escritores, que tal vez no estudiaron su lengua, ni aun en su mayoría de edad? Así es de inferir de lo que sentó en 1714 el autor anónimo de la *Jornada de los coches de Madrid a Alcalá,* pág. 929. «Viste, dice, algún español que estudie la gramática española; ni se entendió jamás que la lengua materna ha menester gramática?» Pero desengañémonos, que si las artes fueron posteriores a los conocimientos; éstos no pueden perfeccionarse, ni aun propagarse sin aquellas: y careciendo aún de una gramática analítica y razonada, se podrá saber el mecanismo de la lengua; mas no será fácil mejorarlo [...]
>
> Sin un diccionario tampoco se puede poseer lengua alguna sin un trabajo inmenso: y los que hubo hasta la época en que la Academia española empezó a trabajar el suyo, fueron aún más informes que el de ésta.
>
> La falta sola del diccionario de sinónimos basta para que la lengua no haya llegado al punto de precisión a que pudiera alcanzar. No diré que otras naciones lo posean, pero es innegable que han trabajado en la materia más que nosotros.

Y en el presente las descripciones léxicas y gramaticales con que contamos dejan mucho que desear y no admiten ninguna comparación con lo que ocurre en inglés. Sin moverme de mi

[46] J. L. Munárriz, traducción de: Hugo Blair, *Lecciones sobre la retórica y las Bellas Letras,* vol. I [3.ª ed.], Madrid, Ibarra, 1816, pp. 220-221.

despacho tomo algunos libros ingleses de las estanterías, cuya referencia doy a continuación:

> Quirk, S. Greenbaum, G. Leech, J. Startvik, *A Comprehensive Grammar of the English Language,* Londres, Longman 1985. *Oxford English Dictionary,* 2.ª ed., 20 vols., Oxford 1987. *Webster's Enciclopedic Unabridged Dictionary of the English Language,* Nueva York, Gramercy, 1989. M. Benson, E. Benson y R. Ilson, *The combinatory Dictionary of English. A Guide to Word Combinations,* Amsterdam, John Benjamins [1.ª ed, 1986], 1993. Randolph Quirk, *Language Activator. The World's First Production Dictionary,* Essex, Longman, 1993. J. Sinclair, ed., *English Language Dictionnary,* Collins COBUILD, Londres 1987. *Cambridge International Dictionary of English,* Cambridge University Press, 1995.

Para recorrer el camino de la "ingeniería lingüística" emprendido por otros idiomas, lo primero que necesitaríamos sería disponer de un tipo de gramáticas y diccionarios como los anteriores, inexistentes de momento para el español. Aunque me queda la esperanza de que llegue muy pronto a buen puerto la gramática que dirigen Violeta Demonte e Ignacio Bosque, que, dada la calidad de sus directores y el plan de trabajo que piensan desarrollar, supondrá un cambio cualitativo en el terreno gramatical[47].

Nuestros prejuicios

No es tarea fácil actuar técnicamente sobre el español, pues cualquier actuación que pudiera emprenderse en este terreno contaría inmediatamente con la animosidad de no pocos hablantes que confunden sus propios prejuicios con el alma de la lengua. En el momento presente, la mayor parte de las bases de datos de que disponemos en los centros españoles de investi-

[47] En este campo de lo gramatical, son realmente importantes los materiales del *Archivo gramatical de la lengua española* de Salvador Fernández Ramírez, cuya publicación dirige I. Bosque; acaba de aparecer la primera parte de esta obra, referida a las partículas, publicada por el Instituto Cervantes (Madrid, 1995).

gación no puede ser consultada desde el extranjero, porque nuestro "ancho de vía" es distinto al que existe para otras lenguas. Y es comprensible que así sea, cuando la mayor parte de las lenguas tienen una historia común de distanciamientos, de separaciones y de desencuentros: una historia en que si unos elegían la "ll" para el sonido lateral-palatal, los de al lado preferían "lh", y los de más allá "gl"; si unos tomaban la "ñ" para la nasal palatal, los otros se apresuraba a escoger "nh", o "ny" o "ign"...

Candido de Figueiredo, cuyos artículos de divulgación sobre el léxico portugués están escritos con tanto placer como sabiduría, daba en el clavo cuando decía del portugués lo siguiente, que puede aplicarse a cualquier lengua románica:

> As línguas românicas da nossa Península, procedentes embora da mesma fonte, começaram desde muito a divergir em processos gráficos; e ao passo que o castelhano, a imitação da língua toscana, subordinava a grafía á pronuncia, apresentando-nos, em todos os tempos até hoje, as fórmas simples e racionais *filosofia, teatro, martirío, corografia, retórica,* etc., o português, por condenável desleixo, por desamor ás *coisas de Espanha,* e pela nefasta e progressiva influência da escrita francesa, foi-se desviando enormemente da simplicidade das fórmas primitivas e naturais, aceitando fórmas incoerentes e complicadas, supostamente eruditas, como *phísica, phantasia, rheumatismo, cystite,* afora o luxo de inúteis geminações consonânticas, *-occasião, apprender, mamma, illudir, accometter,* etc.[48].

Tales distanciamientos, es decir la decisión de mezclarnos lo menos posible y de separarnos lo más que se pudiera, no tienen nada ni de trascendente ni de esencial: son meras consecuencias de una historia que no tiene por qué continuar siendo igual, ni resulta la mejor de las posibles. En ella, algunos episodios, como al que me referiré a continuación, tienen una antigüedad de menos de doscientos años, pues es menor el tiempo que nos separa de 1803, cuando la Real Academia Española decidió considerar la "ll" y "ch" (la "rr" no) como si se tratara de letras sim-

[48] C. Figueiredo, *Vícios da linguagem médica,* Lisboa, Livraria Clássica, 1910, pp. 13 y 14.

ples, dándoles un lugar propio en el alfabeto, que rompía con la clasificación que de esas combinaciones de letras se hacía en inglés, francés o italiano. Fue una decisión que no contentó a todo el mundo[49] y que tuvo la consecuencia buscada de distinguirnos un poco más de nuestros vecinos, junto a la no deseada de complicarnos también un poco más la vida cuando teníamos que acceder a datos clasificados en otras lenguas, donde se empleaban criterios distintos a los que utilizábamos en la nuestra.

Cuando la Academia ha logrado, al fin, optar para estas combinaciones de letras por el orden universal, se han vertido en la prensa opiniones como la siguiente de D.ª Margarita Carrera, directora de la Academia guatemalteca[50]:

> detrás de esta decisión está el poderío de los Estados Unidos. Son las demandas de las computadoras y yo considero que esto es un atentado contra el espíritu de la lengua. Son las máquinas las que tienen que someterse a la lengua y no al contrario

Lo que para D. Mario Alberto Carrera, también de la Academia guatemalteca, supuso[51]:

> un asesinato. La "ch" y la "ll" han sucumbido a la dictadura del mercado económico que responde al mandato del mundo anglosajón. Va en contra del principio de identidad filosófica.

Estos académicos han sabido encontrar el apoyo de los periodistas, que ejemplifico con el de Carmen Rico Godoy, que valoraba así el acontecimiento[52]:

> Quitar la «ché» y la «elle» del alfabeto sólo sirve para bendecir la incultura y la vulgaridad. [No hay] que rendirse

[49] Desde luego no contentó, por ejemplo, a Antonio de Valbuena, el pertinaz y muchas veces injusto debelador de la barbarie académica; así recordaba en su *Fe de erratas del diccionario, IV*, Madrid, 1896, p. 6, que: "demostré y censuré la sin razón académica de querer hacer de dos letras una".

[50] *El País*, 27.4.94.

[51] *ABC*, 28.4.94, p. 39.

[52] C. Rico-Gody, *Diario 16*, 1.5.94.

> ante la insistencia del inglés en pasar olímpicamente de estas dos letras en sus programas informáticos.

O de Jesús López Pacheco, que daba un paso más, adentrándose por los recovecos de una alegoría construida sobre los desastres que comporta la modernidad[53]:

> Lo más grave de este lamentable desahucio es lo que tiene de síntoma general: arrancarle dos letras al alfabeto no es algo tan diferente de arrancar viñas y olivos, eliminar de los pastos miles de vacas lecheras, barrer brutalmente las aguas cantábricas de bonitos, reducir la pesca, limitar la industria minera... Yo veo una cierta correlación entre arrancarle dos letras al alfabeto y arrancarle al país puestos de trabajo.

Resulta que romper con una tradición clasificatoria que arranca del comienzo del siglo pasado, supone un atentado contra el espíritu de la lengua o una forma de ir en contra de un principio de identidad filosófica –sintagmas cuyo sentido no logro, por cierto, desentrañar–. De tales quebrantos los responsables son las máquinas y los estadounidenses –culpables universales de todo cuanto acontece en el mundo–. Por ello la Academia española tuvo que desentenderse de los ordenadores y de los norteamerianos (y hasta de las recomendaciones de la Unión Europea en materia de lenguas) y convertir algo tan razonable como es clasificar las palabras en su diccionario con los mismos criterios que se usan en la mayor parte de los diccionarios del mundo, en la sencilla fábula de recuperar el paraíso perdido de una olvidada tradición. El diario *ABC* explicaba así, en un matizadísimo editorial, las razones que la Academia había encontrado para justificar las razones del cambio[54]:

> el retorno a las normas del alfabeto latino, vigentes hasta el siglo XVIII y sólo olvidadas en 1803. No se trata de una puesta al día informática, sino de un regreso a normativas primordiales.

[53] J. López Pacheco, *ABC*, 16.10.94, p. 3.
[54] *ABC*, 29.4.94.

Las lenguas son bienes culturales que no sufren nada porque se las adapte a las posibilidades y necesidades de la informática, como en su día se las adaptó a las de la escritura y a las de la imprenta. Ello no supone un desdoro para nuestra lengua o una intervención contra natura hacia ella. ¿Por qué hemos de considerar rasgos imperecederos del alma de las lenguas lo que no son sino prejuicios tan intrascedentes de sus hablantes, como pueda serlo el orden alfabético?

Aunque en esto del alma y de la estética de las lenguas los españoles vamos muy bien acompañados de nuestros vecinos europeos: los franceses, por ejemplo, muchos de los cuales, ante la moderada reforma ortográfica de 1990, se han convertido en cruzados del mantenimiento de la *ph* de *nénuphar* –a pesar de que esta flor modernista haya adquirido esa grafía durante nuestro siglo, dándole la espalda a la etimología–, pues "la force de l'imaginaire est telle que [...] sans la *ph,* le nénuphar sérait une moins jolie fleur"[55]; del mismo modo la oposición de Michel Arrivé a la pérdida del acento circunflejo en un pequeñísimo número de palabras francesas, la justifica por el valor ornamental y afectivo de este signo, que los reformadores no habían tomado en consideración[56]. Son razones del corazón, que la razón no llega a entender, máxime cuando los problemas que nos acechan son así de graves:

> les machines à traiter la langue [...] connaissent un développement considérable. Étant généralement de fabrication americaine, elles ont été conçues en fonction de la langue anglaise. Or la langue et l'orthographe françaises sont beaucoup plus compliquées. Avec tous ses fioritures (accents, cédilles...) le français utilise 25% de signes typographiques de plus que l'anglais, et avec ses cent vingt-huit touches, le clavier d'ordinateur ne parvient encore pas à les absorber

[55] Vid. H. Walter, *L'Aventure des langues en occident,* París, Robert Lafont, 1994, p. 263.

[56] Vid. la valoración crítica de estas actitudes, que hace F. Gaussen, *Réformer l'orthographe?,* París, PUF, 1994. H. Walter comenta irónicamente esta manera de valorar la reforma ortográfica, *op. cit.* p. 262: "sans accent circonflexe, un *faîte* serait moins haut, un *abîme* moins profond, une *île* moins isolée". Cf. también A. Rey, "Maîtrise lexicale et expression écrite", en Actas de *Les entretiens Nathan. Lecture et écriture,* II, París, 1992, p. 181.

> tous. L'informatisation du français demande donc des adaptations techniques extrémement coûteuses.
> [...]
> L'informatisation de la société et de la vie quotidienne est en route, qu'on le veuille ou non. La langue et la culture devront s'y adapter, comme elles se sont adaptées à l'imprimerie entre le XVIe et le XVIIIe siècle. Dans la «galaxie computorienne» qui s'annonce, toute langue qui ne sera pas facilement informatisée sera marginalisée. Mieux vaut préparer l'évolution et ne pas laisser faire les informaticiens et le marché si on veut éviter que le français ne disparaisse comme langue de communication internationale ou soit victime d'un veritable carnage linguistique[57].

Nos guste cambiar o no, parece mejor, en efecto, preparar la adaptación de nuestras lenguas a la informática que dejarlas abandonada a su suerte, porque a ellas les da igual si son las computadoras americanas o los ordenadores franceses los responsables de los problemas que se nos presentan. Y el hecho es que por no avenirnos a salir del ámbito de lo pasional podemos jugarnos el porvenir del español, para el que las máquinas no son intermediarios banales ni el inglés es el malo de la película. Las lenguas europeas han tratado de no contaminarse entre sí durante tantos años, que resulta comprensible que cueste tanto esfuerzo dar una serie de pasos orientados a romper con su aislamiento, aunque sea de forma tan elemental como organizar de otra manera –pero de forma igual para todas– los signos en el ordenador. Las diferencias esenciales entre las lenguas y la gozosa libertad de su uso no se pervierten porque desaparezca el acento circunflejo en francés ni se ordene la "ll" en español igual que se ordenan las dos "eles" en las restantes lenguas... No hace demasiado tiempo los hispananoescribientes abandonaron la "ç", la "ss" y la "x" (esta última cuando tenía el valor de "j") y no parece que de ello se haya derivado un mal irreparable.

Claro está que hay personas que prefieren preparar su futuro exigiéndole un final feliz a Dios y a la Historia y, de paso, a todas las instancias internacionales. La argumentación suele par-

[57] F. Gaussen, *Le Monde*, 30.10.85.

tir en estos casos de un desesperado victimismo, para continuar con datos referentes a un glorioso pasado y terminar exponiendo los méritos intrínsecos de la lengua incomprendida por el displicente inglés, a la manera como Maurice Druon, Secretario de la Academia Francesa, se convirtió en cruzado pertinaz de la defensa del nacionalismo lingüístico del país hermano en sus *Lettres aux Français sur leur langue et leur âme*[58]. Todo ello conduce a un paraíso organizado por funcionarios que han llegado a creer que los idiomas se defienden "confinándolos dentro de campos de concentración guardados por *flics* y *mouchards* disfrazados de lexicólogos"[59].

Es posible que a los españoles los méritos del francés para pervivir nos convenzan tan poco como les convencerían a los franceses los que pudiéramos exponerles nosotros sobre nuestra lengua. En cambio, unos y otros podemos estar plenamente de acuerdo en facilitar al máximo, aprovechando todas las ventajas que nos da la técnica, la pervivencia de nuestros dos idiomas, porque, a pesar de los insufribles argumentos del nacionalismo lingüístico, hemos de convenir españoles y franceses en las ventajas culturales que para todos representa su florecimiento.

A MODO DE CONCLUSIÓN

Se puede entender por todo lo expuesto, por qué Bernard Quemada[60] se ha referido a la necesidad de que las lenguas –la española también– cuenten con las posibilidades que les brinda la informática:

> Nous savons tous que, depuis les origines de l'humanité, des milliers de langues ont disparu sans laisser de traces parce qu'elles étaient demeurées sans écriture (le phénomè-

[58] París, Juilliard, 1994.
[59] M. Vargas Llosa, *El País*, 16.7.95, p. 12.
[60] B. Quemada, "Les industries de la langue et l'avenir du français", *Actes du colloque «Les industries de la langue». Perspectives des années 1990,* París, 1990, p. 23.

> ne se produit encore de nos jours). Nous avons appris aussi que de très nombreuses autres, écrites et même dotées d'une littérature, ont rapidement décliné et sont passées au rang de dialecte ou de patois parce qu'elles n'ont pas bénéficié de l'imprimerie à l'époque moderne.
>
> Il est tout aussi assuré que les grandes langues actuelles qui ne pourraient être traitées par l'ordinateur ne tarderont pas à devenir, au plan international, des langues de 2º et 3º rang, et probablement à perdre, au plan national, des secteurs entiers de leurs utilisations actuelles.

Se trata de una llamada de atención que R. Danzin ha hecho repetidamente a quienes hablamos lenguas distintas del inglés, insistiendo en que en esta "civilización de la escritura" la adaptación de una lengua a la informática –que supone una revolución como la que en el decenio de los '60 fue la microelectrónica– no significa su entrega al mundo sin corazón de las máquinas, sino la ampliación del conocimiento de los mecanismos de la propia lengua, que no va en detrimento de su uso espontáneo, en el dominio de lo privado.

Quizá las vituperadas máquinas –que no son sino un mero apoyo a la capacidad imaginativa de los seres humanos–, lejos de deshumanizar las lenguas, permitan que cumplamos con ellas una parte del sueño de los humanistas, que ha revivido recientemente Amin Maalouf, esto es, encontrar la Antibabel[61]:

> otro proyecto vino a a acaparar mis horas de escritura [...] Erasmo [...] era quien le había sugerido la loca idea que había hecho suya:
>
> Se trataba de preparar un gigantesco léxico donde cada palabra figurara en multitud de lenguas, entre las cuales se contarían el latín, el árabe, el hebreo, el griego, el alemán de Sajonia, el italiano, el francés, el castellano, el turco y otras muchas [...]
>
> El impresor hablaba con un fervor que enternecía:
>
> – Este proyecto, sin duda, no verá nunca la luz, al menos no en vida mía y bajo la forma que ambiciono. Pero,

[61] A. Maalouf, *León el africano*, trad. de Mª Teresa Gallego y Mª Isabel Reverte, Madrid, Alianza, 1989, p. 300.

sin embargo, estoy dispuesto a dejarle mi existencia y mi fortuna. ¿No es acaso el más noble de los ideales hacer que todos los hombres puedan comprenderse algún día?

A este sueño grandioso, a esta maravillosa locura, el impresor sajón le había dado un nombre: la *Antibabel.*

EL PODER TECNOLÓGICO DE LA LENGUA ESPAÑOLA

ANTONIO CASTILLO

El habla es la civilización misma. La palabra, por contradictoria que sea, mantiene el contacto, sólo el silencio aisla.

Thomas Mann, «*La Montaña Mágica*»

LA tecnología de la información está invadiendo paulatinamente todos y cada uno de los elementos estructurales de la vida humana. La forma en que realizamos la mayoría de nuestras actividades se está viendo fuertemente afectada por las nuevas tecnologías. Estas imponen diferentes maneras de hacer para la consecución de ambiciosos resultados o la implantación de una mayor sencillez de comunicación. El lenguaje, como herramienta de comunicación del ser humano, evoluciona en este nuevo entorno tecnológico para obtener un mejor aprovechamiento. Cabe preguntarse si la lengua española corre el riego de resultar tan perezosa en su proceso innovador como lo está siendo el tejido industrial de los países hispano-hablantes en su adaptación a los nuevos desafíos de la sociedad de la información.

Trataremos aquí de analizar si las peculiaridades fonéticas, sintácticas y semánticas, del lenguaje español dificultan o simplifican la utilización de nuestro idioma en las futuras autopistas de la información, y si las telecomunicaciones mundiales del siglo XXI permitirán que más de 450 millones de hispano-parlantes sigan utilizando el idioma español como nexo de unión intelectual. Veremos que, como en otros ámbitos, la tecnología de las telecomunicaciones y la informática impone aquí nuevas leyes. Estas son el resultado de restricciones simplificadoras que tratan de garantizar la aplicación universal de dichas técnicas en diferentes entornos socio-culturales.

La telecomunicación hablada

El medio fundamental de comunicación humana es el habla, y por ello, sin duda, ha evolucionado a lo largo de muchos siglos hasta transformarse en la estructura rica y elaborada que constituye el lenguaje. El habla no es una mera concatenación de palabras, sino también el reflejo del estado de ánimo, las ideas y la personalidad del hablante.

La aceptación universal de las telecomunicaciones digitales ofrece en la actualidad una amplia gama de servicios avanzados que, en general, hacen un uso exhaustivo del tratamiento informático del habla. La comunicación hablada domina todavía las comunicaciones mundiales y el sistema telefónico es la estructura más extensa de todos los tiempos. En 1993 se realizaron casi un billón de llamadas telefónicas desde más de 700 millones de teléfonos. El terminal telefónico resulta ampliamente familiar y se puede decir que en la mayoría de los países hay un gran número de usuarios "experimentados" del teléfono. La cultura telefónica ha sido el resultado de la primera injerencia tecnológica en el ámbito de la comunicación hablada. Sin duda alguna, la interlocución remota ha modificado los aspectos psicológicos de la relación entre los hablantes, pero la telefonía reproduce con absoluta fidelidad el idioma español y la estructura del lenguaje hablado ha permanecido inalterada por la introducción de esta tecnología.

El habla como medio de interacción con la máquina

El avance de las tecnologías de la información y la penetración de la informática en todos los campos de la vida económica y social han hecho surgir servicios de información consistentes en el acceso remoto a bases de datos almacenadas en ordenadores. La información, cualquiera que sea el medio en que esté expresada, escrita o hablada, una vez convertida en datos binarios, estará preparada para ser archivada y consultada en una base de datos informatizada.

La ubicuidad del servicio telefónico ofrece la incomparable oportunidad de comunicar e interactuar con dichas bases de datos mediante el habla. En la actualidad, los esfuerzos tecnológicos en materia de tratamiento del habla van dirigidos al desarrollo de sistemas interactivos hablantes que, sin intervención humana, reconozcan el mensaje hablado y respondan en consonancia. Los clientes de estas bases de información podrán así relacionarse con los ordenadores de la forma más amistosa posible.

Este nuevo reto para la telecomunicación hablada no pone el énfasis en la transmisión fiel de todos los elementos del habla, sino en la transcripción rigurosa y eficaz de la mera información desprovista de los aspectos adicionales que incorpora el mensaje hablado, tales como entonación, acento o inflexión. Veamos brevemente cuales han sido las líneas maestras de la nueva tecnología del habla.

El reconocimiento del habla (entrada de información), la síntesis del habla (salida de información) y la Inteligencia Artificial (asimilación de la información y toma de decisiones), que constituyen las tecnologías claves para el desarrollo de los futuros sistemas automáticos de interacción hablada, son objeto de investigación a nivel mundial en relación con los idiomas más hablados.

Hasta la fecha, el tratamiento electrónico se ha centrado en la réplica de ciertos aspectos fundamentales de los procesos de producción y percepción del habla por el ser humano. En este modelado del lenguaje han intervenido las técnicas más modernas del tratamiento digital de señales.

Se ha puesto especial énfasis en los aspectos fisiológicos sin profundizar, sin embargo, en la réplica de los procesos neuronales imprescindibles para mejorar el reconocimiento y entendimiento del habla. La plena explotación del potencial de interacción hablada con las máquinas requerirá completar el actual enfoque, basado en el análisis y tratamiento de la señal acústica, con elementos adicionales de Inteligencia Artificial. Como en otros muchos campos del desarrollo tecnológico, el dominio de las propuestas procedentes de países de habla inglesa hace pensar que estos nuevos sistemas de acceso al conocimiento hablarán únicamente inglés y que podrán encontrar dificultades insalvables para "aprender el español". Analicemos a continuación si la complejidad de aplicación de estas técnicas es función de los parámetros característicos de las diferentes lenguas.

Características del lenguaje hablado

La capacidad para conversar constituye una característica esencial del desarrollo social de los seres humanos. Los hombres son capaces de conversar en unas 6.000 lenguas que se han ido desarrollando a lo largo de los años bajo variadas influencias tanto biológicas como socioeconómicas. Así, se considera que la capacidad del hombre para hablar radica en los cambios fisiológicos que han acompañado al desarrollo de la laringe y al crecimiento de la capacidad craneal y que debieron de acaecer unos 45.000 años antes de J.C. Aunque la mayoría de los antropólogos discrepan sobre cuándo el ser humano desarrolló completamente el aparato biológico para emitir sonidos semejantes al habla, muchos sugieren que la adopción de una posición bípeda condujo al desarrollo del cerebro y de la parte superior del tracto respiratorio.

Según fuentes antropológicas, el hombre de Neanderthal no era capaz de pronunciar las tres frecuencias formantes que corresponden a los sonidos humanos de las vocales "a", "i" y "u", mientras que el Homo Sapiens dispuso, hace aproximadamente unos 50.000 años, del desarrollo neuronal y del tracto vocal supralaríngeo necesarios para comunicarse mediante sonidos semejantes al lenguaje hablado.

El lenguaje escrito permite al hablante hacer un uso más eficaz de las palabras y establece la capacidad para representar el lenguaje en forma simbólica. Este surgió, sin duda, de la habilidad para pronunciar sonidos repetibles, reconocibles y distinguibles entre sí. La primera evidencia de un lenguaje escrito aparece en China en algún momento entre 4.000 y 5.000 años a.J.C., y el intervalo de unos 45.000 años entre el lenguaje hablado y el escrito resulta un misterio interesante.

Lo que constituye en la actualidad el proceso natural de la conversación es el resultado del dominio inconsciente de unos procesos cognitivos extremadamente complejos e impenetrables, que se acompañan con gestos no verbales tales como la expresión facial, la postura y los movimientos de los ojos y las manos. Estos últimos elementos no son estrictamente necesarios para la transmisión de la mera información hablada, pero pueden introducir importantes matices sobre la intención o veracidad de dicho mensaje.

El análisis y tratamiento de las señales del habla, dentro del marco de las restricciones impuestas por el lenguaje natural, han interesado y servido de estímulo a los científicos durante muchos años. En la actualidad, el objetivo científico más relevante es, sin duda, el desarrollo de máquinas que no sólo puedan producir y reconocer el habla sino que también actúen al recibir la información para producir la respuesta que necesita o espera el usuario. Estudiando los mecanismos humanos que intervienen en estos procesos, podremos entender mejor cuáles deben ser las características de las máquinas que los emulan.

La producción del habla

Podría decirse que el habla es un subproducto de la evolución del ser humano, ya que ninguno de los órganos que intervienen en la generación del habla está dedicado en exclusiva a esta tarea. Además de intervenir en el proceso del habla, los pulmones, la laringe, la lengua, la nariz, los labios y los dientes tienen una misión principal que cumplir para contribuir al mantenimiento de la vida tal como respirar, comer o gustar.

Para producir los sonidos hablados, se impulsa el aire procedente de los pulmones a través de las cuerdas vocales que están situadas en la laringe. Cuando el aire fluye produce unas complejas diferencias de presión similares a las que se producen en un instrumento de viento. Este proceso se conoce por fonación y los sonidos producidos de esta manera se denominan vocalizados, ya que las frecuencias de los sonidos de las vocales vienen determinados por la tensión de las cuerdas vocales. Casi independientemente del idioma o lengua que se esté hablando, el margen de vibración es generalmente de dos octavas, para la voz masculina. La otra fuente de generación de sonido utilizada en la producción del habla es la modulación del ruido de la respiración. Los sonidos así obtenidos se denominan "no-vocalizados" o fricativos. Son sonidos tales como la "s" o la "ch".

Los sonidos producidos por la vibración de las cuerdas vocales o por el paso del ruido de la respiración por el tracto vocal y a través de la boca experimentan dos tipos de procesos de modulación que producen formas de resonancia conocidas por el nombre de formantes. La primera fuente de resonancia puede describirse como la conformación de la distribución de la energía en función de la frecuencia, y se obtiene al pasar la onda sonora a través de la cámara de resonancia múltiple formada por la boca y la lengua. El otro proceso de modulación se consigue cerrando el tracto vocal mediante la lengua, los labios, o los dientes, cuando se libera la energía sonora. Los sonidos así producidos corresponden a los del tipo "p" y "k". Estas características básicas son aplicables a todos los idiomas, variando únicamente de una lengua a otra las diferentes combinaciones de formantes y su frecuencia de aparición.

El tracto vocal humano es capaz de producir un número infinito de sonidos diferentes. Desde un punto de vista lingüístico, la unidad básica del habla es el fonema que constituye el elemento mínimo perceptible del lenguaje. La manifestación sonora de cada fonema depende de la palabra pronunciada y de la posición del fonema dentro de ella.

El tracto vocal puede reproducirse electrónicamente mediante la emulación de las diferentes funciones del proceso de producción de la voz humana. El número de fonemas utilizados y su pronunciación dentro del contexto de cada palabra, establecen el primer nivel de dificultad asociada a la fiel reproducción electrónica del habla.

Las lenguas de origen románico y especialmente el español e italiano, donde predominan los sonidos vocalizados, se caracterizan por un menor número de fonemas. Este coincide aproximadamente con el de las letras. El inglés requiere un número algo mayor, en torno a los cuarenta fonemas. El record mundial de descripciones fonéticas lo posee la lengua ubij, originaria del Caucaso, que contiene 82 unidades diferentes pero que en 1962 ya no contaba más que con 20 hablantes.

Ahora bien, la complejidad de las reglas de pronunciación y las excepciones a dichas reglas constituyen el mejor exponente de la complejidad de la lógica automática del "sintetizador electrónico" del habla. En efecto, la mera descripción de los fonemas elementales que constituyen el habla no es suficiente para garantizar su producción artificial.

Veamos ahora cuál ha sido la evolución histórica de la automatización de los procesos hablados. Los intentos para construir máquinas capaces de reproducir el habla se remontan al siglo XVIII coincidiendo con el esfuerzo maquinista de dicho periodo. En 1779, la Academia Imperial de San Petersburgo ofrecía un premio por la explicación científica de las diferencias fisiológicas entre los sonidos de las cinco vocales y un aparato demostrativo para reproducir sonidos. En 1780 el Profesor Christian Kratzenteir diseñó una "Voz Humana" capaz de reproducir los sonidos vocales mediante tubos de diferentes formas y tamaños en un intento de replicar las mismas resonancias sonoras que el tracto vocal humano. En 1791 Wolfang Ritter von Kempeler construía, después de 22 años de trabajo, una máquina parlante capaz de producir veinte sonidos diferentes. Como en otros campos de la ciencia y de la ingeniería, la cultura anglosajona se enfrentaba con el problema de la producción automática del habla con dos siglos de antelación y proporcionaba soluciones primerizas para la producción de los sonidos o fonemas de las lenguas inglesa o alemana.

El primer sintetizador electrónico se debe así mismo a un norteamericano, Dudley, quien en 1936 demostró un sistema completo de análisis y síntesis del habla. Posteriormente, en 1939, durante la Feria Mundial de Nueva York, presentó un sintetizador de habla controlado manualmente que recibía el nombre de VOCODER, término aceptado desde entonces de forma universal para este tipo de dispositivos. De nuevo la lengua inglesa tomaba una importante ventaja en la tecnología lingüística.

Los intentos para reconocer automáticamente el habla fueron posteriores a los esfuerzos ya descritos de sintetizar el habla.

De nuevo un americano, J. Flowers, realiza un primer ensayo, presentado en 1916, consistente en una máquina de escribir con alfabeto fonográfico activada por la voz. Dicha máquina combinaba sistemas eléctricos, mecánicos y ópticos para convertir el habla en símbolos que posteriormente eran interpretados como texto. Los primeros resultados del reconocimiento electrónico del habla aparecen en los años cincuenta, centrándose principalmente en el reconocimiento de los dígitos hablados.

Como consecuencia de los esfuerzos investigadores mundiales podemos considerar que en la actualidad, el habla es un fascinante atributo humano que puede analizarse, sintetizarse, reconocerse, comprimirse, almacenarse y mejorarse utilizando técnicas de tratamiento digital por ordenador. Estos avances tecnológicos afectarán sin duda a la lengua española en su capacidad para ser una interfaz hablada internacional con los ordenadores mundiales a través de las redes de telecomunicación. Para poder vislumbrar si en las autopistas de la información se hablará español, conviene estudiar cuáles son los constituyentes de los sistemas automáticos con interacción hablada y cuál es su capacidad de adecuación a nuestra lengua.

La tecnología del habla y sus aplicaciones

La interacción hablada con los sistemas automáticos hace uso de tres técnicas fundamentales que constituyen lo que se ha dado en llamar la tecnología del habla. Así, la codificación, el reconocimiento y la síntesis del habla se combinan en sus diferentes manifestaciones para constituir sistemas de telecomunicación e información con interfaz hablada siguiendo un esquema de conexiones como el del cuadro adjunto.

El amplio abanico de aplicaciones, que se están considerando para utilizar la tecnología del habla, pone de manifiesto la importancia que, para el futuro de un idioma, tiene el que estos sistemas automáticos "hablen" su lengua. Analicemos, pues, las peculiaridades del español para adaptarse a estas técnicas y penetrar en la implantación internacional de estos sistemas.

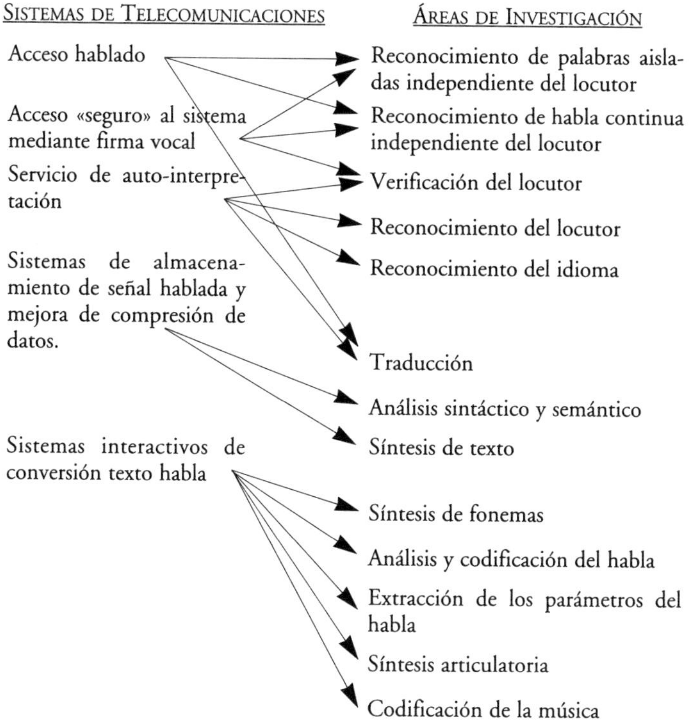

Para ello, resulta de especial relevancia analizar si las características del español dificultan la aplicación de tecnologías inicialmente desarrolladas para el inglés. Cabe pues, estudiar, si un sistema nacido para "hablar" inglés puede trasladarse fácilmente al español o si, por el contrario, el proceso de aprendizaje resulta tan penoso para una máquina como lo es para el ser humano.

LOS ORDENADORES APRENDEN A HABLAR

Como el reconocimiento del habla parece natural y sencillo para los humanos, cabría pensar que sería fácilmente realizado por una máquina. Sin embargo, la experiencia ha puesto de manifiesto que resulta especialmente complejo y difícil conseguir simplemente que una máquina responda a una orden hablada. En efecto, las variaciones de pronunciación dificultan considerablemente el reconocimiento del habla por un ordenador. Incluso, las palabras aisladas raramente se pronuncian dos veces de la misma manera, produciendo la misma señal acústica. La variación intra-palabra, tanto en intensidad como en duración, no es una perturbación aleatoria que podría eliminarse mediante el adecuado tratamiento informático de la señal. Esta radica en que la palabra hablada conlleva mucha más información que la palabra escrita. A partir de una sola palabra pronunciada pueden deducirse la edad, el sexo, el humor y el acento local del hablante. Así mismo, el estado psicológico y el fisiológico del hablante pueden influir en la velocidad y coherencia de señal emitida alterando los parámetros de la señal acústica.

El reconocimiento automático del habla se complica aún más debido a que la pronunciación de las consonantes se ve afectada por las consonantes y vocales próximas dificultando así la descomposición de la señal en unidades elementales. Este problema de co-articulación depende considerablemente del idioma considerado. Así, el nivel de ambigüedad resulta inferior en las lenguas latinas con sonidos más vocalizados y con una co-articulación a lo sumo de dos consonantes. Pero incluso en éstas, la resolución automática de ciertas ambigüedades tales como la existente entre las señales acústicas correspondientes a las expresiones "No ve nada" y "Novedad", distorsionadas por el ruido ambiental, puede resultar muy compleja. El ser humano recurre en estos casos al contexto, a la semántica e incluso al sentido común, virtudes difíciles de codificar en términos de lógica programada.

El ser humano se sirve en general del diálogo para conseguir la información de su interlocutor. El hablante tratará, pues, de establecer con la máquina el oportuno diálogo que garantice una óptima comunicación hombre-máquina, pero la lógica programada del sistema establecerá la velocidad y precisión de las interacciones del diálogo en función del tipo de información que se busca. Es pues, el humano quien deberá en este caso esforzarse en adaptar su diálogo a las restricciones impuestas por el ordenador.

Para facilitar el aprendizaje, el diseñador de la máquina deberá concebir una lógica del sistema adaptada a cada contexto, analizando las prácticas usuales, es decir:

- Las frases frecuentemente utilizadas por los futuros usuarios
- El orden en que generalmente se pronuncian las palabras dentro de las frases
- El número y orden de las frases que constituyen una solicitud completa de información.

Así vemos que a los dos primeros componentes de la interacción con la máquina, la entrada y la salida de señal hablada, se añade el establecimiento de una lógica de diálogo basada en la repetición de las pautas usuales en la interacción hablada entre humanos. Este protocolo preestablecido permitirá extraer del volumen ingente de información que se intercambia, aquellos elementos que garantizan el correcto desarrollo de la transacción en términos de pregunta-respuesta. El objetivo de esta formalización no es otro que trasladar el problema de la comprensión del lenguaje a tareas de comparación con plantillas predeterminadas.

Estos esquemas de interacción hablada hacen pensar que el resultado de dicho proceso será tanto más fructuoso cuanto menor sea el número de "plantillas patrón" necesarios para representar, en un lenguaje dado, los elementos básicos de la fonética, la prosodia, el léxico, las estructuras sintácticas, el discurso y la semántica del colectivo de hablantes de un determinado idioma. Así pues, la utilización de un lenguaje "normalizado", en relación con los elementos básicos antes mencionados, reduciría considerablemente la dificultad de desarrollo de sistemas interactivos hablados. La "normalización" aumentaría la probabilidad de éxito de los intentos de transacción llevadas a cabo por individuos que no participaron en la extracción de las "reglas" con las que se construyó el sistema. Resulta evidente que en los albores de una tecnología como la del tratamiento del habla, los sistemas nacen con un considerable número de restricciones que la evolución temporal va subsanando. En ese sentido, la complejidad del sistema está estrictamente ligada al número de "patrones" con que se realiza la comparación. Estos patrones constituyen la base de conocimiento aprendida por el ordenador. La proximidad a un "patrón" traduce la información introducida a elementos conceptuales que representan la comprensión del mensaje en su totalidad o en una parcialidad que sin embargo permite proseguir el diálogo con éxito. Bajo estos esquemas simplificadores, aquellas "formas" de un lenguaje que se alejen de los patrones residentes en la máquina más allá de los límites impuestos por el sistema para evitar la ambigüedad y los errores, serán considerados como ajenas. Estas limitaciones prácticas hacen que aquellas pronunciaciones, acentos, elementos lexicales, formas sintácticas e incluso esquemas semánticos diferentes del lenguaje patrón que entiende la máquina, tengan que ser considerados como extranjeros. La variedad y riqueza de las diferentes formas de expresión del español hacen dudar de si, en estas fases iniciales de la tecnología, una máquina que hable "castellano" será capaz de entender al universo de hablantes del español. El éxito de una tecnología estriba en su adaptación a una universalidad de casos, de forma que las ventajas de las economías de escala garanticen unos costes de producción aceptables. Cabe pues preguntarse, si las características que unen las diferentes modalidades del español hablado son tales que puede extraerse un núcleo de "reglas" y "patrones" comunes. Estos elementos caracterizarían un idioma español "neutro" que podría personalizarse para diferentes aplicaciones locales. Así, la solución tecnológica evolucionaría a partir de raíces comunes, pero cada entorno cultural, fisiológico, psicológico y local desarrollaría una implantación diferente.

Veamos en más detalle de qué manera los sistemas automáticos de interacción hablada pueden afectar a la universalidad de un idioma y en especial del español.

La síntesis automática del español universal

En la actualidad, los sintetizadores de habla realizados en base a formantes producen un habla prácticamente indistinguible de la natural. El almacenaje de la información textual necesaria para que el sintetizador "hable" resulta mucho más eficaz que la grabación codificada del propio mensaje a partir de la señal hablada. En efecto, la síntesis de habla a partir de un texto permite reducir el volumen de memoria de ordenador al menos en un orden de magnitud. La gran mayoría de los sintetizadores que se comercializan en la actualidad utilizan uno de los dos modelos de síntesis por formantes debidos a Klatt o a Holmes. Aunque estos modelos nacieron para lenguas anglo-sajonas y tuvieron sus primeros desarrollos comerciales en idioma inglés, su adaptación a los idiomas latinos ha sido relativamente fácil, dada su gran versatilidad para la producción de otros formantes.

Sin embargo, la síntesis del lenguaje natural entraña obviamente otras dificultades además de la fiel reproducción de los sonidos. Así, en el lenguaje natural un sonido se mezcla con el siguiente sin interrupción o frontera perceptible para conseguir la fluidez y suavidad que lo caracteriza. Este fenómeno, conocido como co-articulación, establece unas reglas de pronunciación que caracterizan un idioma. El procedimiento adoptado en los sintetizadores para gobernar la pronunciación consiste en construir un inventario fonológico de los eventos perceptibles en la forma de onda de la señal hablada. Estos eventos pueden representarse mediante una serie de segmentos denominados fonemas. La taxonomía fonética del español incluye entre 30 y 40 fonemas, mientras que la del inglés contiene entre 40 y 50 fonemas. Los márgenes antes indicados permiten incorporar no sólo fonemas del español o inglés "normalizados" sino también algunas variantes idiomáticas de ambas lenguas.

No obstante, cuarenta unidades fonéticas son insuficientes para una pronunciación natural del español o del inglés. La caracterización de las variantes existentes en los fonemas conduce a la separación de cada nivel fonético en dos alófonos. En consecuencia, los sintetizadores de español o inglés utilizan un inventario fonético de un centenar de alófonos.

La transformación de un texto en una locución implica el tratamiento de las excepciones a las reglas de pronunciación y la interpretación de los convenios del lenguaje escrito tales como las abreviaturas, o las concordancias en género y número no explícitas. Los diferentes idiomas plantean dificultades de esta índole muy variadas. Mientras que en el idioma inglés las palabras tomadas del léxico corriente que constituyen excepciones a las reglas de pronunciación son más frecuentes que en español, el problema de la concordancia en género y número, especialmente importante en español, carece prácticamente de relevancia en el idioma inglés. Así mismo, en la personalización de una aplicación de síntesis de habla a un idioma y contexto tiene especial interés el significado de las abreviaturas o acrónimos. La utilización de listas de letras agrupadas con un significado especial es propia del contexto de cada aplicación. Así "S.S." puede "leerse" Su Santidad, Seguridad Social, o San Sebastián según que el tipo de información sea periodístico, administrativo o geográfico.

En un conversor texto-voz, la conversión de grafemas en fonemas y la selección de los alófonos a pronunciar, su duración y el tono, no constituyen más que una pequeña parte del módulo prosódico del sistema automático de respuesta audible. Este módulo está íntimamente unido al lenguaje utilizado: español, francés, inglés sin que haya diferencias importantes entre los idiomas latinos o anglosajones, en cuanto a su dificultad de desarrollo.

El manejo del diccionario de excepciones y de acrónimos es característico del lenguaje, pero también de la aplicación. Por el contrario, el módulo de generación de voz es prácticamente independiente del idioma.

Esto nos lleva, en términos de realización práctica, a que la circuitería electrónica del sintetizador pueda ser independiente del lenguaje, mientras que la personalización de los conversores para cada idioma radica en la lógica de programación que gobierna dicha circuitería. Será necesaria una última personalización del diccionario de excepciones y abreviaturas para la adaptación al problema concreto, sin que podamos hablar nunca de una solución totalmente universal.

Así pues, para los lenguajes con caracterización simbólica mediante grafemas se podrán en general realizar conversores texto-voz a partir de una circuitería común. La personalización para cada idioma se realizará mediante la lógica de programación que se ejecuta en el circuito y que incluye el diccionario de excepciones y las reglas de pronunciación que transforman los grafemas en fonemas. La naturalidad de la señal de habla dependerá más de la habilidad de los diseñadores y de la profundidad del conocimiento lingüístico de dicho idioma que de sus peculiaridades intrínsecas. Una realización en un idioma admitirá fácilmente pequeñas adaptaciones para cubrir vocabularios locales o aplicaciones particulares, mediante modificaciones del diccionario de excepciones.

Reconocimiento del habla y tratamiento del español universal

Durante muchos años, el objetivo fundamental del reconocimiento del habla ha sido diseñar un sistema que convirtiera una señal acústica hablada en una transcripción del mensaje. Sin embargo, en la actualidad está ampliamente aceptado que una señal acústica extraída del habla conversacional es intrínsecamente ambigua. Para resolver dicha ambigüedad, es necesario utilizar información de unos niveles cognitivos superiores relativos al hablante, tales como su estado emocional, el tema de la conversación y el mundo que le rodea. En otras palabras, es imposible reconocer el habla natural o conversacional sin entenderla.

Es decir, la interpretación de la señal de habla no es simplemente un conjunto de transformaciones unidireccionales, a través de caminos ascendentes desde la señal acústica hasta el mensaje semántico vía las formas fonéticas, morfológicas y sintácticas. En cada uno de los niveles de análisis se produce una información hacia delante y una confirmación hacia atrás dirigida a los "órganos" de toma de decisión. Puede afirmarse que el reconocimiento del habla en el ser humano es parte de un sistema integrado que involucra a todo el aparato intelectual del lenguaje, el pensamiento y el entendimiento.

Hasta ahora, la mayoría de los sistemas automáticos interactivos que ofrecen capacidades de reconocimiento del habla se limitan a versiones más o menos complejas del reconocimiento de palabras aisladas extraídas de un vocabulario más o menos extenso. Se ha obviado el problema del entendimiento del lenguaje natural reduciéndolo a la comparación e identificación de la señal acústica recibida con un patrón preestablecido tomado del vocabulario con el que trabaja el reconocedor automático. En este caso, no existe intento de comprender el mensaje semántico, sino únicamente de decidir cuál de las palabras del vocabulario preestablecido tiene mayor similitud con la palabra pronunciada. La decisión de reconocimiento se toma si la probabilidad de ocurrencia de esa palabra es superior a la de las restantes del vocabulario. Estos sistemas proporcionan solamente una respuesta parcial al problema, pero facilitan el camino hacia interacciones hombre-máquina más complejas donde se realice un tratamiento del mensaje lingüístico.

Al igual que en los conversores texto-voz, por razones industriales de economías de escala, la circuitería utilizada en los reconocedores de habla es común a todos los idiomas, personalizando el idioma y la aplicación a través de la lógica de programación. No obstante, en el caso del reconocimiento, la complejidad de la lógica programada es superior en varios ordenes de magnitud. El reconocimiento no se limita a la mera transcripción de unas reglas de pronunciación, sino que extrae el mensaje lingüístico a partir de sus componentes sintácticos y semánticos. Es de sobra conocido el esfuerzo investigador realizado para establecer si una frase es sintácticamente correcta y semánticamente válida. Para la construcción de un sistema automático capaz de entendimiento, la idea de separar la sintaxis y la semántica resulta especialmente útil. Podremos así aislar las partes puramente formales del lenguaje de las del aspecto cognitivo.

La sintaxis de un lenguaje, o lo que es lo mismo, la forma en que se modifica el sentido de las palabras según su posición en la frase, está determinada por la gramática. Aunque aparentemente todos los lenguajes humanos están estructurados atendiendo a reglas gramaticales, en los diferentes idiomas, las influencias semánticas no pueden separarse por igual de los condicionamientos sintácticos.

El idioma inglés está especialmente bien adaptado para abordar este problema, ya que las reglas de la estructura y secuencia de las palabras pueden en gran medida divorciarse del significado real de las propias palabras.

A la hora de analizar un idioma, en términos de la complejidad del proceso automático de reconocimiento del habla, resulta útil separar las palabras en "palabras de contenido" y "palabras de función". Las palabras de contenido incluyen los substantivos, los verbos, los adjetivos y los adverbios. Descontadas estas palabras quedan unas cien entre pronombres, preposiciones, conjunciones y verbos auxiliares. En la medida en que una frase pueda "neutralizarse" semánticamente, substituyendo las palabras de contenido por espacios en blanco, sin afectar a la estructura sintáctica, se simplificará considerablemente su reconocimiento automático. En un idioma que tuviera estas características, el significado de la frase dependería casi exclusivamente de las palabras concretas que rellenan los espacios de contenido.

Un análisis posterior nos lleva a profundizar en las reglas que gobiernan los cambios de formato de las palabras, es decir, las terminaciones de los verbos, la transformación de los verbos para convertirse en substantivos y adjetivos y las modificaciones sufridas por los substantivos para convertirse en verbos o adverbios. Estos detalles definen la estructura gramatical de manera más concreta sin entrar en problemas de semántica. Las terminaciones y modificaciones actúan de hecho como palabras de función. Su número y disposición condiciona la complejidad del reconocedor de habla. El inglés, en contraste con el español y en especial con el alemán, tiene muy pocas terminaciones y modificaciones distintas pero muchas palabras de función. Un primer análisis sugeriría que, aunque adoptan diferentes formas de estructuración, tanto los idiomas latinos como anglo-sajones contienen elementos muy semejantes. El problema del reconocimiento se encontraría en todos ellos en el establecimiento de una clara frontera entre los contenidos sintáctico y semántico. El hecho de que hasta ahora haya sido imposible establecer una gramática que explique en su totalidad el inglés o el español parece indicar que la sintaxis no pudiera nunca separarse por completo de la semántica.

Estas últimas reflexiones nos llevan a pensar que un sistema de reconocimiento automático de frases sería inviable sin una información previa sobre el contexto. Esta permitiría al reconocedor decidir, entre las diferentes alternativas, cuál es la más verosímil.

De esta forma, los actuales sistemas avanzados de reconocimiento de habla natural tratan de establecer, a través del diálogo entablado entre el hombre y la máquina, mediante preguntas y confirmaciones, el contexto de la interacción. Así por ejemplo, en una aplicación de agencia de turismo se pedirá confirmación sobre la opción escogida por la máquina para el destino, el horario, la categoría o las restantes entradas necesarias. Se rellena así el formulario establecido que recoge todas las informaciones necesarias para desencadenar las actuaciones pertinentes y devolver al solicitante el tipo de respuesta esperada.

La máquina extrae de ese modo la información necesaria para rellenar su base de conocimiento temporal. En la actualidad, los esquemas de "razonamiento" de un ordenador se adaptan mal a a los procesos de adquisición del conocimiento por parte del ser humano. Cuando la mente humana analiza el mensaje hablado, en español, inglés o cualquier otro lenguaje natural, no lo hace según los mismos patrones que un ordenador. Este trata secuencias de órdenes escritas en un lenguaje estructurado de programación que no permite ambigüedades en la interpretación. En un programa de ordenador, una sentencia especifica la operación a realizar sobre las variables del programa. De la misma forma, en español o en inglés una frase establece una relación entre variables semánticas. En un ordenador, las variables se almacenan mediante una estructura de datos en archivos transitorios, pero el programa puede necesitar archivos especiales que se encuentran en la estructura predefinida del ordenador. Un determinado programa de ordenador concebido para un equipo concreto puede que no funcione en otro si la información general predefinida no coincide. De la misma forma, una frase en lenguaje natural puede que no resulte comprensible para otro ser humano a menos que ambos tengan el mismo trasfondo cultural.

La utilización del lenguaje, sea español o inglés, por la mente humana, se aleja considerablemente de la estructura de funcionamiento del procesador de un ordenador. La mente no establece una división clara de la memoria entre archivos transitorios y permanentes. En el caso del ser humano, la memoria reciente se desvanece de forma relativamente lenta, mientras que la memoria "cultural", que representa la experiencia acumulada de la vida, se reestructura así mismo continuamente.

La dificultad principal para la construcción de sistemas que entiendan el lenguaje natural no radica en las propiedades del propio lenguaje, sino en el diseño de las estructuras apropiadas para contener la información semántica. Cuanto mayor sea la riqueza del material semántico, mayor será la complejidad de la sintaxis necesaria para soportarla y más rebuscada será la naturaleza de la estructura de información necesaria para contenerla.

Este razonamiento nos lleva fácilmente a dos ideas fundamentales: primero, las estructuras de información de los sistemas automáticos (ordenadores) actuales se adaptan mejor al entendimiento de frases habladas de baja riqueza semántica y donde el contenido semántico y sintáctico se encuentren muy desacoplados; segundo, el éxito de la aplicación depende fundamentalmente de la capacidad de los diseñadores para concebir una estructura apropiada de información que contenga el material semántico y unos mecanismos de diálogo para confirmar o desechar alternativas.

Parece, pues, inevitable que quien interaccione con una máquina oralmente tendrá que adaptar sus estructuras de lenguaje a las de un lenguaje de programación, cualquiera que sea su idioma de partida. Solo el desarrollo de experiencias prácticas en un determinado lenguaje hará progresar el conocimiento de cómo, en ese idioma específico, pueden tratarse aplicaciones de complejidad semántica creciente, adaptadas a la estructura mental propia de esa lengua.

El futuro de la lengua española en las Autopistas de la Información

En una sociedad estructurada en torno a las comunicaciones, el idioma ha de ser objeto de especial cuidado para garantizar que las nuevas vías tecnológicas encuentren en él un adecuado soporte de expresión del contenido informativo. De lo contrario, las Autopistas de la Información no serán más que una vía más rápida de penetración de otras culturas. Quienes controlen los medios de producción y expresión de los contenidos serán los verdaderos beneficiarios de la sociedad de la Información. En la actualidad, existe un reconocimiento mundial de la importancia del español como idioma base de la cultura y del conocimiento y se puede decir que su repercusión como segunda y tercera lengua está aumentando. En el año 2000 serán más de veinticinco millones, hay quien incluso eleva esta cifra al doble, los ciudadanos norteamericanos que hablen español.

Sin embargo, esta indiscutible expansión del español no puede servir para descuidar aspectos cualitativos de gran repercusión social y económica. No basta con contar con una lengua de comunicación internacional de amplia cobertura, es necesario estimular actuaciones que impulsen el español como soporte de las tecnologías de la información a la altura de su arraigo internacional. Estas deberían garantizar la existencia de los desarrollos técnicos necesarios para que el español mantenga su rango de aplicación en los interfaces hablados con los proveedores automáticos de información. Los servicios interactivos de información y entretenimiento constituyen el nuevo motor económico mundial. Sólo si el español conserva su capacidad de interacción hablada con los sistemas automáticos, podrá seguir considerándose como una lengua de comunicación internacional de primer rango.

Las repercusiones económicas para los países hispano-hablantes serán sin duda enormes. Este colectivo constituye un mercado potencial tan rico como poco explotado. La industria norteamericana es puntera en la elaboración de sistemas interactivos basados en tecnología del habla y ha descubierto recientemente el rico potencial de la lengua española lanzándose a su conquista. Si los países hispano-hablantes desatienden su política lingüística, sus ciudadanos consumirán ávidamente los productos desarrollados por industrias de tecnología del habla norteamericana o incluso japonesa que introducirán un español tecnológico de raíces fonéticas y sintácticas muy diferentes. Esta situación tendrá graves consecuencias tanto para la economía como la cultura de nuestro país.

En una economía global de las comunicaciones, cobran mayor valor los elementos diferenciales e intangibles de los contenidos de información. Estos fluirán, tanto a través de los medios tradicionales como de las llamadas autopistas de la información, cuyo mejor exponente actual es la red Internet, hacia todos los comunicantes a la manera de una conexión local.

Como hemos visto anteriormente, la tecnología del habla se basa en un substrato de aplicación general, válido para todos los idiomas, que se adapta a cada lengua y aplicación mediante trabajos de personalización que incorporan los elementos lógicos y de conocimiento particulares de cada caso.

Las nuevas infraestructuras globales de información ofrecen una importante oportunidad para el desarrollo de una industria española de tecnología del habla abarcando todo aquello que modifica la lengua mediante el uso de estas nuevas técnicas.

El español es deficitario en productos de tecnología lingüística, siendo llamativo que países cuyas lenguas no gozan de la implantación del español aprovechen su pujanza industrial para construir productos lingüísticos incluso en español. Es preocupante observar que los pequeños sistemas comerciales de ayuda a la traducción automática, glosarios, diccionarios y métodos de aprendizaje del español que están en el mercado no proceden de la industria española. Esta situación pone de manifiesto que empresas e instituciones extranjeras se están abriendo camino realizando productos de soporte lógico o *software* en español para aplicaciones tan fundamentales en el desarrollo de la sociedad de la información como es la traducción automática o asistida, la elaboración automática de diccionarios y léxicos, la comunicación oral hombre-máquina y la enseñanza informatizada del español.

Es, pues, obligado aunar esfuerzos investigadores e industriales para devolver al idioma español su valor patrimonial. Esto permitirá a las instituciones económicas y culturales recobrar el espacio perdido y garantizar que los productos lingüísticos "Fabricados en España" estén presentes con la debida fortaleza en las encrucijadas de las Autopistas Mundiales de la Información.

La enseñanza del español como lengua extranjera

Francisco Moreno Fernández

Introducción

La expansión de la lengua española a lo largo y ancho del mundo ha sido constante desde hace cinco siglos. El español, en la actualidad, es lengua materna de un número de hablantes superior a los 350 millones y lengua oficial de una veintena de países. Por número de hablantes, la lengua española es la cuarta lengua del mundo, tal vez la tercera, por detrás del chino mandarín, el inglés y el hindi; como lengua internacional ocupa un lugar destacado, siempre después del inglés; como vehículo de comunicación de la política, la economía y la cultura internacionales, es la tercera, después del inglés y el francés.[1]

Pero, la capacidad de expansión de una lengua no debe valorarse exclusivamente por su número de hablantes o por la cuantía de las transacciones comerciales que se realizan utilizándola como instrumento de comunicación; también es importante atender al interés que ha suscitado y suscita su aprendizaje como lengua extranjera o como segunda lengua, aunque todo ello está estrechamente relacionado. Desde este punto de vista, el interés por el español parece haber aumentado en los últimos años de un modo significativo en todo el mundo. El objetivo

[1] Véase Marqués de Tamarón, "El español: ¿lengua internacional o *lingua franca*", *Actas del Congreso de la Lengua Española. Sevilla 1992*, Madrid, Instituto Cervantes, 1994, p. 206. Véase también A. Quilis, *El español en cuatro mundos*, Madrid, Mapfre, 1992; C. Hernández, "Política lingüística española en América", *Los derechos humanos en América*, Valladolid, Cortes de Castilla y León, 1994, pp. 97-121.

principal de estas páginas será, precisamente, intentar determinar dónde y en qué grado se ha producido tal aumento.

En los primeros meses de 1992 acepté un encargo del Instituto Cervantes tremendamente atractivo, aunque, a la vez, de una complejidad y un riesgo evidentes: preparar un informe preliminar y general sobre "El español en el mundo". Para la redacción del informe conté con el apoyo técnico del Instituto y con la ayuda impagable de dos colaboradores de la Universidad de Alcalá de Henares: Manuel Leonetti e Isabel Molina. Teniendo en cuenta las muchas limitaciones que se nos presentaban –además de la escasez de tiempo,[2] la carencia de materiales correspondientes a épocas anteriores, por ejemplo–, se nos pidió que diéramos prioridad a ciertas regiones del mundo. Las áreas geográficas que recibieron un tratamiento menos escueto fueron Norteamérica, Japón, la Unión Europea, los países del Este de Europa y el Norte de África; la atención prestada a otros territorios, como Australia o China, fue mínima, cuando no inexistente[3].

El trabajo sobre la enseñanza del español como lengua extranjera que ahora presento es consecuencia, en cierto modo, de ese informe y me va a dar la oportunidad de hacer algunas consideraciones metodológicas de las que tuve que prescindir en 1992 y de aportar información actualizada. En esta ocasión, sin embargo, buscaré más decididamente la comparación de la enseñanza del español con la de otras lenguas, para obtener, mediante el contraste, una imagen realista de la situación, hasta donde sea posible[4].

[2] El tiempo acordado para la elaboración y presentación del informe final fue tan sólo de dos meses.

[3] No quisiera que estas palabras introductorias se interpretaran como justificación de las carencias que evidentemente ofrecía el informe presentado al Instituto Cervantes. Al contrario, deseo subrayar que el trabajo se ajustaba a los objetivos previstos en el proyecto inicial –prueba de fuego de cualquier investigación– y aportaba una información que resultó muy útil y, en ciertos aspectos, hasta reveladora.

[4] Por lo demás, la experiencia acumulada no me ha servido de mucho porque vuelvo a aceptar un encargo de cierta envergadura para resolverlo en el plazo de unas pocas semanas. Evidentemente el Marqués de Tamarón, director del volumen, no es en absoluto responsable de mi temeridad. Para él mi agradecimiento por invitarme a participar en este foro del INCIPE y de la Fundación Duques de Soria.

CONSIDERACIONES METODOLÓGICAS

La recopilación de datos sobre la enseñanza de lenguas (segundas o extranjeras) entraña unos problemas muy difíciles de resolver desde un punto de vista práctico, especialmente si se trata de una lengua internacional, hablada y aprendida en situaciones geopolíticas diferentes. Las dificultades surgen en frentes diversos y se cruzan e imbrican de forma constante. A ellas dedicaremos algún comentario, pero conviene matizar que las que presentan una salida más difícil suelen tener su origen no tanto en la enseñanza de lenguas en sí como en los procedimientos de recoger información sobre esa enseñanza. Conviene saber, por otra parte, que las estadísticas disponibles sobre la enseñanza de una lengua no tienen por qué reflejar inequívocamente el interés que existe en un momento determinado por aprender esa lengua, porque los sistemas educativos no suelen estar en condiciones de asimilar rápidamente una demanda grande cuando es imprevista o reciente.

El camino más fácilmente transitable, si se quiere saber cuántas personas están aprendiendo una lengua determinada como lengua extranjera o como segunda lengua, es el de trabajar con cantidades referidas a alumnos vinculados a centros de enseñanza. Claro está que existen otras formas de aprender o adquirir lenguas extranjeras o segundas lenguas, ajenas a los centros de enseñanza, pero lo cierto es que resultan muy difíciles de controlar o de conocer objetivamente. De ahí que resulte menos arriesgado hablar de "enseñanza" de lenguas que de "adquisición" o "aprendizaje".

La enseñanza de lenguas extranjeras puede desarrollarse de formas diferentes, dependiendo de factores muy diversos: puede ser pública o privada; puede darse, por ejemplo, dentro de sistemas educativos que persigan una educación bilingüe o como complemento de sistemas esencialmente monolingües.

En el caso de la educación bilingüe, las características concretas del sistema dependerán de sus objetivos lingüísticos, del lugar que ocupe cada lengua en el currículum, de la relación entre la lengua del alumno y la lengua principal de la enseñanza y de la homogeneidad lingüística del alumnado, entre otros factores.

En el caso de una enseñanza de lenguas extranjeras complementaria de un sistema monolingüe, ésta puede practicarse en condiciones muy diferentes, que dependerán del horario en que se impartan las clases, del grado de motivación del alumnado, de la formación y las características lingüísticas del profesorado, del carácter –obligatorio u optativo– de tal enseñanza y de la distancia entre la lengua del alumno y la lengua que se aprende, entre otros factores.

Con todo lo anterior queremos recordar simplemente que si una persona está "estudiando" una lengua extranjera o una segunda lengua, lo puede estar haciendo en condiciones lingüísticas, educativas y socio-lingüísticas muy diferentes y que los resultados del proceso de enseñanza-aprendizaje pueden ser muy heterogéneos. Así pues, al hablar de estudiantes de español como lengua extranjera de una forma genérica, se puede estar haciendo referencia a una realidad tan variada como imprecisa.

Pero, a propósito de la enseñanza y aprendizaje de una lengua extranjera en el mundo, ¿qué dificultades prácticas presentan su cuantificación y su estudio? Además de los problemas generales que acabamos de comentar, habría que tener en cuenta otros, fundamentalmente de orden práctico: la falta de homogeneidad de los sistemas educativos, la falta de datos fiables sobre el ámbito de la enseñanza privada y la limitada comparabilidad de las estadísticas internacionales disponibles.

El primero de los problemas con que nos enfrentamos es la disparidad o la falta de homogeneidad entre los sistemas educativos que funcionan a lo largo y ancho del mundo, y del lugar que ocupan las lenguas extranjeras –y concretamente el español– dentro de ellos. Las edades de inicio y terminación de las enseñanzas primaria, secundaria y universitaria no coinciden en todos los países. Estos límites son importantes a la hora de valorar la proporción de estudiantes de una lengua extranjera porque se puede estar trabajando con poblaciones de tamaños muy distintos.

A ello hay que añadir que las lenguas extranjeras incluidas en las enseñanzas oficiales reciben una consideración muy diferente: algunas son lenguas obligatorias y se enseñan todos los días de la semana; otras son optativas y se enseñan como segundas o terceras lenguas extranjeras con horarios y medios muy limitados. A menudo, los informes sobre la enseñanza de lenguas pasan por encima de este tipo de detalles y clasifican como estudiante de una lengua determinada a cualquier persona matriculada o inscrita en un curso de esa lengua, sea cual sea la naturaleza del curso.

Por otro lado, la recogida de información –ya no decimos de información adecuada– sobre la enseñanza de lenguas extranjeras en centros privados se suele encontrar con mil inconvenientes. Son enormes las dificultades para conseguir datos sobre el número de alumnos o de profesores de las academias privadas: los propios centros se niegan a proporcionarlos. Esto obliga a prescindir de una parte de la realidad especialmente dinámica y representativa, y a trabajar solamente con estadísticas referidas a centros públicos y oficiales[5].

Por último, resulta particularmente difícil conseguir estadísticas realizadas con unas mismas técnicas, con unos mismos criterios, en unos mismos periodos de tiempo y sobre unas mismas regiones. Desgraciadamente, tan difícil es conseguir que todos los países de la Unión Europea faciliten a un organismo coordinador datos cualitativamente comparables sobre un determinado aspecto, como que todas las embajadas de un país remitan al Ministerio de Asuntos Exteriores correspondiente una información requerida en unos plazos y unas condiciones predeterminados.

El resultado de esta realidad es que no disponemos, en lo que se refiere a la enseñanza del español como lengua extranjera, del mismo tipo de información para todas las regiones del mundo: en unos casos los datos son recientes, en otros son anticuados, en otros simplemente no existen; algunos países no tienen datos sobre profesores, otros no los tienen sobre estudiantes universitarios, etc.

Ante un panorama como éste, la pregunta cae por su propio peso: ¿es posible llegar a conocer con exactitud cuál es el estado de la enseñanza de una lengua en el mundo y en un momento determinado? Podría responderse que tal conoci-

[5] Para redactar este trabajo, hemos solicitado información a varias academias de idiomas de implantación internacional y ninguna de ellas nos ha aportado un solo dato.

miento es un ideal al que hay que aproximarse lo más posible y de un modo progresivo, aunque en la práctica resulte casi imposible alcanzarlo: los datos más recientes siempre reflejan realidades que han dejado de existir.

Así las cosas, ¿cuál es el medio más adecuado para aproximarse a ese conocimiento? En nuestra opinión, el medio más fiable consiste en reunir la información desde un mismo punto, en unos mismos momentos y con unas mismas técnicas. Se trataría de elaborar un modelo de cuestionario que se enviaría a una serie de centros equivalentes distribuidos por todo el mundo, con el compromiso de remitir la información solicitada en unos plazos y con unas condiciones determinadas de antemano. A este respecto, el Instituto Cervantes se comprometió en 1993 a elaborar el *Libro blanco del español en el mundo*; en él tendría que recogerse la información a la que venimos haciendo referencia.

La enseñanza oficial del español en el extranjero y como lengua extranjera

La enseñanza oficial de lenguas extranjeras, como la de iniciativa privada, se lleva a la práctica de formas diversas y en centros de muy distinta naturaleza. Puede decirse que todos los sistemas educativos oficiales del mundo recogen en sus currículos, con mayor o menor presencia, la enseñanza de lenguas extranjeras. Por otra parte, algunos países tienen implantado en el extranjero su propio sistema educativo a través de centros específicos, de tal forma que las personas que acuden a estos centros, generalmente en un número relativamente reducido, reciben la misma enseñanza que recibirían en un centro oficial situado en el país en cuestión, y en la lengua de ese mismo país. El panorama de la enseñanza oficial de lenguas se podría completar con la labor de los centros o institutos destinados específicamente a la promoción y difusión de ciertas lenguas en territorios extranjeros.

La enseñanza oficial del español como lengua extranjera se lleva a la práctica en los tres frentes que acabamos de señalar:

1.º Se trata de una lengua cuya enseñanza-aprendizaje figura en los planes de estudio de la mayoría de los países del mundo, generalmente en la Enseñanza Secundaria, en la Universitaria o en ambas (español como lengua extranjera, desde el extranjero).

2.º Se trata de una lengua que se utiliza como instrumento de la acción educativa de algunos países, especialmente de España, en el extranjero (español en el extranjero, como primera o segunda lengua, o como lengua extranjera).

3.º Se trata de una lengua promocionada y difundida por una organización dedicada específicamente a ello: el Instituto Cervantes (español como lengua extranjera, en el extranjero).

A estos frentes educativos podríamos añadir la enseñanza de español para extranjeros que se imparte en centros oficiales de España o de otros países hispanohablantes: pensamos, por ejemplo, en las Escuelas Oficiales de Idiomas o en los cursos de español para extranjeros organizados por las universidades. Pero, en este momento nos interesa detenernos solamente en dos de los ámbitos que acabamos de presentar: aquellos que partiendo de una organización española suponen el desarrollo de una actividad educativa en el extranjero (2 y 3)[6].

a) *La acción educativa española en el exterior: el Ministerio de Educación y Ciencia*

En 1993 se publicó, en el *Boletín Oficial del Estado,* el Real Decreto que regula la acción educativa española en el exterior. El principal responsable de tal acción es el Ministerio de Educación y Ciencia, y sus objetivos más destacados son atender las necesidades de la población española residente en el extranjero, responder a la demanda de español como lengua extranjera por parte de la población no española y contribuir a la promoción y difusión de la lengua y la cultura española en el

[6] Desgraciadamente no cuento con datos referidos a la acción educativa de otros países hispanohablantes en el exterior, de ahí que me refiera exclusivamente a actividades organizadas desde España.

mundo. Estos objetivos se cumplen en varios tipos de centros educativos, entre los que destacan los centros docentes de titularidad del Estado español, –en los que se imparten las enseñanzas regladas no universitarias del sistema educativo español–, los centros docentes de titularidad mixta –en los que se imparten enseñanzas que conducen a una doble titulación, española y extranjera– y las secciones españolas que forman parte de centros extranjeros o de Escuelas Europeas[7].

Durante el curso 1994-1995, el número de alumnos que se beneficiaron de esta acción educativa española, en los 25 países en los que existía, fue de 40.124. Estos alumnos se distribuyeron de la siguiente manera:

CUADRO 1
NÚMERO DE ALUMNOS DE LA ACCIÓN EDUCATIVA ESPAÑOLA EN EL EXTERIOR, 1994/1995

Alumnos de Educación Infantil y Primaria:	9.996
Alumnos de Bachillerato y C.O.U.:	3.874
Alumnos de Formación Profesional:	218
Alumnos de Lengua y Cultura españolas:	22.456
Alumnos de Lengua y Cultura españolas para extranjeros:	3.580

FUENTE: C. Miranda Sánchez, «La acción educativa española en el exterior», *Escuela Española*, 1995.

A la vista de estas cantidades, no se puede decir que la acción educativa en el exterior, por parte de España, tenga una importancia extraordinaria, aunque tampoco estamos ante unos números o unas actividades insignificantes. Entre ellos llaman la atención los correspondientes a la enseñanza de lengua y cultura españolas, especialmente cuando esa enseñanza va a destina-

[7] También existen programas específicos para hijos de residentes españoles, que pretenden ofrecer una formación complementaria en lengua y cultura españolas a aquellos alumnos que no la reciben en el sistema educativo en el que están escolarizados.

da a hijos de residentes españoles en el extranjero. Esta enseñanza específica se desarrolla en las "Agrupaciones" y "Aulas" de lengua y cultura españolas, y tiene como objetivo principal mantener y cultivar los vínculos lingüísticos y culturales con España de los alumnos españoles escolarizados en sistemas educativos de otros países. Según señala Miranda, se trata de ofrecer a los hijos de los residentes españoles "la posibilidad de alcanzar un adecuado nivel de competencia lingüística, un conocimiento actualizado de la realidad socio-cultural española y un enriquecimiento inter-cultural"[8]. Esencialmente se busca el cultivo y el conocimiento de la lengua española, pero no como lengua extranjera, sino más bien como segunda lengua. Téngase en cuenta que muchos de estos alumnos, aun siendo hijos de españoles, pueden tener como primera lengua una lengua extranjera y que incluso en los casos en que son capaces de entender o usar el español para la comunicación familiar o informal, este uso lingüístico suele necesitar un desarrollo funcional a través de algún tipo de escolarización. Las aulas y agrupaciones de lengua y cultura españolas contribuyen a ese desarrollo funcional con unas enseñanzas organizadas en diez cursos y distribuidas en tres niveles.

Entre los datos que se presentan en el Cuadro 1, también nos llama la atención el número de alumnos de lengua y cultura españolas para extranjeros (3.580). Ahora bien, ese número no destaca ni por ser especialmente elevado, que no lo es, ni por ser demasiado bajo, que tampoco lo es, sino por formar parte de una actividad de la acción educativa en el exterior del Ministerio de Educación y Ciencia. En principio, cabría esperar que toda la enseñanza oficial de español como lengua extranjera, en el extranjero, estuviera organizada en torno al Instituto Cervantes, pero parece que no es así. Desde nuestro punto de vista, esos 3.580 alumnos deberían figurar en las estadísticas del Instituto Cervantes y no en las del Ministerio de Educación. Tal vez la explicación esté en el poco tiempo transcurrido desde la creación del Instituto, lo que justificaría que la situación de provisionalidad y el periodo de traspaso de competencias, personal y

[8] C. Miranda Sánchez, "La acción educativa española en el exterior", *Escuela Española*, Núm. 3.228, 30 de marzo de 1995, p. 22.

medios aún no hayan concluido. Si ese número de alumnos respondiera realmente a una duplicación de esfuerzos, habría que poner los medios para normalizar tal situación[9], porque no parece de recibo que estén dedicándose a un mismo fin estructuras administrativas y académicas pertenecientes a organismos diferentes. En el caso de la enseñanza del español se está produciendo un solapamiento de funciones entre el Instituto Cervantes, el Ministerio de Educación y Ciencia y también el Ministerio de Asuntos Exteriores de España, solapamiento que debería desaparecer de forma inmediata, en beneficio de una acción más intensa por parte del Instituto Cervantes.

b) *La enseñanza oficial del español como lengua extranjera: el Instituto Cervantes*[10]

El Instituto Cervantes fue creado en 1991 con el objetivo preciso de difundir la lengua y la cultura españolas en el mundo. Se trata de una entidad pública, dependiente de los Ministerios de Asuntos Exteriores, Educación y Ciencia y Cultura[11], y creada a imagen y semejanza de otras instituciones con fines similares, como el Institut Français, el British Council, la Società Dante Alighieri o el Goethe Institut.

Actualmente el Instituto Cervantes está implantado en una veintena de países y cuenta con 32 centros[12]. A pesar de lo reciente de su creación, el número de alumnos alcanzó en 1994

[9] Debe tenerse en cuenta, no obstante, que en dos años se ha reducido de forma muy significativa el número de alumnos de lengua y cultura españolas para extranjeros dependientes del Ministerio de Educación: en el curso 1992-1993 eran 4.953 (información procedente de la Secretaría General Técnica del Ministerio de Educación y Ciencia).

[10] Los datos que manejamos del Instituto Cervantes proceden de las memorias anuales; la última, *Memoria anual 1993-94*, Madrid, Instituto Cervantes, 1994.

[11] Por eso llama poderosamente la atención que se hagan la competencia entre sí, y que se la hagan al propio Instituto Cervantes.

[12] Los centros se encuentran en las siguientes ciudades: Abidján, Alejandría, Ammán, Argel, Atenas, Beirut, Bucarest, Burdeos, Casablanca, Damasco, Dublín, El Cairo, Fez, Leeds, Lisboa, Londres, Manchester, Manila, Milán, Múnich, Nápoles, Nueva York, París, Rabat, Roma, Tánger, Tetuán, Toulouse, Túnez, Utrecht, Varsovia y Viena. No todos ellos desarrollan una labor docente.

la cantidad de 19.314, lo que supuso un incremento, con respecto a 1993, de un 14%.

Además de organizar cursos y actividades culturales de la más diversa índole y de participar en varios proyectos educativos y de investigación internacionales, el Instituto Cervantes es el responsable de la gestión para la obtención de los Diplomas de Español como Lengua Extranjera, que expide el Ministerio de Educación y Ciencia. El número de personas inscritas en los exámenes para la obtención de estos diplomas oficiales también ha aumentado de una forma constante desde 1989, fecha de su implantación: en 1989 se inscribieron 587 personas; 4.785 en 1990, 7.375 en 1991, 7.360 en 1992, 7.901 en 1993 y 8.767 en 1994. (Véase Gráfica 1).

GRÁFICA 1
EVOLUCIÓN DE INSCRITOS
EN LOS DIPLOMAS DE ESPAÑOL COMO LENGUA EXTRANJERA

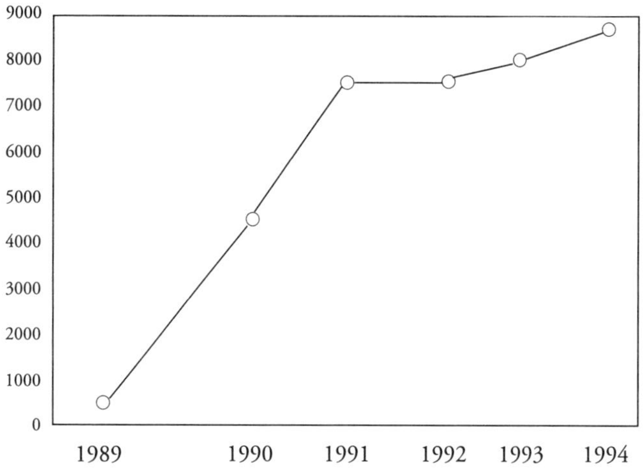

Las cantidades que acabamos de presentar desprenden cierto optimismo en cuanto a la progresión de esta enseñanza oficial del español[13]. Ahora bien, un modo de calibrar el alcance de esa

[13] Normalmente el número de inscripciones en los exámenes es inversamente proporcional a la cantidad de centros en los que se enseña español. Destaca, por

progresión con mayor objetividad podría ser la comparación de algunas de las estadísticas del Instituto Cervantes con las que ofrecen otros centros de características similares para la enseñanza de otras lenguas.

Si establecemos una somera comparación con el British Council o el Goethe Institut, por ejemplo, apreciamos inmediatamente que las dimensiones de las actividades organizadas por esas instituciones están a una gran distancia de las del Instituto Cervantes: el Goethe Institut tiene 152 centros y el British Council tiene 86 centros docentes en todos el mundo, frente a los 28 del Cervantes; el British Council cuenta con 1.200 profesores, mientras que la plantilla de los centros del Cervantes está formada por 296 personas; el Goethe Institut tiene aproximadamente 120.000 alumnos cada año, seis veces más que el Cervantes; durante el curso 1993-1994 el British Council realizó 20.000 exámenes del "International English Language Testing Service", frente a los cerca de 9.000 inscritos en los diplomas oficiales de español.[14]

Aunque la comparación de estos pocos números es suficientemente elocuente, hay que decir que en verdad no hace justicia a la actividad académica y cultural del Cervantes, puesto que son muy pocos los años que lleva funcionando: téngase en cuenta que el British Council, por ejemplo, cuenta con medio siglo de historia y que la Società Dante Alighieri es una organización centenaria[15]. La conclusión que se desprende de los datos

ejemplo, el número de inscritos en Grecia, país en el que la enseñanza oficial del español prácticamente no existe. Agradezco a Pilar Palanco los datos que me ha proporcionado y sus interesantes comentarios.

[14] Hay que tener en cuenta que los exámenes de inglés del IELTS no son los únicos que se ofrecen en el mercado lingüístico internacional.

[15] Los datos sobre el British Council proceden de *The British Council annual report and accounts 1993/94* y se nos han facilitado en el Instituto Británico de Madrid. Agradecemos la ayuda y la colaboración prestadas. Debemos advertir, sin embargo, que no se nos ha proporcionado información alguna sobre número de alumnos, ni en España ni en el mundo, bajo el argumento de que se trata de datos confidenciales. Los datos sobre el Goethe Institut nos han sido proporcionados por el propio Instituto de Madrid. Allí se nos hizo saber que la única forma de conocer el número de alumnos de los Institutos Goethe distribuidos por todo el mundo era solicitar esa información directamente a cada una de las sedes (152). Por otro lado, ni el Instituto Francés de Madrid ni el Bureau de Cooperation Linguistique et Educative de la Embajada de Francia nos han proporcionado un

que acabamos de comentar es clara: el quehacer y la dimensión del Instituto Cervantes han experimentado un crecimiento notable desde su aparición en el panorama internacional, crecimiento que contrasta, por ejemplo, con el retroceso que parece estar conociendo el propio British Council en Europa[16]. A pesar de todo, el Cervantes aún se encuentra lejos de las cifras que manejan otros institutos de fines semejantes.

LA ENSEÑANZA DEL ESPAÑOL COMO LENGUA EXTRANJERA EN EL MUNDO

Señalábamos más arriba que la lengua española figura como lengua extranjera en los planes de estudio de la mayoría de los países del mundo, generalmente en la Enseñanza Secundaria, en la Universitaria o en ambas, aunque también se ofrece en la Enseñanza Primaria de algunos sistemas educativos.

En el informe preliminar sobre "El español en el mundo" del Instituto Cervantes, se resumía así la situación del español como lengua extranjera:

> El español y la cultura hispánica siempre ha suscitado el interés de los extranjeros, pero, en los últimos años, ese

solo dato sobre el número de alumnos, profesores o centros del Instituto Francés. Después de solicitar repetidamente este tipo de información en el Servicio Cultural de la Embajada, sólo hemos conseguido, por dos veces, la fotocopia del número 249 de la revista *Cahiers Français*, dedicado a *Le système éducatif*, donde no se trata ningún aspecto de la enseñanza oficial del francés en el extranjero o como lengua extranjera. Tampoco se nos ha podido proporcionar ninguna estadística sobre los exámenes correspondientes a los diplomas oficiales de lengua francesa (DELF y DALF) en todo el mundo. Tan sólo tenemos información reciente y fiable sobre inscripciones en el DELF (Diplôme d'Etudes en Langue Française) en España durante el año 1994: en este periodo el número de inscritos fue de 9.567. Agradecemos a Jacqueline Rousseau, responsable del Centro Nacional del DELF del Instituto Francés de Madrid, su colaboración y su interés por nuestro trabajo.

16 "The recession affected our results in Europe where there was a marked downturn, especially in Spain". *The British Council report and accounts 1993/94*, p. 24. El retroceso del British Council en otros lugares coincide con el que han experimentado otros institutos: "Our operation in Hong Kong has also been affected by the climate of uncertainty leading up to 1997. The centre in Algiers was closed because the security situation represented a threat to staff" (*ibid.*).

> interés se ha desarrollado de forma muy notable, hasta tal punto que sólo se ve superado por el que despierta la lengua inglesa. El que tal vez justifica de forma más clara tal afirmación es el de las actividades en torno a la enseñanza de la lengua española. Éstas poseen en cada región del mundo y en cada país unas características y unas dimensiones muy diferentes, por lo que resulta inadecuada cualquier generalización. Hay, sin embargo, una nota común en casi todas ellas: en los diez últimos años la demanda de enseñanza del español se ha multiplicado, al menos, por dos.

Transcurridos unos años desde entonces, cabe preguntarse si la tendencia de crecimiento que se observaba en la enseñanza del español se sigue manteniendo, y qué supone el aumento de la demanda de español en relación con la enseñanza de otras lenguas de cultura.

Para afrontar estas cuestiones pondremos nuestra atención solamente en algunas regiones del mundo, porque de nuevo debemos lamentar la falta de informes o estadísticas sobre muchos países (por ejemplo, China[17] o, recientemente, Rusia). Los territorios que van a recibir un tratamiento más detenido son Europa –especialmente los países de la Unión Europea–, los Estados Unidos de América, Brasil, Japón, Oceanía y, en menor medida, África (especialmente el África subsahariana).

Pero, ¿por qué estas áreas y no otras? Sencillamente porque sólo de ellas hemos podido recoger alguna información actualizada y porque, antes de comenzar nuestras pesquisas, el director

[17] Sobre China, contamos con el artículo de Ch. Yea-Hong titulado "La enseñanza del español en la República China", pero en él se ofrecen datos que corresponden a una situación anterior a 1985 y que no permiten un análisis detallado ni comparativo con la enseñanza de otras lenguas. En Taiwan se enseñaba el español, en 1985, a 1.225 personas en 28 universidades; en Corea a 2.507 alumnos en ocho universidades. De China también conocemos algunos datos referidos a la enseñanza del francés en 1990: esta lengua, que tradicionalmente había sido la segunda lengua extranjera, después del inglés, se ha visto desbancada en la universidad por el alemán y el japonés. Véase *État de la francophonie dans le monde. Rapport 1990*, Paris, La documentation Française, 1990, p. 181. Sobre Corea, contamos con los datos de I-Bae-Kim referidos a 1991: "La enseñanza del español en la República de Corea". Este trabajo y el de Yea-Hong se recogen en las *Actas del Primer Congreso de Hispanistas de Asia* (Seúl, Asociación Asiática de Hispanistas, 1991, pp. 39-58 y 21-38, respectivamente).

del volumen nos manifestó su especial interés por algunos de estos territorios, concretamente por los Estados Unidos de América, por Europa y por Japón. Se debe reconocer, no obstante, que, dentro de las muchas limitaciones, no ha faltado ambición en el planteamiento general del informe y que esos territorios representan una parte amplia y significativa del mundo, sin que ello suponga minusvalorar de ningún modo otras áreas. En cuanto a las limitaciones, me basta recordar los problemas que hemos comentado en el epígrafe sobre consideraciones metodológicas.

a) *La enseñanza del español en Europa*

La Unión Europea es una de las regiones del mundo en las que más se estudian la lengua y la cultura españolas. Dado que la situación de la enseñanza del español en esta comunidad no ha variado sustancialmente desde 1992, partiremos de la caracterización presentada en el informe preliminar del Instituto Cervantes para luego aportar algunos datos parcialmente actualizados. La enseñanza del español como lengua extranjera, y de otras lenguas, en la Unión Europea tiene unas características que podemos resumir en los siguientes puntos:

1.º En términos generales, existen pocas disposiciones legales en la Unión que regulen la enseñanza de idiomas para las Escuelas Primarias. En aquellos países que tienen más de una lengua oficial, las escuelas primarias se encargan de enseñar esas lenguas y en esas lenguas, pero la enseñanza de lenguas extranjeras a menudo tiene un carácter optativo o simplemente experimental.

2.º Durante los últimos años los sistemas educativos de varios países europeos se han visto sometidos a reformas más o menos profundas que afectan directamente a la enseñanza de las lenguas extranjeras, por lo que hay que relativizar el valor de las estadísticas más recientes, sobre el español y sobre las demás lenguas.

3.º Uno de los rasgos que caracteriza a la Unión Europea es la atención que en ella se presta a las lenguas extranjeras en el nivel de la Enseñanza Media. En todos los estados miembros, la mayor parte de los alumnos tienen la posibilidad de aprender al menos una lengua extranjera a partir del primer año en este nivel educativo. Además ese primer idioma suele tener un carácter obligatorio.

4.º El idioma extranjero más enseñado en la Unión Europea es el inglés (excluyendo los países de las Islas Británicas). La enseñanza del inglés viene seguida de la del francés. Si incluimos los estados en los que el inglés es idioma oficial, la primera lengua extranjera estudiada en la Unión es el francés.

5.º Los idiomas más enseñados como lenguas extranjeras son, por este orden, el alemán, el español y el italiano (además del inglés y el francés)[18].

6.º La Unión Europea cuenta con más de 130 departamentos universitarios de español o en los que se enseña español (suelen ser departamentos de lenguas románicas o modernas). Las naciones en las que se aprecia una mayor atención universitaria hacia el español son Francia y Alemania.

Actualmente el número de alumnos de Enseñanza Media que estudian español en la Unión Europea debe de superar los 2 millones. La tarea de enseñar español en los niveles medios está encomendada a más de 12.000 profesores, cantidad que incluye aquellas personas que enseñan español exclusivamente y las que también enseñan otras lenguas extranjeras.

La impresión más extendida en la actualidad es que la lengua y la cultura españolas siguen experimentando un aumento de la demanda, tanto en la Enseñanza Secundaria como en la Universitaria. Esta impresión queda corroborada parcialmente por los datos que proporciona la Unidad Europea de Eurydice, aunque las estadísticas del informe *La enseñanza de las lenguas extranjeras en los sistemas educativos de la Comunidad Europea* están cerradas con fecha de diciembre de 1992. De todos los datos que aporta este informe, son los correspondientes a la Enseñanza Secundaria los que permiten una mejor comparación

[18] Véase Unidad Europea de Eurydice, *La enseñanza de las lenguas extranjeras en la Comunidad Europea*, 1993.

sistemática. Presentamos un cuadro con proporciones calculadas a partir de los datos oficiales de Eurydice.

CUADRO 2
PROPORCIÓN DE ALUMNOS DE VARIAS LENGUAS EXTRANJERAS EN LA ENSEÑANZA SECUNDARIA DE LA UNIÓN EUROPEA. AÑOS 1985-1987 Y 1990-1992

	85-87	90-92
Inglés	57,7 %	60,5 %
Francés	43,3 %	39,8 %
Alemán	6,75%	11,8 %
Español	1,7 %	4,7 %
Italiano	0,1 %	0,54%

FUENTE: Información elaborada a partir de los datos proporcionados por Eurydice.

El Cuadro 2 nos muestra la proporción de alumnos de cinco lenguas extranjeras en la Enseñanza Secundaria de la Unión Europea durante los periodos 1985-1987 y 1990-1992. Estas proporciones se han calculado a partir de las estadísticas de todos los países de la Unión, reduciendo a frecuencias relativas lo que en el informe de Eurydice se nos presenta en frecuencias absolutas y hallando los valores medios por periodos. Hay que tener en cuenta, no obstante, que varios países europeos se ven inmersos en procesos de reformas educativas que afectan a la enseñanza de lenguas extranjeras –lo que puede hacer variar de forma importante el número de alumnos de determinadas asignaturas de un año para otro– y que en nuestras estadísticas tiene que influir la heterogeneidad de las situaciones lingüísticas de estos países; compárese la situación político-lingüística de Portugal con la de Bélgica, por ejemplo. Por todo ello, la información que se ofrece en la Gráfica 2, elaborada con los datos del Cuadro 2, debe interpretarse simplemente como un conjunto de referencias y tendencias generales, en el que es más importante la posición relativa de las lenguas que sus valores absolutos.

GRÁFICA 2
PROPORCIÓN DE ALUMNOS DE VARIAS LENGUAS EXTRANJERAS EN LA ENSEÑANZA SECUNDARIA DE LA UNIÓN EUROPEA. AÑOS 1985-87 Y 1990-92

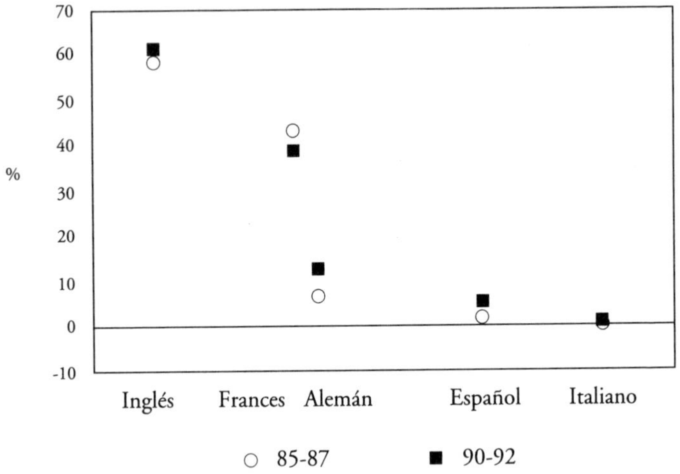

FUENTE: Información elaborada a partir de los datos proporcionados por Eurydice.

Esta gráfica deja ver con claridad varios hechos. En primer lugar, el inglés es la lengua extranjera más estudiada en la Unión Europea –excluyendo los países en los que el inglés es el idioma oficial–, seguido a una distancia notable por el francés. Debe recordarse, no obstante, que esta última lengua es la más estudiada en la Unión si se incluyen en el recuento los países anglófonos. En un tercer nivel estaría el alemán y, posteriormente, el español y el italiano.

Es importante observar que, durante los últimos años de la década de los ochenta, se ha producido un aumento del número de alumnos de todas lenguas extranjeras, fruto probablemente de las reformas de los sistemas educativos a las que se ha hecho referencia. La única lengua que, como lengua extranjera objeto de estudio, ha conocido un descenso proporcional del número de alumnos es el francés. Frente a esto, llama la atención el crecimiento del alemán –coincidente con el fortalecimiento de la posición económica de Alemania en Europa– y del español, en el que ha tenido que influir, entre otros factores, el hecho de haber pasado a ser lengua comunitaria.

El número de alumnos de español en la Enseñanza Secundaria europea ha aumentado de forma importante, aunque sigue ocupando una posición de relativa inferioridad en el conjunto de la Unión. La lengua española disputa con la alemana, según los países, la consideración de segunda lengua extranjera[19]. Por otra parte, el crecimiento del número de alumnos se ha visto acompañado por un aumento del número de profesores y de estudiantes que se están formando como profesores del español[20].

[19] El español es la segunda lengua extranjera más estudiada en Francia. En los últimos años, esto mismo ha comenzado a ocurrir, dentro del Reino Unido, en Irlanda del Norte y en Escocia, tanto en la Enseñanza Secundaria como en la Superior. Véase A. Ruiz Esturla, *Situación del español en el Reino Unido*, Londres, Consejería de Educación, 1994, p. 63. También W. Richardson, "Foreign Languages in the Irish Education System, with Special Reference to the Case of Spanish", *Donaire*, 4 (1995), pp. 87-92.

[20] Las estadísticas correspondientes a la enseñanza del español en los países escandinavos aún no son totalmente comparables con las que se tienen sobre los países de la Unión Europea. Gracias a la generosidad del Prof. Ingmar Söhrman disponemos de datos muy recientes sobre la enseñanza del español en Suecia, pero estos datos no se han podido contrastar con los de otras lenguas. Sabemos que el español se ofrece como asignatura en todos los institutos de Enseñanza Secundaria, incluidos los de formación de adultos (376 centros). En 1994 el número de estudiantes de español en la Enseñanza Secundaria era de 32.000. Es interesante destacar que el español se ofrece también en 73 colegios, donde ha sido cursado por 2.500 alumnos. Las academias privadas han impartido cursos de español a 21.000 personas y se estima que unas 5.500 siguen los cursos de español que se transmiten por radio. El número de estudiantes de español en las universidades suecas durante 1994 fue de 1.500, de ellos entre 40 y 50 seguían un doctorado en español (universidades de Estocolmo, Gotemburgo y, muy recientemente, Umeå). Aunque no contamos con datos exactos, se puede afirmar que el inglés y el alemán son las lenguas extranjeras más estudiadas en Suecia y Noruega, mientras que el francés y el español se disputan la tercera posición. En Austria, el inglés y, a gran distancia, el latín y el francés son las lenguas extranjeras más estudiadas; el italiano es más estudiado como lengua extranjera que el español. No hemos conseguido datos actualizados sobre los países del Este de Europa diferentes de los que presentamos en el informe preliminar del Instituto Cervantes. Los lectores de checo, húngaro y ruso del Centro de Lenguas Extranjeras de la Universidad de Alcalá de Henares, que en 1992 consiguieron bastante información de las respectivas embajadas y universidades, han encontrado esta vez todo tipo de dificultades e ignorancias. Agradezco a las lectoras del Centro el esfuerzo realizado para conseguir una información reciente que no ha podido llegar.

b) *La enseñanza del español en los Estados Unidos de América*

La importancia de la lengua española y de la enseñanza del español como lengua extranjera en los Estados Unidos de América ha quedado de manifiesto en los trabajos de los especialistas. Las principales características de esta situación las podemos resumir en los siguientes puntos:

1.º El crecimiento de la población hispana en los Estados Unidos durante el siglo XX ha sido muy rápido e intenso: en 1940 había 2 millones de hispanos; en 1976, 10 millones y medio; en 1980, más de 13 millones; en 1984, 17 millones y medio; y en 1990, más de 22 millones, según informes oficiales

2.º La población de origen hispánico en los Estados Unidos, según el Censo de 1990, suponía un 8,9% del total.

3.º El español es la lengua más hablada en los Estados Unidos de América, después del inglés. Los hispanohablantes son entre 7 y 10 veces más numerosos que los hablantes de otras lenguas diferentes del inglés.

4.º En 1980, cerca de 8 millones de personas declararon hablar español en su casa; en 1990 esa cantidad se elevó a unos 11 millones de hablantes[21].

En lo que se refiere específicamente a la enseñanza de lenguas extranjeras, los datos recogidos durante los últimos diez muestran con toda claridad la primacía de la lengua española sobre otras lenguas como el francés, el alemán o el italiano: el número de estudiantes de español, como mínimo, dobla al de los estudiantes de francés, que es la segunda lengua extranjera más estudiada.

Las estadísticas correspondientes a 1990 revelan que tanto en la Enseñanza Primaria como en la Secundaria públicas, el español es la lengua que cuenta con más estudiantes (véase Cuadro 3), distanciada muy claramente del francés.

[21] Véase C. Silva-Corvalán, "El español en Estados Unidos. Aspectos lingüísticos, políticos y pedagógicos", *Actas del I Congreso Internacional sobre la Enseñanza del Español*, Madrid, CEMIP, 1993, pp. 179-203. También F. Moreno Fernández, *Sociolingüística en EE.UU. (1975-1985). Guía bibliográfica crítica*, Málaga, Ágora, 1988, pp. 63-90.

CUADRO 3
NÚMERO DE ALUMNOS DE LENGUAS EXTRANJERAS EN LA ENSEÑANZA PRIMARIA (GRADOS KINDER-6) Y SECUNDARIA (GRADOS 7-12) PÚBLICA DE ESTADOS UNIDOS, 1990

	PRIMARIA GRADOS K-6	%	SECUNDARIA GRADOS 7-12	%
Español	340.746	62,1	3.093.235	61,7
Francés	131.880	24	1.292.778	25,8
Alemán	6.877	1,2	333.213	6,6
Italiano	4.244	0,7	49.369	1
Otros	64.642	11,7	239.522	4,7

FUENTE: J. B. Draper, *Resumen de matrículas de lenguas extranjeras en las escuelas secundarias públicas,* 1992.

Las proporciones que se ofrecen en el Cuadro 3 y que se representan en la Gráfica 3 se han calculado sobre un total de 548.389 alumnos de Enseñanza Primaria y un total de 5.008.117 alumnos de Enseñanza Secundaria que estudian alguna lengua extranjera. Como se puede apreciar en la gráfica, la proporción de alumnos de español no muestra casi ninguna diferencia entre la Enseñanza Primaria y la Secundaria (en torno al 60%). Se observa, por el contrario, que el francés, el alemán y el italiano, ganan alumnos proporcionalmente en la Enseñanza Secundaria, especialmente el alemán.

GRÁFICA 3
PROPORCIÓN DE ALUMNOS DE LENGUAS EXTRANJERAS EN LA ENSEÑANZA PRIMARIA (GRADO KINDER-6) Y SECUNDARIA (GRADOS 7-12) PÚBLICA DE ESTADOS UNIDOS, 1990

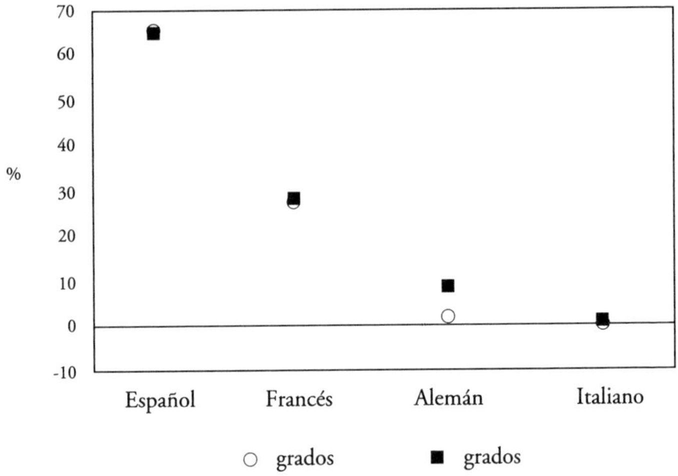

FUENTE: J. B. Draper, *Resumen de matrículas de lenguas extranjeras en las escuelas secundarias públicas*, 1992

Es interesante comentar también que el Departamento de Educación de los Estados Unidos daba un total de 4.029.000 estudiantes de Secundaria (grados 9-12) como matriculados en alguna lengua extranjera en 1985. De ellos 2.334.000 (57,8%) eran estudiantes matriculados en lengua española. Si comparamos esta cantidad con la correspondiente a 1990, también para los grados 9-12 (2.611.367 de estudiantes, sobre un total de 4 242 059; 61%), observamos que se ha producido un crecimiento proporcional del número de alumnos de español como lengua extranjera.

La situación de la enseñanza del español en el nivel superior del sistema educativo estadounidense (*High School* y Universidad) es paralela a la que hemos presentado a propósito de los niveles elemental y medio. El Cuadro 4 recoge el número de estudiantes de español, francés, alemán e italiano como lenguas extranjeras, en 1986 y en 1990. También se anota la variación que se ha producido en ese intervalo de tiempo en términos proporcionales.

CUADRO 4
NÚMERO DE ALUMNOS DE LENGUAS EXTRANJERAS
EN LA EDUCACIÓN SUPERIOR EN ESTADOS UNIDOS, 1986-1990

	1986	1990	% CAMBIO
Español	411.293	533.609	29,7
Francés	275.328	272.555	-1
Alemán	121.022	133.380	10,2
Italiano	40.945	49.726	21,4

FUENTE: R. Broad y B. J. Huber (*ADFL Bulletin*, 1992)[22].

Como se aprecia en el cuadro y también en la Gráfica 4, donde quedan recogidos los porcentajes de estudiantes por lenguas y años, los alumnos cuyo número ha crecido de forma más destacada han sido los de lengua española. Los porcentajes de cambio que se ofrecen en el cuadro se obtienen sobre las frecuencias absolutas de estudiantes de cada una de las lenguas. Ahora bien, es importante añadir que, si tenemos en cuenta el número de estudiantes de todas las lenguas, la proporción de los alumnos de francés y de alemán ha bajado en ese periodo de tiempo, especialmente la de los alumnos de lengua francesa. La proporción general de estudiantes universitarios de italiano se mantiene prácticamente igual, mientras que, según ya hemos comentado, aumenta la proporción general de los estudiantes de español[23].

[22] R. Broad y B.J. Huber, "Foreign Language Enrollments in United States Institutions of Higher Education, Fall 1990", *ADFL Bulletin*, 23 (1992), pp. 663.

[23] Hay que tener también en cuenta que en los Estados Unidos existían, en 1991, 1.031 departamentos universitarios en los que se enseñaba español, de los que 193 ofrecían estudios graduados. En ellos estudian cerca de 3.000 alumnos graduados y se cuenta con cerca de 2.000 profesores (a tiempo completo y parcial). Estos datos ya se ofrecieron en el informe preliminar del Instituto Cervantes y proceden de la *Peterson's Guide to Graduated Programs in the Humanities and Social Sciences 1991*.

GRÁFICA 4
PROPORCIÓN DE ALUMNOS DE LENGUAS EXTRANJERAS
EN LA EDUCACIÓN SUPERIOR DE ESTADOS UNIDOS, 1986-1990

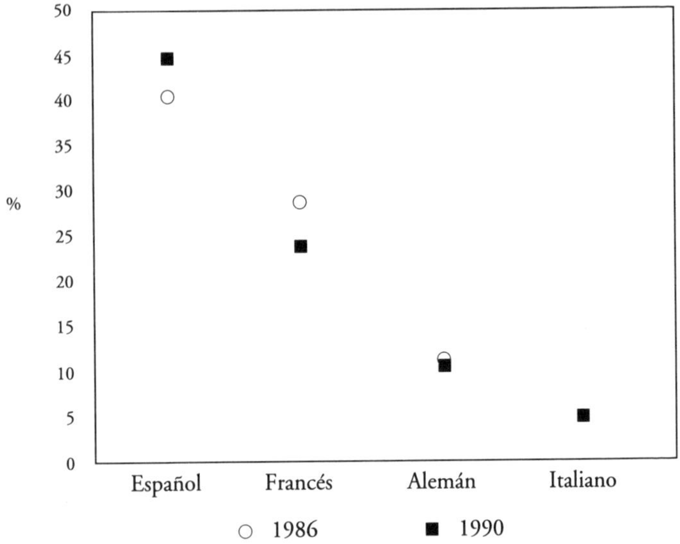

FUENTE: Información elaborada a partir de los datos proporcionados por R. Broad y B. J. Huber *(ADFL Bulletin,* 1992)

Los datos procedentes de la Unión Europea y de los Estados Unidos de América vienen a coincidir en el reflejo de una tendencia: el descenso proporcional y paulatino del número de estudiantes de lengua francesa, descenso que puede afectar a todos los niveles de enseñanza.

A pesar de la claridad que manifiesta la superioridad del español en la enseñanza de lenguas extranjeras norteamericana, conviene hacer algunas precisiones que ayuden a formar una idea más cabal y detallada de la situación. En primer lugar, que el francés es la primera lengua extranjera estudiada en aquellos estados que históricamente han tenido una relación más estrecha con Francia (Louisiana, Maine, New Hampshire, Vermont)[24]. En segundo

[24] En Hawaii, el japonés es la lengua extranjera más estudiada, por encima del español.

lugar, es importante saber que el crecimiento del español en la enseñanza se está produciendo en un periodo de crecimiento general de la enseñanza de las lenguas extranjeras, lo que puede resultar especialmente significativo para interpretar la situación del francés. Sin embargo, los estudiantes, en general, no suelen estudiar las lenguas extranjeras el tiempo necesario como para adquirir un conocimiento adecuado o suficiente: según el estudio de Draper, solamente el 6% de los estudiantes deja la *High School* habiendo estudiado durante más de dos años una lengua extranjera; de las lenguas que estamos tratando en este estudio, el español es la que tiene un nivel más bajo de continuidad entre las lenguas extranjeras que se enseñan en los Estados Unidos.

Por último, conviene señalar que el español es estudiado como lengua extranjera especialmente en los estados en que la presencia hispana tiene un mayor arraigo, que es precisamente donde el estudio de lenguas extranjeras se muestra, en general, como más bajo: mientras en Nueva York un 63,53% de los alumnos de Enseñanza Secundaria estudian alguna lengua extranjera, en Nuevo México, por ejemplo, sólo lo hacen un 35,35%.

c) *La enseñanza del español en Brasil*

El interés por el español –y por aprender español– en Brasil ha crecido de una forma importante durante los últimos años, según todos los informes. En este hecho ha debido de influir, indudablemente, una larguísima historia de contactos lingüísticos y de vecindad socio-política entre Brasil y los países hispanohablantes que lo rodean. Pero la apertura definitiva y decidida de Brasil hacia su entorno ha venido determinada por la creación de la alianza económica denominada "Mercosur" y por la recuperación económica que desde hace algún tiempo se viene apreciando en el Cono Sur.

En esta línea de apertura hay que interpretar también la presentación ante el Congreso Nacional, en 1993, de un anteproyecto de ley encaminado a establecer la obligatoriedad de la enseñanza de la lengua española en los niveles primario y secundario, si bien las vicisitudes políticas vividas por Brasil en los últimos dos años han retrasado la aprobación del anteproyecto. Este retraso, no obstante, se ha visto paliado por iniciativas y acciones concretas de las Secretarías de Educación de los estados y de las universidades, que, por ejemplo, han creado Centros de Lenguas en los que se enseña español a más de 15.000 niños.

La información más actualizada y completa sobre la enseñanza del español en Brasil ha sido recogida por la Consejería de Educación de la Embajada de España en Brasil, que en 1994 ha publicado, por tercer año consecutivo, el *Mapa lingüístico de la lengua española en Brasil. Informe 1994*[25]. Los datos que nos disponemos a comentar proceden, todos ellos, de este informe.

La Consejería de Educación no ha podido allegar datos precisos y comparables sobre el español en la Enseñanza Primaria y Secundaria brasileña: la dificultad para recogerlos está en la descentralización educativa del país y en el hecho de tratarse de una lengua cuya enseñanza, por el momento, no es obligatoria. A pesar de todo, las Secretarías de Educación de los estados han introducido en los currículos de estos niveles la enseñanza optativa del español, lo que permite tener alguna idea de su dimensión.

El *Mapa lingüístico de la lengua española en Brasil* nos permite saber que el mayor grado de implantación del español se da en las regiones del Sur y del Sudeste, territorio en el que prácticamente toda la población escolarizada en la red pública tiene acceso a la enseñanza del español. Esta situación ha llevado a que la demanda de español crezca hasta el punto de que ya no se cuenta con suficiente profesorado de español. El informe del *Mapa lingüístico* describe así esta circunstancia:

> De los datos e informaciones llegados a esta Consejería se puede deducir que los dos problemas con los que se enfrenta la enseñanza del español en estos grados (Primaria y Secundaria) no son muy distintos a los que tienen otras materias del currículum, aunque tal vez acentuados:
>
> a)la escasez de profesores habilitados, dispuestos a ocupar plazas docentes y

[25] Brasilia, 1994.

b) la falta de material didáctico y económicamente asequible, problema que se agrava en los estados distantes de las grandes ciudades como São Paulo y Rio de Janeiro[26].

Ante la falta de datos concretos sobre estudiantes de español en la Enseñanza Primaria y Secundaria, podemos utilizar como información de referencia el número de estudiantes que se presentan al denominado examen "vestibular" para ingresar en la Universidad y que eligen como opción el examen de lengua española. Este número ha de tener, sin duda, una relación directa con el número de alumnos de español de la Enseñanza Secundaria. El *Mapa lingüístico* considera que el examen vestibular ha contribuido de una manera decisiva en la difusión y estudio de la lengua española, porque en la actualidad prácticamente todas las universidades ofrecen la posibilidad de un examen de español, lo que, a su vez, ha arrastrado a numerosos alumnos de Secundaria hacia el estudio de la lengua española.

GRÁFICA 5
PROPORCIÓN DE PERSONAS PRESENTADAS A INGLÉS, ESPAÑOL Y FRANCÉS EN EL EXAMEN VESTIBULAR EN BRASIL, 1993-1994

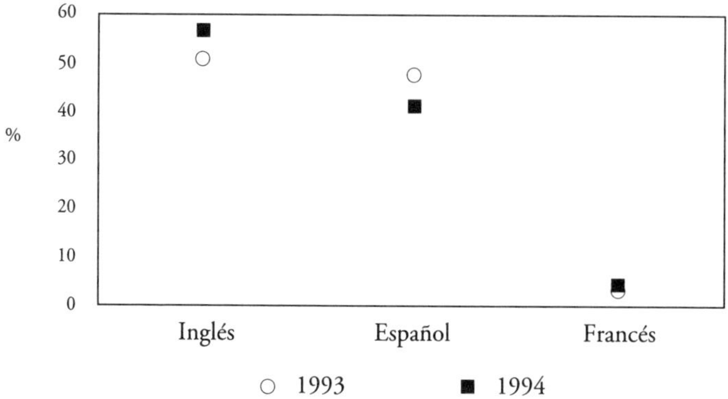

FUENTE: *Mapa lingüístico de la lengua española en Brasil. Informe 1994.*

26 p. 22.

La Gráfica 5 ofrece la proporción de alumnos presentados al examen vestibular en 1993 y en 1994 y que han elegido como idioma extranjero el inglés, el español y el francés. Las proporciones se han calculado sobre el número de estudiantes presentados en 7 universidades y, por tanto, deben considerarse simplemente como orientativas o como indicadoras de algunas tendencias[27]. La gráfica muestra que el inglés es la lengua extranjera más seleccionada, aunque no se destaca de una forma clara del español y ambas sí lo hacen del francés. Entre 1993 y 1994 el inglés ha conocido un crecimiento tanto del número como de la proporción de alumnos que lo eligen; en el caso del español, ha aumentado el número de alumnos que lo eligen, pero ha disminuido algo su proporción, en beneficio del inglés; el francés ha experimentado una caída tanto del número de alumnos como de su valor proporcional.

En lo que se refiere a la Enseñanza Universitaria, hay que destacar que la implantación del español está experimentando un crecimiento sólo detenido parcialmente por la congelación de las plantillas de los departamentos universitarios, como consecuencia de una fuerte reducción de los presupuestos generales. El español se está enseñando en más de 50 universidades de Brasil, públicas y privadas, y en más de 20 se ofrecen estudios graduados en español. En 1994 el número de estudiantes de español en las universidades brasileñas era de 3.961 y el número de profesores era de 165. Estas cantidades quedan desglosadas en el Cuadro 5.

[27] Se ha hecho así porque sólo contábamos con una información completa de estas universidades. Las universidades son U.F. Rio Grande do Sul, U.F. Santa Catarina, U.N.B. (Brasilia), P.U.C. Rio Grande do Sul, U.F. Ceará, U.F. Goiás y U.F. Maranhão. Las cantidades absolutas son las siguientes: Español: 1993, 45.215; 1994, 45.998. Francés: 1993, 1.742; 1994, 1.626. Inglés: 1993, 49.620; 1994, 60.426.

CUADRO 5
NÚMERO DE ALUMNOS Y PROFESORES
EN LA ENSEÑANZA UNIVERSITARIA DE BRASIL, 1994

Número de alumnos de graduación:	1.090
Número de alumnos de español instrumental:	1.952
Número de alumnos en cursos de extensión universitaria: .	919
Número de profesores en universidades públicas:	133
Número de profesores en universidades privadas:	32

FUENTE: *Mapa lingüístico de la lengua española en Brasil. Informe, 1994.*

Obsérvese el número de alumnos de español que asisten a cursos de extensión universitaria, alumnos que no tienen por qué ser universitarios. Esta cantidad demuestra que el interés por el español en Brasil es real, intenso, y está superando ampliamente los medios y el personal de que dispone el sistema educativo oficial.

d) *La enseñanza del español en Japón*

La información disponible sobre la enseñanza de la lengua española en Japón no se ha actualizado con rigor prácticamente desde 1985, fecha de publicación del trabajo *El español en Japón. Encuesta de Universidades*[28]. Desgraciadamente no contamos con muchos datos diferentes de los que aportamos en el informe preliminar del Instituto Cervantes. Resumimos en algunos puntos los datos más importantes:

1.º La enseñanza oficial del español en Japón comenzó en 1897, en la llamada entonces Escuela Oficial Superior de Lenguas Extranjeras de Tokio. Sin embargo el número de estudiantes de lengua española no comenzó a ser importante hasta después de la Segunda Guerra Mundial y el momento en que se fue

[28] Tokio, Embajada de España.

consolidando la emigración a los países americanos de habla española.

2.º El interés por el español ha crecido de forma notable en la década de los ochenta, llevando a una contraposición entre la escasa atención que recibe la enseñanza de esta lengua en la Enseñanza Primaria y Secundaria y un llamativo aumento de la demanda, especialmente en el nivel universitario. Fuera de este ámbito, en 1985, se contaban unos 20.000 estudiantes de español como lengua extranjera.

3.º En el nivel universitario, el español se enseña en 109 universidades, de las cuales 14 tienen Departamento de Español. En estas últimas, se contaba con cerca de 1.500 alumnos matriculados en 1985; el número de estudiantes de español en todas las universidades era de 3.500. En 1992, los Departamentos de Español tenían cerca de 3.000 estudiantes, mientras que en todas las universidades japonesas había 7.500 alumnos de lengua española. El crecimiento de la demanda de español se ha duplicado, por tanto, en tan solo siete años.

Como nota de interés, señalaremos que la radio y la televisión siempre han tenido una notable importancia en la difusión de las lenguas extranjeras en Japón. Las fechas del comienzo de las emisiones de programas destinados a difundir esas lenguas son las siguientes: inglés, 1959; francés, 1959; alemán, 1959; chino, 1967; español, 1967; ruso, 1973; coreano, 1984; italiano, 1990. Según Hiroto Ueda, el orden de comienzo de las emisiones representa el grado de importancia general que conceden los japoneses a cada idioma[29]. Y así es: el inglés, principalmente, y el francés son las lenguas extranjeras más estudiadas, seguidas del chino y del alemán. En la Gráfica 6 se muestran las cantidades de alumnos universitarios de inglés, francés y español que había en Japón en 1990 (en el caso del español, en 1992). En ella se comprueba que, una vez más, el inglés destaca poderosamente y que el español aún ocupa un lugar secundario[30].

[29] Véase "Lengua y nación. Temas de Japón vistos en estadísticas de la lengua". Manuscrito inédito.

[30] Las cantidades son éstas: inglés 2.200.000; francés 240.000; español 7.000. Véase *État de la francophonie dans le mode. Rapport 1990*, Paris, La documentaçion Française, 1990, pp. 182-183. Se comparan los datos procedentes de los informes de la francofonía con los que nos ha proporcionado Hiroto Ueda por-

GRÁFICA 6
PROPORCIÓN DE ALUMNOS UNIVERSITARIOS
DE INGLÉS, FRANCÉS Y ESPAÑOL EN JAPÓN, 1990-1992

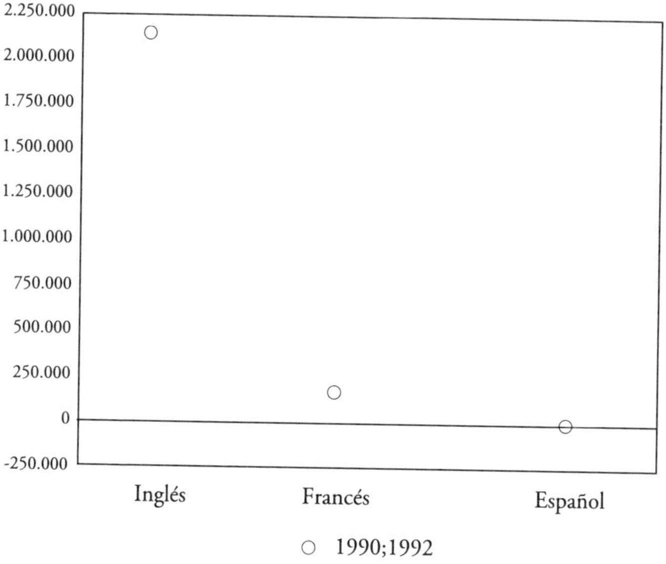

FUENTE: *État de la francophonie dans le monde. Rapport 1990.* H. Ueda.

Finalmente, no menos interesantes son las conclusiones que se obtuvieron en un estudio realizado en 1992 desde la Universidad Waseda sobre la motivación en el aprendizaje de las lenguas extranjeras en Japón. Se tuvieron en cuenta los siguientes factores: afición (me gusta aprenderlo); cultura (es necesario para asimilar la lengua extranjera); turismo (es necesario para hacer turismo y comunicarse con amigos extranjeros); comprensión (es imprescindible para una comprensión mutua con el extranjero); trabajo (es necesario para conseguir un trabajo en el futuro); graduación (es necesario para conseguir la puntuación

que los informes francófonos no son muy propensos a ofrecer ningún tipo de información sobre el español y su enseñanza.

necesaria para la graduación). De ese estudio se desprende que, en general, son las razones económicas y laborales las que inciden más en la voluntad de estudiar lenguas extranjeras.

Los factores más determinantes para el aprendizaje del inglés son, por este orden, la cultura (54% de los encuestados), el turismo (51%) y la comprensión (49%); los motivos para estudiar alemán son, por orden, la comprensión (47% de los encuestados), el trabajo (46%) y la cultura (41%); los factores que más inciden en la elección del francés son el trabajo y la comprensión (49% de los encuestados) y, después, el turismo; en el caso del español, los factores más determinantes son el turismo (60% de los encuestados), la cultura (59%) y la comprensión (55%)[31].

e) *La enseñanza del español en Australia y Nueva Zelanda*

No contamos con unas estadísticas completas sobre la enseñanza del español en Oceanía. Afortunadamente, el volumen publicado en 1993 por la Consejería de Educación de Camberra, con el título *La enseñanza de la lengua y cultura españolas en Australia y Nueva Zelanda*, ha venido a traer un mínimo conocimiento de la situación del hispanismo en estas latitudes[32].

La enseñanza del español en el nivel de Primaria presenta unas carencias que repercuten directamente en la continuidad de estos estudios en la Enseñanza Secundaria. De ahí que sea el nivel universitario el que muestre una oferta más sólida de lengua española y que sea aquí donde más claramente se aprecie el aumento del interés que se ha producido en los últimos años por el aprendizaje de esta lengua. Según Roy Boland y Alun Kenwood, unos 50 hispanistas o "latinoamericanistas" ejercen como profesores o investigadores en las universidades de

[31] El chino es muy poco estudiado por afición (12%).

[32] La población de origen hispano tiene las siguientes dimensiones: en Australia hay unos 200.000 habitantes de origen hispanoamericano (sobre una población total de unos 17,5 millones); en Nueva Zelanda sólo hay unos 3.500 hispanohablantes, entre una población de 3,3 millones.

Australia y Nueva Zelanda. De todos modos, las actividades de la acción educativa español en el exterior parecen estar cumpliendo una función difusora especialmente meritoria.

En Nueva Zelanda, la enseñanza del español está conociendo una expansión que lo aproxima al nivel que tienen otras lenguas extranjeras, especialmente el francés, el alemán y el japonés. Aunque la lengua española está hoy en inferioridad de condiciones con respecto a estas lenguas, no debe despreciarse el hecho de que el español, en 1992, ha sido la lengua extranjera más cursada (cerca de 1.000 alumnos) en el centro universitario más importante de Nueva Zelanda: la Universidad de Auckland[33].

f) *La enseñanza del español en África: territorio subsahariano*

La información que tenemos a nuestro alcance sobre el África subsahariana ha sido recogida por Vital Tama Bena, coordinador de la Asociación Africana de Hispanistas[34]. Esta información señala que la presencia del español en los sistemas educativos es una realidad en los países del África francófona, mientras que es prácticamente inexistente en las escuelas y universidades del África anglófona.

Según Vital Tama, la enseñanza del español en el África francófona está conociendo un retroceso durante los últimos años, debido en gran parte a la escasez de medios y de profesorado, aunque también influye el hecho de que el español no es visto como una lengua de especial interés profesional: téngase en cuenta que en los países francófonos africanos el francés es lengua oficial[35].

[33] Información aportada por Antonio Monclús Estella en su estudio "La enseñanza de la lengua en un contexto intercultural", en *La enseñanza de la lengua y la cultura españolas en Australia y Nueva Zelanda*, Madrid, Consejería de Educación de Camberra-Iberediciones, 1993, pp. 24-25.

[34] Véase "Situación de la enseñanza del español en el África subsahariana", en *Actas del I Congreso Internacional sobre la Enseñanza del Español*, Madrid, CEMIP, 1993, pp. 249-256.

[35] De todos modos, es importante tener en cuenta que ni siquiera la enseñanza del francés en estos países francófonos está atravesando buenos momentos, debido a la falta de medios y de profesorado, y, en general, a una grave crisis de los sistemas escolares. Véase *État de la francophonie dans le monde. Données 1991 et 6 enquêtes inédites*, Paris, La documentation Française, 1991, pp. 74-75.

Los números de centros, profesores y alumnos de español del África subsahariana que presenta Vital Tama se ofrecen en el Cuadro 6.

CUADRO 6
NÚMERO DE ESTUDIANTES DE ESPAÑOL EN EL ÁFRICA SUBSAHARIANA

I. Países con estudiantes de español a partir del tercer curso de la Ens. Media				
	Camerún (1991)	Costa de Marfil (1988)	Gabón (1988)	Senegal
Ens. Media				
Centros	215	170	68	—
Profesores	310	342	136	—
Estudiantes	85.000	82.000	12.000	70.000
Ens. Superior				
Centros	2	2	2	—
Profesores	18	23	—	—
Estudiantes	700	530	130	—
II. Países con estudiantes de español a partir del quinto curso de la Ens. Media				
	Mali	Benin	Burkina	Rep. Cent.
Estudiantes	7.000	7.000	3.000	5.000

FUENTE: Vital Tama, «Situación de la enseñanza del español en el África subsahariana», 1993.

Aunque Vital Tama señala que la enseñanza del español conocía un retroceso alrededor de 1992, lo cierto es que, a la vista de los datos presentados en el Cuadro 6, no puede pensarse que esa enseñanza esté en unos niveles despreciables. Al contrario, basta con darle la importancia que merece al hecho de que estamos hablando de países francófonos, limítrofes muchos de ellos con países anglófonos. El número de estudiantes de español sobre todo en Camerún y en Costa de Marfil es realmente importante.

Por otro lado, el único punto de referencia de que disponemos para comparar el peso de la enseñanza del español con la de otras lenguas extranjeras es el correspondiente a la distribución de alumnos en las pruebas de idiomas en los exámenes oficiales de Camerún. Se trata, realmente, de unos datos muy limitados, pero pueden ser interesantes y orientativos. La Gráfica 7 refleja las proporciones de alumnos de inglés, español, alemán y árabe presentados a los exámenes oficiales de Bachillerato Elemental correspondientes a 1991[36].

GRÁFICA 7
PROPORCIÓN DE ALUMNOS PRESENTADOS A LAS PRUEBAS DE IDIOMAS EN LOS EXÁMENES OFICIALES DE BACHILLERATO ELEMENTAL EN CAMERÚN, 1991

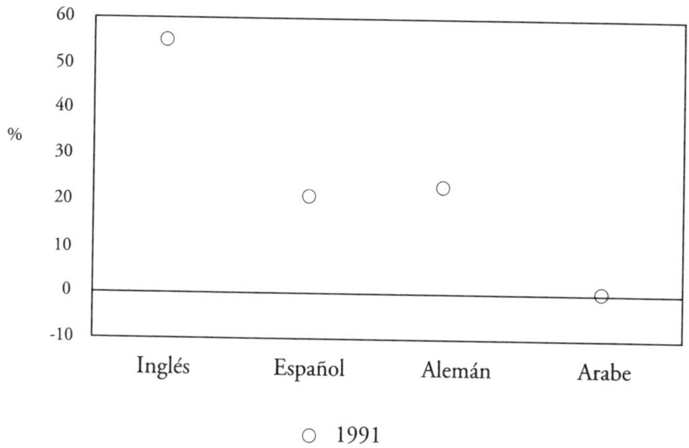

FUENTE: Vital Tama, «Situación de la enseñanza del español en el África subsahariana», 1993.

La gráfica muestra que son mayoría los estudiantes que en 1991 se presentaron a la prueba de lengua inglesa (55%) y que en un segundo nivel, muy igualadas (22%), se sitúan las lenguas alemana y española, mientras que los exámenes de árabe fueron

[36] Las frecuencias absolutas son éstas: inglés,112.214; alemán, 44.461; español, 44.441; árabe, 156.

insignificantes por su número (0,07%). La paridad entre el español y el alemán se reproduce en los exámenes oficiales de "Probatoire" y de Bachillerato Superior[37]. Estos datos adquieren mayor relevancia si se valora adecuadamente que estamos hablando de países francófonos en los que, naturalmente, la enseñanza del francés es obligatoria en todo el sistema educativo[38].

CONCLUSIONES

A lo largo de este informe, hemos tenido ocasión de pasar revista a la situación de la enseñanza del español en una parte importante de cada uno de los continentes: Estados Unidos y Brasil en América; el Sur del Sahara en África; la Unión Europea en Europa; Japón en Asia; Australia y Nueva Zelanda en Oceanía.

Somos conscientes de que los datos sobre enseñanza que aquí se han manejado tienen unas limitaciones evidentes y que deben combinarse y coordinarse con las informaciones sobre otros aspectos (economía, política, cultura) para poder manejar una imagen realista y completa de la situación actual del espa-

[37] Las frecuencias absolutas en estos exámenes son las siguientes; en el "Probatoire": alemán, 8.229; español, 9.334; árabe, 51; en el Bachillerato Superior: alemán, 6.371; español, 6.747; árabe, 26.

[38] A propósito de otra región africana, el Magreb, contamos con algunos datos recientes. Según los datos del Ministerio de Educación y Ciencia de la República de Túnez, la proporción de crecimiento del número de estudiantes de lengua española en la Enseñanza Media tunecina entre 1989 y 1993 ha sido de un 263%. Ahora bien, para valorar adecuadamente esta cantidad, debe tenerse en cuenta que el español es lengua optativa (frente al alemán y el italiano) y que sólo se estudia a partir del 5º curso de la Enseñanza Media; el inglés se estudia obligatoriamente desde 4º curso; el árabe y el francés son lenguas obligatorias en todos los niveles. A pesar del reciente y espectacular crecimiento del español, durante el curso 1992-1993 los alumnos de español (2.375) todavía estaban en minoría frente a los de alemán (7.657) y los de italiano (9.502). Por otro lado, como ocurre en muchas latitudes, el aumento del número de alumnos no se ha visto acompañado por un crecimiento paralelo del número de centros en los que se enseña esta lengua ni del número de profesores. La enseñanza secundaria argelina recoge el español como tercera lengua extranjera y cuenta con algo más de 300 profesores de esta lengua para todo el país, si bien se concentran principalmente en las wilayas de Argel y de Orán.

ñol en el mundo. Pero, si tuviéramos que hacer una valoración –o un diagnóstico– de la situación del español sólo con la información que aquí se ha manejado, diríamos que en 1995 la enseñanza de la lengua española muestra una tendencia claramente ascendente, esto es, una tendencia a ganar alumnos y a consolidarse en los currículos de los sistemas educativos en todo el mundo, y que esa tendencia se hace especialmente intensa en los países no hispanohablantes del continente americano: América como epicentro del interés por el español.

El español ha adquirido en América una gran solidez, fundamentada, por un lado, en el importante número de hispanohablantes y, por otro, en el interés que despierta en los países no hispanohablantes. Pero, ¿de dónde nace ese interés por el español en la tierra de un dólar anglohablante? Probablemente el origen no está en un sólo aspecto. Es cierto que la proporción de hispanos en Estados Unidos y en Canadá es digna de consideración y que el español es una lengua internacional hablada por la mayoría de los países americanos, factor de singular relevancia. Pero también se da la circunstancia de que esa mayoría de países, después de muchos años de crisis económica sangrante, de inestabilidad política, de inflación desbocada, se está organizando y está saliendo adelante económicamente; poco a poco, pero parece que firmemente.

La firma de acuerdos, tratados y convenios, como Mercosur, el Mercado Común Centroamericano, el Pacto Andino o el mismo Tratado de Libre Comercio entre Canadá, Estados Unidos y México, y el despegue económico de países como Chile están convirtiendo la enorme masa hispanohablante no solamente en una comunidad con una rica tradición cultural, sino en un atractivo mercado, nada despreciable para los mismos americanos y nada despreciable para los estados o las regiones que tienen contactos más estrechos con ellos: pensamos, por el Este, en Europa y, por el Oeste, en Japón, China y Australia[39]. Las palabras de Alun Kenwood son muy significativas:

[39] La transcendencia que pueden llegar a tener estas alianzas comerciales desde un punto de vista lingüístico ya ha sido comentada por Humberto López Morales.

> El resurgimiento de los gobiernos democráticos en muchos países de Latinoamérica [sic], la tendencia hacia las economías basadas en el mercado en la región, las aspiraciones de algunos países de Latinoamérica [sic] para crear vínculos económicos más estrechos con la región del Asia/Pacífico y el deseo de Estados Unidos de crear, ahora y en los próximos diez años, nuevos bloques regionales económicos para oponer a la Comunidad Europea han llevado a la creación de una vasta gama de contactos bilaterales y multilaterales entre gobiernos de América del Norte y América del Sur, en Asia y en el Pacífico. El reciente informe del Senado sobre las relaciones entre Australia y América Latina [sic] confirma estos desarrollos y señala su significado para Australia. Todos estos acontecimientos reflejan el rol vital del español como un lenguaje regional de gran importancia para este país[40].

El español puede convertirse, pues, en una de las claves de las relaciones económicas de América y del área del Pacífico. Esta tendencia explicaría por sí misma el aumento de la demanda de enseñanza de la lengua española en países como Australia, Japón y, por supuesto, en los Estados Unidos de América[41].

Ante una situación como ésta y a la vista de los datos sobre enseñanza de la lengua española que aquí hemos presentado, ¿qué lugar les correspondería a las lenguas de cultura del mundo, aquellas que han tenido una más clara vocación internacional? Dicho de forma telegráfica, el inglés sería *lingua franca* y, a la vez, lengua de la ciencia, la tecnología y de los servicios; el francés seguiría siendo vehículo de comunicación internacional y de cultura, aunque su preponderancia parece estar decadencia[42]; el italiano quedaría relegado de la disputa en el terreno científico e internacional y seguiría

40 "Crecimiento, tradición e innovación en la educación terciaria", en *La enseñanza de la lengua y cultura españolas en Australia y Nueva Zelanda, ob.cit.*, p. 41.

41 Probablemente el "temor" a algo así esté contribuyendo a sustentar las campañas legislativas del "English Only" en Estados Unidos. Cerca de una veintena de estados han aprobado ya leyes que llevan al uso exclusivo del inglés en cualquier tipo de comunicación que no sea la familiar. Curiosamente es en los estados en los que la presencia del español está más arraigada donde antes se han aprobado leyes con estas características.

42 Michel Tétu señala: "L'espace francophone est vaste. Son histoire est riche, souvent passionante. Son avenir est en plusieurs points manacé" *(La francophonie. Histoire, problématique et perspectives*, Montréal, Hachette, 1988, p. 192).

siendo la lengua de una importante cultura[43]; y el español, además de lengua de comunicación internacional y de lengua de una gran cultura, sería la lengua de un mercado, de un inmenso mercado, y estarían por ver, como en el caso del francés, los frutos de su empeño por ser una lengua de comunicación científica y tecnológica[44].

Cabe añadir una última nota que enlace con las consideraciones metodológicas presentadas en el punto de 2 de este informe. Las limitaciones de los datos que hemos presentado a lo largo de estás páginas están revelando la necesidad de hacer un seguimiento más estrecho y de recoger informaciones de modo constante sobre la situación del español en el mundo. En este terreno la francofonía nos lleva mucha ventaja[45] y los anglófonos se esfuerzan por saber en cada momento qué tipo de situaciones está atravesando la lengua inglesa y su enseñanza en todos los continentes[46]. En nuestra opinión la "hispanofonía" debe esforzarse por estar más informada sobre sí misma y por superar los problemas metodológicos que hemos comentado. En definitiva, se trata de conseguir que los alegres guarismos de la demolingüística y de la sociología del lenguaje dejen de serlo, pero no para convertirlos en tristes, sino para hacer que lleguen a ser unos guarismos realmente serios[47].

[43] Raffaele Simone afirma, a propósito del futuro del italiano: "L'italiano non può diffondersi come lingua franca o lingua di servizio se non in ambiti ristretti; [...]. Può e deve diffondersi principalmente come lingua straniera in senso proprio, come lingua desiderabile, si vogliamo, per ragioni non strettamente linguistiche, e, in minor misura, come lingua seconda in Italia. Il suo destino è quindi, ancora una volta, quello di lingua di una grande cultura; l'attrazione che esercita 'e essenzialmente dovuta all'attrazione che esercita la sua cultura e il mondo che essa esprime" ("Il destino internazionale dell'italiano", en *Lingua e cultura italiana in Europa*, V. Lo Cascio (ed.), Firenze, Fleice Le Monnier, 1990, p. 71).

[44] En este ámbito, como en el de la cultura, la aportación de España debería ser decisiva.

[45] En nuestra opinión, afirmaciones como ésta, "Mais le grand rival international du français est évidemment l'anglais", no responden a una interpretación realista de la situación actual. Véase Jean-Pierre Cuq, *Le français langue seconde. Origines d'une notion et implications didactiques*, Paris, Hachette, 1991, p. 45.

[46] El British Council edita una colección de gran valor para el conocimiento de la situación del inglés. Se titula *ELT market surveys* y ya ha publicado volúmenes sobre la enseñanza y el aprendizaje del inglés en Austria, Brasil, Colombia, Grecia, Indonesia, Japón, Corea, Méjico, Portugal, Tailandia y Turquía.

[47] Véase G. Salvador, *Lengua española y lenguas de España*, Barcelona, Ariel, 1987. Aquí se incluye el artículo "Los alegres guarismos de la demolingüística", pp. 45-68.

Una nueva mirada al índice de importancia internacional de las lenguas

Jaime Otero

En 1990, el Marqués de Tamarón publicó un artículo[1] en el que sometía a examen los estereotipos al uso sobre la importancia de la lengua española y otras lenguas, y adelantaba la posibilidad de cuantificar dicha importancia a efectos internacionales con criterios más objetivos. Ideaba a tal fin un «índice de importancia internacional de cada lengua» (IL) que consideraba factores tales como el número de hablantes, el Indice de Desarrollo Humano del Programa de Naciones Unidas para el Desarrollo, la exportaciones, el número de países que tienen a cada lengua como idioma nacional, su status en la ONU y el número de traducciones a otras lenguas. En 1992 incluyó una revisión del índice en su ponencia para el Congreso de la Lengua de Sevilla[2], y otra poco después en la publicación de la misma ponencia en la Nueva Revista[3], con modificaciones en los cálculos que él ya agradeció a don Alfonso Urzáiz. Habiéndome ganado para la causa de revisar el índice y de poner al día los datos, me da ahora la oportunidad, que he de agradecer también a la Fundación Duques de Soria, de exponer los resultados de ese trabajo, por entero deudor de su idea original aunque acreedor en sus errores de quien lo firma.

EL objetivo del experimento que a continuación se explica es reflejar de la manera más fiel e imparcial posible el actual equilibrio de fuerzas entre diez lenguas[4], mediante

[1] Marqués de Tamarón, "Paradojas de la lengua española en el mundo", *El Sol,* 3 de agosto de 1990.

[2] Marqués de Tamarón, "El español, ¿lengua internacional o *lingua franca*", *Actas del Congreso de la Lengua Española. Sevilla 1992.* Madrid, Instituto Cervantes, 1994.

[3] Marqués de Tamarón, "El español, ¿lengua internacional o *lingua franca*?", *Nueva Revista,* nº 29, Abril 1993.

[4] En cuanto a la selección de idiomas, véase lo explicado por Tamarón en *Nueva Revista,* número citado. Es claro que no están todos los que son. Por importancia demográfica se notará la ausencia del urdu, del bengalí, del árabe, del portugués, del indonesio-malayo, del pendjabi, del turco, del coreano y de tantos otros. Cualquiera de ellos, sin embargo, es susceptible de ser introducido en la comparación.

un modelo susceptible de poder aplicarse a cualquier lengua para determinar su posición respecto a éstas u otras. No se trata, sin embargo, de establecer una jerarquía de lenguas, como no sea en el sentido que da a tal expresión Gregorio Salvador, según el cual "la lengua es ante todo y sobre todo un instrumento de comunicación y el *ranking* demolingüístico establece ya un criterio de mayor o menor utilidad, de jerarquía instrumental (...): a ninguno se le ocurre, por ejemplo, que sus hijos estudien albanés en vez de inglés, o kirundi en vez de ruso"[5]. Aun dando la razón a Gregorio Salvador, cabe añadir que no por ser muy elevado el número de hablantes del bengalí o del malayo-indonesio mandaremos a nuestros hijos a estudiar estas lenguas en lugar del francés.

No es el objeto de este estudio ayudar a decidir qué lengua extranjera es preferible aprender, pero este ejemplo es ilustrativo de que no es ocioso determinar criterios de medición de la importancia de las lenguas en el mundo (que conoceremos mejor si acertamos a hacerlo correctamente), y también de que hay más cosas a tener en cuenta, aparte del número de hablantes, para hacer comparaciones entre ellas.

La demolingüística lleva años estableciendo, con mayor o menor fortuna, clasificaciones de lenguas según el número de sus hablantes, como explica Gregorio Salvador en la obra citada, y teniendo en cuenta también otros baremos.

En 1979, Roland Breton, combinando la demolingüística con lo que podríamos llamar geolingüística[6], añadía al número de hablantes de lenguas maternas "el número de hablantes que las poseen como segunda lengua y su mayor o menor extensión geográfica", dando como resultado "un orden de utilidad e internacionalidad" de las lenguas encabezado por el inglés y seguido del francés, español, ruso, portugués y alemán. El peso del elemento demográfico seguía siendo determinante.

En la sociolingüística también ha habido intentos de medir, mediante valores objetivos, la importancia de una lengua con

[5] Gregorio Salvador, "Los alegres guarismos de la demolingüística", conferencia pronunciada en la Universidad de La Laguna en marzo de 1983, incluída en *Lengua española y lenguas de España*, del mismo autor, Ariel, Barcelona 1987. p.65.

[6] Roland Breton, *Geografía de las lenguas*, Oikos-Tau ediciones, Barcelona 1979, citado por Gregorio Salvador, *op. cit.*, p. 53.

respecto a otras. La teoría de la vitalidad etnolingüística, desarrollada por H. Giles y otros[7], utiliza conceptos de la psicología social para el estudio de lenguas en contacto. Trata de determinar los factores socio-estructurales que animan o desaniman a un grupo a utilizar su propia lengua como vehículo de comunicación. Estos factores o variables, que en conjunto constituirían la vitalidad etnolingüística de un grupo, son el *status* de sus hablantes como grupo (económico, social, socio-histórico, internacional), el número de hablantes y el apoyo "institucional" que recibe (incluyendo tanto servicios públicos como su uso en la educación, los medios de comunicación, la economía, la cultura, la religión).

La mezcla de variables que compone esta taxonomía es discutible y difiere de la escogida por Tamarón, pero guarda con ésta algunas equivalencias: a las "variables demográficas" de la vitalidad lingüística correspondería nuestro número de hablantes; a las de "status", el IDH y las exportaciones; y a las "institucionales" el número de países, las traducciones y el *status* en la ONU.

La teoría de la vitalidad está construida para explicar fenómenos de contacto entre lenguas, y más concretamente, entre lenguas en situación de desigualdad "vital" (el galés y el inglés en Gales, el francés y el inglés en ciertas provincias canadienses). No está muy interesada, por tanto, en sacar conclusiones útiles para la política internacional. De hecho, utiliza, entre las variables de vitalidad de una lengua, su "status" internacional como uno más de los factores que impulsan a emplear una lengua cuando ésta es minoritaria dentro de una comunidad.

[7] Debo a Mercedes Bengoechea, de la Universidad de Alcalá de Henares, el conocimiento de esta vía de la sociología lingüística y otras imprescindibles indicaciones bibliográficas. Véanse H. Giles, R. Y. Bourhis y D. M. Taylor, "Towards a Theory of Language in Ethnic Group Relations", en H. Giles (ed.), *Language, Ethnicity and Intergroup Relations*, Academic Press, London 1977; H. Giles y P. Johnson, "Ethnolinguistic identity theory: a social psychological approach to languange maintenance", *International Journal of the Sociology of Language (IJSL)*, 68 (1987); J. Harwood, H. Giles y R. Y. Bourhis, "The genesis of vitality theory: historical patterns and discoursal dimensions, *IJSL*, 108 (1994); y M. Ros, C. Huici y J. I. Cano, "Ethnolinguistic vitality and social identity: their impact on ingroup bias and social attribution", *IJSL*, 108 (1994).

En otra cosa se separa de nuestro ensayo la teoría de la vitalidad, y es en que ésta no pretende cuantificar o reducir a cifras, con datos estadísticos, el grado de vitalidad. Se limita a "poner nota" alta, media o baja al comportamiento del grupo en las diversas variables con el fin de explicar y predecir el empleo de una u otra lengua en situaciones dadas.

Por último, hay en la teoría de la vitalidad un intento de sistematizar en un marco conceptual todos los factores que pueden influir en el *status* de una lengua. No es ese el propósito de nuestro experimento, muy consciente de que deja fuera factores o variables de gran importancia, pero que no se pueden reducir a números o de los cuales no se disponen estadísticas completas.

Añadamos que hay críticas a la teoría de la vitalidad que pueden extenderse a nuestro experimento. Se ha acusado a la teoría de la vitalidad de ser un análisis incompleto porque ignora las "estructuras de clase objetivas" al tratar a una lengua como a un todo y a sus hablantes como a un conjunto homogéneo[8]. En nuestro caso, es justo reconocer que las comparaciones pasan por encima de la inmensa variedad de situaciones socio-lingüísticas que caben en lo que se denomina un grupo de lengua materna, debida a un compendio de factores históricos, culturales, económicos, políticos, psicológicos, etc. Las desigualdades de la sociedad internacional se resuelven aquí al viejo modo estadístico: buscando comunes denominadores y hallando medias ponderadas. De esa forma, y por poner sólo dos ejemplos, estamos atribuyendo a todos los hablantes del francés la misma renta per cápita y el mismo dominio de la lengua, sea un pequeño ganadero del Senegal o un alto funcionario canadiense, y al idioma inglés el mismo *status* en Camerún que en el Reino Unido, sólo por el hecho de que así lo dice la constitución del primero. En el mundo real no hay homogeneidad posible entre los hablantes, por ejemplo, de inglés o de español dentro un país y mucho menos de un país a otro, lo que desvirtúa cualquier comparación general[9]. Recordemos que estamos tratando de

[8] G. Williams, *Sociolinguistics. A Sociological Critique*, Routledge, Londres 1992.

[9] Conscientes de este problema, los autores del Informe sobre el Desarrollo Humano –que proporciona al IL una de sus variables– han introducido toda una

relaciones internacionales, donde la unidad estadística –y a la mayor parte de los efectos– la constituye el Estado, y éste es el origen de las fuentes que nos vemos obligados a emplear.

La sociología no ha dedicado mucho espacio al papel internacional de las lenguas. Desde el punto de vista de la sociología de las relaciones internacionales, las lenguas formarían parte del "medio" internacional en que se desenvuelen las relaciones entre Estados, como la geografía, los movimientos de población, los recursos económicos, las tecnologías o las diferencias culturales. Pero también se habrían convertido en un "factor" de las relaciones internacionales al desarrollar los Estados, unos más que otros, elaboradas y costosas políticas en defensa de su lengua o sus lenguas.

Las lenguas han dejado de ser únicamente un apartado de la política cultural exterior junto a las bellas artes y se han convertido en un verdadero *enjeu* político. Eran ya importantes como compañeras del imperio (sea cual fuere el significado de la frase de Nebrija), en las relaciones entre gobiernos, y hoy batallan los países para defender su uso en la diplomacia. Siempre han sido vehículo de comunicación, pero ahora desempeñan un crecido papel en los contactos transnacionales entre grupos o individuos, al aumentar el peso de estos contactos en las relaciones internacionales. Las lenguas están presentes en conflictos nacionalistas de alcance internacional. Son asimismo un poderoso factor comercial, cada vez de mayor influencia en un mundo empequeñecido por las comunicaciones: en sí mismas como negocio de la enseñanza; como instrumento imprescindible para los negocios y los contactos internacionales; como elemento de predominio tecnológico[10].

serie de cruces y cortes de la información con los que intentan dar una idea más fiel del desarrollo humano en función del sexo, la edad, etc., y también han añadido a los indicadores tablas con información complementaria: infraestructuras, salud, urbanización, empleo, etc. *Informe sobre Desarrollo Humano 1994*, Programa de las Naciones Unidas para el Desarrollo (PNUD), 1995.

[10] Sobre este reciente papel de las lenguas en relación con la economía y la ciencia, y las posibilidades que abre, en concreto, al español, véase Francisco A. Marcos Marín, "El español, lengua internacional", en *La lengua española hoy*, coordinado por Manuel Seco y Gregorio Salvador, Fundación Juan March, Madrid 1995.

Dejo a los sociólogos de la sociedad internacional la definición teórica del papel de las lenguas, que Marcel Merle clasifica junto con la religión y las etnias como "forces diffuses... dont le réveil et l'intrusion sur la scène internationale pourraient préfigurer l'avènement d'un nouvel ordre mondial"[11]. En lo que respecta a nuestro experimento, la sociología internacional apenas nos proporciona instrumentos para determinar qué factores intervienen en el peso internacional de las lenguas, si no es el hecho fácilmente observable de que la influencia internacional de un país no se basa únicamente en el número de sus habitantes.

La selección de factores

No faltan quienes se han preguntado por los factores que determinan el peso o la importancia internacional de una lengua, aunque en diferentes contextos[12]. Una de las reflexiones más expresivas es la de Bernard Comrie, al prologar una obra colectiva sobre el lenguaje:

> "Perhaps the most controversial problem that I, as editor, have had to face has been the choice of languages to be included. My main criterium has, admittedly, been a very subjective one: what languages do I think the volume's readership would expect to find included? In answering this question I have, of course, been guided by more objective criteria, such as the number of speakers of individual languages, whether they are official languages of independent states, whether they are widely used in more than one

[11] Marcel Merle, *Sociologie des relations internationales*, 3ª edición, Dalloz, París 1982.

[12] A propósito de la expansión ("spread") de las lenguas, Florian Coulmas cita como factores causantes de ésta –no siempre concurrentes– el tráfico comercial (que puede ser a veces más importante, al menos inicialmente, que otros como el poder político de los hablantes, su "auto-estima estética" y el valor simbólico del lenguaje como catalizador de la identidad nacional); y la distribución geográfica y socioeconómica de la lengua (que no es necesariamente menos decisiva que la fuerza demográfica de su comunidad original de hablantes). Florian Coulmas, *Language and Economy*, Blackwell Publishers, Oxford 1992, pp. 199 y 200.

> country, wheter they are the bearers of long literary traditions. These criteria often conflict..."[13]

Más recientemente y en nuestro país encontramos un ejemplo también elocuente:

> "El prestigio de una lengua depende en parte de características atribuidas a la lengua, pero sobre todo al prestigio de sus hablantes. Los factores que contribuyen a prestigiar una lengua son variados y, por supuesto, dependen del contexto, pero si analizamos algunos veremos que tienen muy poco que ver con la lengua en sí [...][14]. Los criterios para incluir una lengua en el grupo de las grandes han de ser necesariamente arbitrarios puesto que le son externos. Es habitual utilizar el criterio del número de hablantes, su estatus como lengua oficial, su uso como *lingua franca* y, frecuentemente, la existencia de literatura escrita y considerada como 'clásica'".

Nótese la coincidencia en la subjetividad o arbitrariedad al comparar lenguas, lo que sin duda guarda relación con el concepto de la relatividad lingüística[15]. Los autores insisten en que si se refieren a lenguas "grandes" o "importantes" es por factores externos, pues "todas las lenguas son perfectamente adecuadas para realizar la función que tienen asignada"[16]. Lo que importa aquí, no obstante, es lo que los distintos autores consideran factores objetivos para incluir una lengua entre las "grandes", o lo que vendría a ser lo mismo, para determinar su importancia. En

[13] Bernard Comrie, ed., *The World's major languages*, Londres 1987.

[14] M. Carme Junyent, *Las lenguas del mundo: una introducción*, Barcelona 1993, págs. 69 y ss. Junyent incluye aquí, entre los "factores de prestigio", el carácter urbano de una lengua, su asociación a una economía "superior", el número de hablantes, el dominio político y su uso en la instrucción.

[15] Florian Coulmas parece querer desembarazarse de este concepto en su ensayo de aplicar la racionalidad económica al estudio de la lengua, cuando dice que "the relationship between languages can be described as one of competition" donde "the range of usage of a language within a group is tipically expanded only at the expense of another"; aunque concluye que "all languages cannot fulfill all functions equally well (...) for every one is characterized by specific conditions not only in their utilization, but also in their genesis". Florian Coulmas, *op. cit.*, pp. 153 y 154.

[16] M. Carme Junyent, *op. cit.*, p. 69.

esto no hay mucha variación tampoco de unos a otros. Pero para compensar la subjetividad o arbitrariedad en la selección de factores, y puesto que de ofrecer datos objetivos se trata, quizá no sea inútil para empezar reunir algunos datos básicos sobre el peso demográfico y económico de las lenguas consideradas en este estudio, comparados con los agregados mundiales (tabla 1).

Esta tabla permite sacar algunas primeras conclusiones sobre la posición de unas lenguas respecto a otras en el mundo. La comparación entre la columnas "Hablantes" y "Población" muestra la diferencia entre el número de hablantes de una lengua (véanse más abajo los criterios utilizados en el cómputo de hablantes) y el ámbito de influencia de la misma teniendo en cuenta su estatuto de oficial en los distintos países. El claro predominio de los países de habla inglesa en número de habitantes y peso económico se refleja en las columnas "Población % Mundo" y "Renta % Mundo"; la ventaja del chino en número de hablantes frente a su escasa importancia económica se ve en la columna "Hablantes % Mundo"; la columna "Hablantes % Población" es expresiva la uniformidad lingüística en los países de habla española.

El IL incluye el número de hablantes y la renta (dentro del IDH) como factores que influyen en la importancia internacional de una lengua, pero a ellos añade otros; seis en total, que son: el número de hablantes de cada lengua, el índice de desarrollo humano de estos hablantes, el número de países donde la lengua es oficial, las exportaciones atribuíbles a los hablantes de cada lengua, el número de traducciones de esa lengua a las demás, y su estatuto oficial en los principales órganos de las Naciones Unidas.

La idea original de este experimento fue la de utilizar factores objetivos sobre los cuales, por imperativos del cálculo, existieran datos medibles, comparables y completos, de los que

[17] Fuente para todos los datos: *Britannica Book of* the *Year 1995 (Events of 1994)*. Las columnas "Población % Mundo" y "Renta % Mundo" no suman 100% por repetirse en el cómputo de algunas lenguas ciertos países, notablemente la India, en el inglés y el hindi, o el Canadá, en el francés y el inglés. Esta desviación, que no afecta a las proporciones reseñadas, se corrige en la fila "Total mundo".

TABLA 1: Peso económico y demográfico de diez lenguas[17]

	HABLANTES[18]	POBLACIÓN[19]	HABLANTES % POBLACIÓN[20]	POBLACIÓN % MUNDO[21]	HABLANTES % MUNDO[22]	RENTA[23]	RENTA % MUNDO[24]
Inglés	489.966.300	1.772.298.000	28%	32,5%	9,0%	8.652.181	41,4%
Francés	98.802.000	278.134.900	36%	5,1%	1,8%	2.404.626	11,5%
Español	323.180.000	339.010.000	95%	6,2%	5,9%	1.317.251	6,3%
Ruso	151.494.000	158.578.000	96%	2,9%	2,8%	427.913	2,0%
Chino	790.135.000	1.222.286.000	65%	22,4%	14,5%	786.065	3,8%
Alemán	89.401.000	107.530.500	83%	2,0%	1,6%	2.493.807	11,9%
Japonés	123.830.000	123.830.000	100%	2,3%	2,3%	3.507.841	16,8%
Sueco	8.199.000	13.856.000	59%	0,3%	0,2%	349.518	1,7%
Italiano	54.414.500	64.272.500	85%	1,2%	1,0%	1.435.656	6,9%
Hindi	354.270.000	913.744.000	39%	16,7%	6,5	271.638	1,3%
Resto mundo		1.451.033.000		26,6%		916.872	4,4%
Total		6.445.702.900		118,1%	45,60%	22.563.960	108,1%
Total mundo		5.455.730.100		100,0%		20.880.085	100,0%

18 Sobre los criterios empleados en el cómputo de hablantes, véase más adelante el apartado *Número de hablantes.*
19 Suma de los habitantes de los países donde la lengua es oficial. Ultima estimación para mediado 1994.
20 Proporción de hablantes de cada lengua respecto a la suma de habitantes de los países donde esa lengua es oficial.
21 Proporción de la suma de los habitantes de los países considerados respecto a la población mundial.
22 Proporción de los hablantes de cada lengua respecto a la población mundial.
23 PNB nominales en 1992, en millones de dólares.
24 Proporción de la suma de las rentas de los países donde cada lengua es oficial, respecto a la renta total mundial.

se encuentran en las tablas estadísticas de los informes y anuarios internacionales. Por lo tanto, quedaban excluídos de entrada algunos criterios de comparación que serían muy reveladores si se dispusiera de datos que reunieran las características citadas. Entre estos indicadores estarían la extensión del empleo de cada lengua como segunda lengua, la demanda de enseñanza de cada lengua como idioma extranjero, el comercio y consumo de bienes culturales en las distintas lenguas, o el empleo de éstas en los negocios internacionales o en la investigación y el desarrollo científico, por poner ejemplos únicamente de factores ponderables[25].

El punto de vista internacional que pretende dar este experimento a la comparación entre lenguas es, junto con la disponibilidad de datos, el más importante criterio de elección de los factores. Con el IDH, el IL pretende *cualificar* el número de hablantes de una lengua por medio del nivel de desarrollo de sus hablantes, según la hipótesis de que a igual número de hablantes tendrá más importancia internacional la lengua hablada por individuos con mayor renta, más esperanza de vida y mayor grado educativo. El número de países donde la lengua es oficial tiene en cuenta uno de los principios básicos del ordenamiento internacional: el de la igualdad soberana entre los Estados. Si el Estado es el principal sujeto de la sociedad internacional, una lengua tendrá más importancia internacional cuanto mayor sea el número de Estados que la reconocen como lengua oficial. Las exportaciones pretenden dar una dimensión internacional al nivel de renta de los hablantes de una lengua (ya incluido en el IDH) además de dar idea de la capacidad de irradiación, a través de las mercancías, de una lengua o cultura nacional. El número de traducciones de una lengua a las demás lenguas también nos habla de irradiación, en este caso puramente intelectual. El estatuto oficial en la O.N.U. representa su empleo en la diplomacia –aunque no sea más que la diplomacia multilateral en este caso–, principal instrumento de las relaciones internacionales.

[25] Para un examen más autorizado de factores ponderables e imponderables y su probable influencia en el equilibrio de las lenguas, véase el artículo citado de Tamarón en *Nueva Revista.*

Antes de explicar cuáles son las fuentes y los criterios empleados para la medición de los distintos factores o componentes del IL, y como muestra de que esta selección de seis no pretende ser exhaustiva, puede ser útil la mención de un factor de cierta significación no utilizado en este índice. La superficie terrestre de los *dominios* de una lengua no parece tener gran peso internacional (tabla 2) si no va combinada con el poblamiento humano y los recursos naturales, pero tal vez diga algo si añadimos el grado de repartimiento de una lengua por el globo. La tabla 3 muestra que sólo dos lenguas tienen implantación significativa en los cinco continentes: el inglés y el francés. Con excepción de éstos dos idiomas, el español y el ruso, la mayoría de los idiomas lo son de un solo continente[26].

TABLA 2: Extensión geográfica de diez lenguas[27]

	SUPERFICIE[28] (KM²)	SUPERFICIE % MUNDO[29]
Inglés	39.466.937	29,4%
Francés	20.618.557	15,4%
Español	12.207.187	9,1%
Ruso	17.282.995	12,9%
Chino	9.610.795	7,2%
Alemán	515.376	0,4%
Japonés	377.750	0,3%
Sueco	788.109	0,6%
Italiano	342.648	0,3%
Hindi	3.165.596	2,4%
Resto Mundo	43.385.652	32,4%
Total	147.761.602	110 %
Total Mundo	134.023.977	100,0%

26 Obviamente nos referimos a los considerados aquí, pero no olvidamos otras grandes lenguas como el portugués, el turco o el árabe.

27 Fuente: *Britannica Book of the Year 1995 (Events of 1994)*. La columna "Superficie % Mundo" no suma 100% por repetirse en el cómputo de algunas lenguas ciertos países, notablemente la India, en el inglés y el hindi, o el Canadá, en el francés y el inglés. Esta desviación se corrige en la fila "Total mundo".

28 Suma de las superficies de los países donde cada lengua es oficial.

29 Proporción de la suma de las superficies de los países donde cada lengua es oficial respecto a la superficie emergida mundial.

TABLA 3: Número de países con cada lengua oficial, por continentes

	AFRICA	AMÉRICA	ASIA	EUROPA	OCEANÍA	TOTAL
Inglés[1]	15	14	7	3	11	50
Francés[1]	17	2	3	4	1	27
Español[2]	1	18		1		20
Alemán				6		6
Chino[3]			3			3
Italiano				3		3
Sueco				2		2
Ruso[4]			1	2		2
Japonés			1			1
Hindi			1			1

(1) Sin contar los territorios dependientes repartidos por América y Oceanía.
(2) Sin contar Puerto Rico.
(3) Sin contar Hong Kong.
(4) Rusia es a la vez Europa y Asia.

NÚMERO DE HABLANTES

Todo lo que se pudiera decir aquí sobre las dificultades de establecer el número de hablantes de una lengua[30] ya lo ha dicho y con más gracia y autoridad Gregorio Salvador en el lugar citado. La tabla 4 es una repetición del ejercicio realizado por este académico en 1983 utilizando algunas fuentes más recientes, con el mismo objeto de mostrar lo variable de los cómputos[31].

Téngase en cuenta, sin embargo, que las diferencias entre columnas no se deben sólo al crecimiento natural de la población o a la imprecisión de las fuentes, sino también a los criterios empleados en la contabilización. Así, por ejemplo, las grandes variaciones en el chino se deben a la inclusión o no de la totalidad de sus variedades y de las muchas lenguas no chinas de la República Popular, atendiendo a si el chino mandarín, variante mayoritaria y lengua de la educación, constituye verdaderamente una norma común para todos los habitantes de China; en otros casos, la diferencia estriba en incluir o no como hablantes los habitantes de los países donde la lengua es oficial. Los datos de la columna correspondiente al *Britannica Book of the Year* (BBY)[32], que sigue siendo la fuente del número de hablantes

[30] El INCIPE comprobó de cerca las dificultades que ofrece una investigación en este terreno, al intentar recopilar datos originales sobre los hablantes de español por medio de una petición a la Dirección General de Relaciones Culturales del Ministerio de Asuntos Exteriores, que cursó una circular a las Embajadas de España en Hispanoamérica. A pesar de la amable colaboración de don Delfín Colomé y de la positiva respuesta de las Embajadas, la heterogeneidad de los datos impidió elaborar cualquier tabla coherente. De ello se podría deducir que sólo un organismo internacional de cooperación estaría en condiciones de ocuparse de coordinar los instrumentos necesarios para recopilar datos de esa clase, quizás a través de la introducción en los censos nacionales de preguntas homologadas.

[31] Las fuentes son: *Enciclopedia Salvat Junior*, tomo 6, *Lengua*, Barcelona 1974, y Roland Breton, *Geografía de las lenguas*, Oikos-Tau ediciones, Barcelona 1979, ambos utilizados por Gregorio Salvador en su obra citada; David Crystal, *The Cambridge Encyclopaedia of Language*, Cambridge University Press, 1987; "Número de personas que hablaban los principales idiomas del mundo en 1989", informe de la Sección de Estadísticas de Cultura y Comunicación, División de Estadística, Unesco, julio de 1992; el *Quid* de 1994 cita como fuente a Sidney S. Culbert, de la Universidad de Washington, con datos para 1993; y *Britannica Book of the Year 1995*.

[32] Merece la pena consultar la explicación técnica de la recolección de datos en el BBY, que da una idea sobre la precariedad de las fuentes nacionales y los

TABLA 4: Los alegres guarismos de la demolingüística

	SALVAT 1974	BRÉTON 1979	CRYSTAL 1987	UNESCO 1992	QUID 1994	BRITANNICA 1995
Chino	481.000.000	500.000.000	1.000.000.000	1.077.548.100	921.000.000	790.135.000
Inglés	288.000.000	320.000.000	1.400.000.000	456.328.300	457.000.000	489.966.300
Hindi	158.000.000	350.000.000	700.000.000	363.927.300	391.000.000	354.270.000
Español	152.000.000	210.000.000	280.000.000	308.075.300	369.000.000	323.180.000
Ruso	164.000.000	150.000.000	270.000.000	285.077.900	289.000.000	151.494.000
Japonés	97.000.000	110.000.000	120.000.000	122.846.200	126.000.000	123.830.000
Francés	71.000.000	80.000.000	220.000.000	88.658.300	123.000.000	98.802.000
Alemán	121.000.000	105.000.000	100.000.000	88.997.600	119.000.000	89.401.000
Italiano			60.000.000		63.000.000	54.414.500
Sueco			8.500.000		9.000.000	8.199.000

para este experimento, están recopilados siguiendo nuestros propios criterios, dado que este anuario los presenta por países. Estos criterios han sido:

– Sólo cuentan los hablantes de una lengua en países donde ésta es oficial de un modo u otro.

– Cuentan también los hablantes de esa lengua en territorios dependientes donde es oficial, aunque estos territorios no cuentan como países donde la lengua es oficial. Por ejemplo: Puerto Rico, Hong Kong, Reunión o Gibraltar.

– Cuentan, junto a los miembros del Grupo de Lengua Materna (GLM) tal como lo entiende el BBY, los que éste considera hablantes de esa lengua como *lingua franca*, siempre que sean de un país donde la lengua es oficial, y los hablantes de los *creoles* o *patois* derivados de la lengua en cuestión (por ejemplo, Haití, Jamaica o Liberia).

– No cuentan los hablantes de una lengua en países donde esta lengua no es oficial. Así lo aconsejan la poca fiabilidad de las fuentes sobre lenguas francas y minorías lingüísticas. Véase si no el caso de España, por poner uno que el lector español reconocerá enseguida. El BBY da al inglés en España 100.000 hablantes y ninguno, por ejemplo, al francés o al alemán. Los idiomas más "perjudicados" por este criterio serían el inglés (en países como Paquistán), el francés (ampliamente utilizado como segunda lengua en Argelia, Zaire, Congo o Marruecos), el español (19,6 millones de hablantes en Estados Unidos según el BBY) y el ruso (con importantes minorías en las repúblicas ex soviéticas, que pueden sumar más de 30 millones de hablantes). También quedan excluídas por este criterio las minorías lingüísticas producidas por migraciones recientes (rusos en EE.UU., magrebíes en Francia, chinos en Canadá).

– Cuentan los hablantes que el BBY presenta como bilingües con otra lengua (por ejemplo, los de inglés y francés en Canadá o los de español y quechua y aimara en Perú y en Bolivia, etc.). Una vez más el caso español en el BBY merece un comentario, por no dar al castellano –"Spanish"– la categoría de lengua franca entre las distintas comunidades lingüísticas. En esta ocasión nos hemos permitido una corrección: los que el BBY cuenta como hablantes de vascuence, catalán y gallego en España han sido contados como hablantes de español por presumirse su bilingüismo, al igual que, por ejemplo, los de galés y gaélico-escocés en el Reino Unido, incluidos en el recuento del inglés.

El Indice de Desarrollo Humano

El Programa de Naciones Unidas para el Desarrollo (PNUD) publica anualmente desde 1990 su *Informe sobre desarrollo humano*, que contiene entre otras cosas las tablas mundiales del Indice de Desarrollo Humano (IDH), calculado para cada país a partir de los datos de renta per capita, alfabetización, tasa de matriculación y esperanza de vida al nacer. Además de haber servido en parte de inspiración para la confección del IL (e incluso para el título de este artículo[33]), el IDH proporciona una síntesis relativamente fiel del nivel de desarrollo de los diferentes países que no se limita al puro poder económico. Para trasladar el nivel de desarrollo de los países a los hablantes de la lengua, el IL ha ponderado el IDH de los habitantes de cada país en relación con el número total de hablantes. Se ha obtenido así un IDH de cada lengua[34].

Ya hemos mencionado que la introducción del IDH en el IL se basa en la hipótesis de que a igual número de hablantes tendrá más importancia internacional la lengua hablada por individuos con mayor renta, más esperanza de vida y mayor grado educativo. En el primer IL se daba más importancia al IDH de cada lengua que al número de hablantes; en las sucesivas modificaciones de la fórmula se ha ido reduciendo, al ampliarse el número de países considerados en el experimento.

métodos alternativos empleados para suplirlas. Véanse también las observaciones de Crystal, op. cit., pp. 286 y 436, y el informe citado de Unesco.

[33] El capítulo 5 del *Informe sobre desarrollo humano 1994* se titulaba, en efecto, "Una nueva mirada al índice de desarrollo humano".

[34] Otra dificultad de insertar el IDH en el IL procede del hecho de que es a su vez un índice compuesto. Un buen ejercicio podría ser quizá el de introducir los distintos elementos del IDH por separado en la fórmula del IL. De este modo, que requiere una fórmula más elaborada, podría determinarse el peso de cada componente aislado del IDH en el IL.

En efecto, el número de países considerado para medir el IDH es un arma de dos filos, al menos para el inglés y el francés. Si se incluye en el cálculo del IDH de una lengua el de todos los países donde esta lengua es oficial, bajará el IDH ponderado de dicha lengua, repercutiendo consiguientemente de forma negativa en su IL (las tablas 5 y 6 muestran dos ensayos de cálculo de los indicadores del francés, utilizando respectivamente ambos criterios, para ilustrar este fenómeno[35]). Ahora bien, la representatividad de los habitantes de la mayor parte de estos países en el IDH del francés es discutible, porque en ellos la población francófona no es mayoritaria, ni es el francés la lengua nacional propiamente dicha, aunque sea de una parte políticamente definida como Quebec, Valonia o los cantones suizofranceses. Por otra parte, la porción de las personas que en esos países de bajo IDH hablan el idioma en cuestión suele constituir el sector social más acomodado y educado de sus respectivos países, cuyo IDH particular estaría seguramente por encima del IDH nacional. En resumidas cuentas, la observación nos dice que no por ser oficial una lengua en muchos países, por poco desarrollados que éstos sean, disminuye necesariamente la importancia de la lengua. Antes bien, la combinación de un núcleo de países desarrollados, con elevadas tasas de alfabetización y fuerte producción intelectual, y un gran número de países que carecen de estas condiciones pero que tienen la lengua en cuestión como oficial, proporcionando así un terreno de expansión a dicha lengua, es lo que da en parte su fuerza internacional al inglés y al francés.

Por esta razón, se ha empleado para calcular el IDH de cada lengua un criterio de selección de países ("a la baja", es decir, ciñéndonos a los países donde la lengua, además de oficial, puede considerarse lengua nacional; véase la tabla 6) distinto al utilizado para el número de hablantes, la oficialidad y las exportaciones ("al alza", es decir, incluyendo todos los países por ficticio que sea el estatuto legal de la lengua considerada).

[35] La comparación de estas dos tablas tiene además la utilidad de mostrar el modo de calcular los datos sobre cada lengua que luego se comparan en el cuadro general.

TABLA 5: Indicadores del francés (considerando el IDH de 27 países)

	HABLANTES[36]	PROPORCIÓN HABLANTES[37]	IDH	IDH PONDERADO[38]	PAÍSES	EXPORTACIONES
Bélgica	3.310.000	0,034	0,926	0,031	1[39]	38.860,0[40]
Bénin	810.000	0,008	0,332	0,003	1	114,0
Burkina Faso	600.000	0,006	0,228	0,001	1	151,1
Burundi	540.000	0,005	0,286	0,002	1[41]	74,7
Camerún	1.940.000	0,020	0,503	0,010	1[42]	2.892,5
Canadá	7.300.000	0,074	0,950	0,070	1[43]	36.306,9[44]
Chad	840.000	0,009	0,296	0,003	1[45]	193,9
Comoros	119.000	0,001	0,415	0,000	1[46]	18,0
Congo	830.000	0,008	0,538	0,005	1	1.154,8
Costa de Marfil	4.900.000	0,050	0,369	0,018	1	2.931,2
Djibouti	50.000	0,001	0,336	0,000	1[47]	17,3
Francia	57.982.000	0,587	0,930	0,546	1	216.247,6
Gabón	440.000	0,004	0,579	0,003	1	2.463,8
Guadalupe	405.000	0,004			0	133,3
Guinea	550.000	0,006	0,237	0,001	1	788,0

Guyana Francesa	132.000	0,001			0	107,6
Haití	6.490.000	0,066	0,362	0,024	1[48]	77,7
Jersey	6.000	0,000			0	[49]
Luxemburgo	14.000	0,000	0,893	0,000	1[50]	164,3[51]
Madagascar	1.400.000	0,014	0,432	0,006	1[52]	291,7
Mali	700.000	0,007	0,222	0,002	1	179,0
Martinica	368.000	0,004			0	202,0
Mayotte	46.000	0,000			0	4,8
Mónaco	12.000	0,000	[53]		0	[54]
Nueva Caledonia	61000	0,001			0	444,5
Níger	1.320.000	0,013	0,207	0,003	1	282,6
Polinesia Francesa	173.000	0,002			0	74,7
República Centroafricana	350.000	0,004	0,361	0,001	1	140,3
Reunión	647.000	0,007			0	186,8
Ruanda	530.000	0,005	0,332	0,002	1[55]	131,9
Senegal	410.000	0,004	0,340	0,001	1	782,6
Seychelles	67.000	0,001	0,810	0,001	1[56]	48,7

Suiza	1.340.000	0,014	0,925	0,013	1[57]	12.307,1[58]
Togo	670.000	0,007	0,409	0,003	1	253,2
Vanuatu	50.000	0,001	0,541	0,000	1[59]	23,6
Zaire	3.400.000	0,034	0,384	0,013	1	999,2
Francés	98.802.000	1,000	0,487	0,748	27	319.059,4

36 Hablantes de francés donde la lengua es oficial, incluyendo los derivados *creoles* (Guadalupe, Guyana francesa, Haití, Martinica, Reunión, Seychelles). Faltan aquí los territorios de Wallis y Futuna y San Pedro y Miquelon, con apenas 16.000 almas entre los dos. Se emplea también el francés en el sur de Estados Unidos (entre 200.000 y 1.900.000 hablantes, según las estimaciones y los criterios) y en la cuenca mediterránea, donde se puede decir que el uso del francés está más extendido que en muchos otros países africanos que lo tienen como lengua oficial. El BBY cifra los hablantes de francés de Túnez, Argelia, Egipto y Líbano en unos 15,5 millones; de Marruecos se limita a decir que "también se habla francés". La Asociación española de Amigos de la Lengua Francesa da como población de habla francesa, sin especificar en qué grado, a la totalidad de los habitantes de Argelia, Marruecos y Túnez. Para mantenernos en un término medio, se puede decir que sin tener peso como grupo de lengua materna, el francés ocupa un lugar muy importante en la enseñanza y como lengua de cultura en los mencionados países, y sobre todo como lengua franca entre las distintas lenguas y dialectos del árabe. Cabe también mencionar Mauricio, antigua colonia francesa, donde el francés se sigue utilizando en cierta medida en los asuntos públicos, y hablan un criollo derivado del francés unas 650.000 personas. El francés de las antiguas colonias francesas de Indochina parece estar en retroceso.

37 Proporción de los hablantes de francés en cada país respecto al total de hablantes de francés.

38 Producto de la multiplicación de la proporción de hablantes por el IDH de cada país. Sumados todos los IDH ponderados de los países donde el francés es oficial, resulta el "IDH" del francés que se emplea en la comparación final (véase la tabla 7). Este es el método empleado para todas las lenguas.

TABLA 6: Cálculo del IDH del francés (considerando 4 países)

	HABLANTES	PROPORCIÓN HABLANTES	IDH	IDH PONDERADO
Bélgica	3.310.000	0,047	0,926	0,044
Canadá	7.300.000	0,104	0,950	0,099
Francia	57.982.000	0,829	0,930	0,771
Suiza	1.340.000	0,019	0,925	0,018
IDH Total	69.932.000	1,000		0,932

[39] La cuestión lingüística está muy presente en la Constitución belga tras la última reforma, en 1993. El título I establece tres comunidades (francesa, flamenca y germanófona), tres regiones (la valona,. la flamenca y la bruselense) y cuatro regiones lingüísticas (la de lengua francesa, la de lengua neerdanlesa, la bilingüe de Bruselas capital y la de lengua alemana). El artículo 30 determina el carácter facultativo del uso de las lenguas; deja su reglamentación a la ley y sólo para los actos de la autoridad pública y los asuntos judiciales. Los miembros de las Cámaras legislativas se dividen en grupos lingüísticos (artículo 43). El artículo 67 fija unas minuciosas cuotas lingüísticas para la composición del Senado. El artículo 189 declara que el texto de la Constitución se establece en francés, neerlandés y alemán.

[40] Cálculo realizado a partir de las exportaciones totales de Bélgica y Luxemburgo (123.459,9 millones de dólares) y el número de francoparlantes de Bélgica.

[41] Co-oficial con el rundi.

[42] Co-oficial con el inglés.

[43] Co-oficial con el inglés.

[44] Cálculo realizado a partir de las exportaciones totales de Canadá (144.730,5 millones de dólares) y el número de francoparlantes de Canadá.

[45] Co-oficial con el árabe.

[46] Co-oficial con el árabe.

[47] Co-oficial con el árabe.

[48] Co-oficial con el haitiano.

[49] Las exportaciones de Jersey están incluidas en las del Reino Unido, en la tabla del inglés.

[50] La ley de 24 de febrero de 1984 sobre el régimen de las lenguas establece que el luxemburgués es la lengua nacional de los luxemburgueses; que la lengua de la legislación es el francés ("seul le texte français fera foi"); y que en materia administrativa y judicial podrá hacerse uso de las lenguas francesa, alemana o luxemburguesa.

[51] Cálculo realizado a partir de las exportaciones totales de Bélgica y Luxemburgo (123.459,9 millones de dólares) y el número de francoparlantes de Luxemburgo.

[52] Co-oficial con el malgache. No hay cláusula lingüística en la constitución de 1975, pero de ciertos textos oficiales se desprende la oficialidad del malgache, junto al reconocimiento del francés como lengua de la administración, los asuntos públicos y las relaciones con el exterior (*Etat de la Francophonie dans le Monde*, La Documentation Française, París 1991, p. 323).

Número de países

Se registra aquí el número de países donde cada lengua de las consideradas es oficial o co-oficial, excluyendo los países y territorios dependientes.

La definición de "lengua oficial" obliga a una primera aclaración. En la mayor parte de los países no hay declaración legal explícita de lengua oficial o de otra clase[60], y en los que la hay no existe un rasero común. El IL incluye dentro de la categoría de lengua oficial casi tantas situaciones distintas, de hecho y de derecho, como países se han considerado en este estudio[61]. En algunos casos, la constitución o ley fundamental del país declara oficial o nacional a una lengua, o a varias. En otros, la norma máxima establece grados de importancia entre varias lenguas, distinguiendo entre oficial y nacional, primera lengua oficial y segunda lengua oficial, etc. Hay lenguas oficiales sólo regionalmente. A algunas se les reconoce su uso en determinados ámbitos (el parlamento, la administración, la enseñanza). En países

[53] El PNUD no proporciona datos de IDH sobre Mónaco, por lo que hemos prescindido de contarlo como país de habla francesa.

[54] Las exportaciones de Mónaco están incluidas en las de Francia.

[55] Co-oficial con el ruandés.

[56] Según la Constitución de 1993, son lenguas nacionales el seselwa o criollo del francés, el inglés y el francés (BBY). Según *Etat de la Francophonie dans le monde* (p. 324), el inglés es la lengua de los asuntos públicos, aunque el francés se utiliza como "seconde langue de travail" y el criollo en la comunicación oral con los administrados.

[57] Co-oficial con el alemán, el italiano y el retrorromance.

[58] Cálculo realizado a partir de las exportaciones totales de Suiza y Liechtenstein (64.541,2 millones de dólares) y el número de francoparlantes en ambos países.

[59] Co-oficial con el bislama o criollo derivado del inglés, y el inglés.

[60] En la mayoría de estos países, algunos tan importantes como Estados Unidos (aunque aquí podría cambiar en breve la situación, debido a ciertas iniciativas del Partido Republicano), Reino Unido o Alemania, no hay duda sobre cuál es la lengua nacional u oficial. En todo caso, y para salir de dudas, siempre se puede recurrir a los razonables criterios de la Unesco, explicados en el informe citado "Número de personas que hablaban los principales idiomas del mundo en 1989".

[61] En esto seguimos también, principalmente, al BBY. La mayor parte de las observaciones al respecto de la uniformidad convencional y ficticia de los datos sobre oficialidad han surgido de los resultados de una encuesta selectiva dirigida a una veintena de representaciones diplomáticas sobre los estatutos lingüísticos de sus respectivos países, en marzo y abril de 1995. Véanse las notas a las tablas de los distintos idiomas considerados en este estudio.

relativamente jóvenes que cuentan con poblaciones indígenas, se concede a ciertas lenguas una protección especial. Muchas constituciones preveen para todas estas variantes un desarrollo legislativo o reglamentario. Este país revela sus lenguas oficiales escribiendo en ellas su carta magna. Aquél no se molesta en darse un texto constitucional escrito. Estas pinceladas componen un cuadro que sería muy interesante estudiar comparativamente[62].

Dar la misma puntuación a una lengua oficial que a una cooficial, tanto si la oficialidad la comparte con otra lengua considerada en este estudio como si no, produce una distorsión respecto a la realidad que merece un segundo comentario. No ejercerá la misma irradiación ni se empleará por igual un país en defensa de su lengua si ésta es la única lengua nacional o si la lengua en cuestión es una entre varias del mismo rango. En términos de relación entre poder político e importancia internacional de una lengua, no es igual que el francés sea oficial en Francia a que lo sea en Suiza[63].

Debemos ser conscientes, por tanto, de que no todos los estatutos de oficialidad aquí registrados representan la misma realidad socio-lingüística, aunque el IL dé a todos el mismo valor (la unidad), por imperativos del cálculo y porque suponemos que otros indicadores no formales están ya descontados en otros componentes del IL.

Las exportaciones

Las "exportaciones[64] de cada lengua" también se han calculado "al alza", sumando además de las exportaciones de todos los

[62] Manuel Alvar tiene un estudio lleno de información sobre la lengua y el Estado, aunque ceñido a Hispanoamérica, que puede servir de inspiración: "Lengua nacional y sociolingüística", en la recopilación de estudios del mismo autor *Hombre, etnia, Estado. Actitudes lingüísticas en Hispanoamérica*, Gredos, Madrid 1986.

[63] El respectivo papel de ambas en la Francofonía, por ejemplo, es muestra de ello. Véase *L'année francophone internationale, édition 1994*, La Documentation française.

[64] Los datos de exportaciones proceden del *Britannica Book of the Year 1993*. Están expresados en dólares estadounidenses, de 1992 en su mayoría. Para el cálcu-

países con esa lengua como oficial, las de los territorios dependientes. Al igual que en la última entrega de este experimento, en los casos de Canadá, Bélgica y Suiza las exportaciones se han repartido entre sus respectivas lenguas co-oficiales proporcionalmente a los hablantes de los distintos grupos lingüísticos. En el hindi y el chino, sin embargo, no se ha descontado la proporción correspondiente a los hablantes de otras lenguas en India y China, "por no considerarse ninguna de ellas en este estudio, por ser el chino y el hindi las lenguas internacionalmente más importante de ambos países, y por ser irrelevante su cantidad"[65]. Este mismo criterio se ha aplicado a los países con escaso poder exportador donde la lengua en cuestión es lengua franca.

"Se trata [con este indicador] de reflejar el peso internacional de una lengua en su aspecto económico(es el aspecto externo más visible de la renta de un país, incluida en el IDH), pero también algo que llevan implícito las ventas mercantiles de un país: la exportación de la cultura y la imagen de una nación"[66]. No hace falta insistir en la importancia que tienen desde el punto económico, pero también de irradiación de modelos culturales y valores morales, las exportaciones "culturales", entendiendo por éstas las de libros y revistas, el cine y los programas de televisión, las grabaciones musicales, las emisiones de radio, los ingresos provenientes de la enseñanza a extranjeros (incluyendo los de la industria de enseñanza de lenguas extranjeras), y la que tendrán en su día los servicios telemáticos que hoy ya pueden contratarse internacionalmente. Algo de esto queda reflejado en el IL gracias al componente de traducciones, que no obstante es insuficiente en un mundo donde lo audiovisual gana terreno a lo impreso en su capacidad de difusión cultural. Al igual que ocurre con las traducciones impresas, incluso cuando estos productos culturales llegan traducidos a sus destinatarios en todas partes del mundo, constituyen un poderoso factor de irradiación de la civilización y la lengua de un país.

Así pues, un mayor montante de exportaciones daría más peso a una lengua en el mundo. Esto quiere decir que a igual-

lo de promedios se ha ignorado el hecho de que los datos de algunos países son de años anteriores.

65 Marqués de Tamarón, "El español..." (1993), p. 81.

66 Marqués de Tamarón, "El español..." (1993), p. 81.

dad de rentas, hemos dado un valor añadido a las lenguas de aquellos países que exportan más. El medidor no es exacto, por supuesto. Pensemos en Japón, el país con el mayor superávit comercial del mundo, o en Taiwán, que exporta tanto como España: al menos en Occidente sus idiomas no han ganado una significativa influencia internacional por el hecho, sobradamente conocido, de que los productos y las inversiones orientales invaden el mundo. Hay otros dos fenómenos que obligan a matizar el significado de las exportaciones como factor de importancia internacional de una lengua. Uno, el lenguaje del comercio internacional es mayoritariamente el inglés (por así decirlo, se importa y se exporta en inglés), lo que disminuye el efecto difusor del idioma que podrían tener las exportaciones en lenguas que no son el inglés. Por otro lado, y a pesar del imperio universal de esta lengua en los negocios, cuando el *marketing* aconseja, en determinadas situaciones, emplear el idioma del consumidor para vender mejor, está equilibrando las tendencias uniformadoras de los mercados internacionales[67].

LAS TRADUCCIONES

El Anuario Estadístico de la Unesco, de 1993 en esta ocasión[68], sigue siendo la fuente de datos para este factor del índice del peso internacional de las lenguas, con las limitaciones (en especial la obsolescencia) que ya se han señalado en otro lugar. Este indicador "intenta reflejar la importancia de una lengua en términos del interés despertado en otros países por su cultura y producción intelectual"[69], incluyendo libros científicos, manuales técnicos, etc. Los datos de la Unesco, limitados a la produc-

[67] A este respecto es interesante comprobar cómo el nuevo y tan anunciado producto informático de la compañía Microsoft, el sistema operativo Windows 95, aparecerá en idiomas comparativamente tan minoritarios como el euskera y el catalán.

[68] En el Anuario Unesco 1994 se han suprimido los datos relativos a traducciones, tal vez por los mismos motivos que aquí se mencionan como objeciones a su fiabilidad.

[69] Marqués de Tamarón, "El español..." (1993), p. 82.

ción editorial, no incluyen sin embargo un amplio espectro de traducciones que en volumen superan probablemente al de los libros publicados, pero que forman parte de los indicadores no incluidos en este experimento por carecer de datos fiables, como la traducción de instrucciones de montaje industrial, de manuales de funcionamiento, de documentos internos de las empresas, etc. Sería interesante disponer de algunos datos, aunque parciales, de estos fenómenos.

Esta interpretación del dato de las traducciones pide una matización. La escasez relativa de traducciones de una lengua a otras nos avisa en general de la reducida creación intelectual en esa lengua, pero también puede expresar que es suficientemente conocida. Resuelve en parte este dilema la comparación entre traducciones directas e inversas de cada lengua. La tabla 7, que muestra los "saldos traductores" de las lenguas comparadas, es un complemento interesante para los datos de traducción incluidos en el IL. Cuanto más favorable es el saldo traductor a las traducciones directas de un idioma suponemos una mayor irradiación intelectual que repercutiría en el prestigio de esa lengua.

TABLA 7: Comparación de «saldos traductores» en 1987[70]

	TRADUCCIONES DIRECTAS	TRADUCCIONES INVERSAS*	SALDO (%)
Inglés	32.219	3.228	10,0
Ruso	6.595	2.133	32,3
Francés	6.732	3.407	50,6
Italiano	1.725	2.024	117,3
Sueco	1.193	2.202	184,6
Alemán	5.077	12.537	246,9
Español	933	8.931	957,2
Hindi	45	586***	1.302,2
Japonés	235	3.156	1.343,0
Chino	216	**	—

* Incluidas lenguas muertas.
** Unesco no da este dato para China.
*** Este es el número de traducciones publicadas en India, sin especificar en qué lengua. A falta de otro dato, sirva éste de orientación.

[70] Fuente: *Anuario Unesco 1993*, con datos sobre 1987.

No está libre este indicador de un sesgo "institucional" (por emplear la terminología de la vitalidad lingüística), es decir, que en parte el número de traducciones de una lengua a otras depende del apoyo de determinadas instituciones. Así lo sugieren las cifras relativas al ruso. Si echamos una mirada a la lista de autores más traducidos sorprendemos a Lenin y Gorbachov entre los cinco primeros en 1987, año del que la Unesco ofrece sus últimos datos disponibles. La misma fuente advierte que de las 6.595 traducciones del ruso a otras lenguas publicadas en 1987, 4.464 se tradujeron y publicaron en lo que entonces era todavía la Unión Soviética. Por desgracia no hay datos sobre otras lenguas que nos informen de la proporción de traducciones "voluntaristas", cuya capacidad de irradiación suponemos menor. Es razonable pensar, por otra parte, que desde 1987, último año para el que la Unesco ofrece datos, las traducciones de autores políticos rusos, y en general todas las del ruso, hayan decaído.

La oficialidad en la ONU

Al igual que el número de países donde la lengua es oficial, este indicador refleja el *statu quo* institucional de las distintas lenguas, en este caso en el plano internacional. Se trata de representar el uso de las lenguas en la diplomacia[71]. Comoquiera que es imposible apreciar el uso de unas u otras lenguas en todos los contactos diplomáticos posibles, empezamos por reducir nuestro campo de estudio a la diplomacia multilateral, y dentro de ésta a las organizaciones internacionales de ámbito universal[72].

[71] El Embajador Rouillon, autor del estudio "Le français dans les organisations internationales", incluido en *Etat de la francophonie dans le monde*, La Documentation Française, París 1991, establece la equivalencia entre el idioma de las organizaciones internacionales y el idioma de la diplomacia, dado que "non seulement les relations entre Etats passent chaque jour plus largement par ces organisations, mais la diplomatie bilatérale, qui en est en principe indépendante, se voit obligée, chaque jour davantage, d'emprunter le langage, en particulier le langage technique et scientifique qu'elles utilisent, parfois créent, en tout cas fixent".

[72] Aunque excluida de estas consideraciones, la práctica en la autenticación de Tratados internacionales bilaterales ofrece un campo de estudio interesante, que en una primera aproximación parece reasentar al inglés y al francés como linguas

El IL se limita a bonificar ligeramente a aquellas lenguas que ostentan el estatuto de oficiales en los dos órganos principales de la más universal de las organizaciones gubernamentales: la Asamblea General y el Consejo de Seguridad de la ONU. Este criterio, claro es, no refleja con detalle la variedad de situaciones lingüísticas que se producen en las instituciones de la diplomacia multilateral.

El estudio de Eloy Ybáñez contenido en esta obra da una idea acabada de la complejidad del *statu quo* lingüístico en las organizaciones internacionales. Basándose en este estudio, la tabla 6 intenta recoger con más detalle esa complejidad para completar la información incluída en el IL. He aquí algunas salvedades a tener en cuenta:

– En primer lugar, se han tomado únicamente organizaciones de ámbito universal, unas gubernamentales y otras no. La fuerza de algunas lenguas como lenguas internacionales regionales queda, por tanto, ignorada[73].

– En cuanto a la clasificación utilizada (O = lengua oficial, T = lengua de trabajo, A = es auténtico el texto fundacional redactado en esa lengua), no responde a ninguna definición positiva, ni práctica consistente, de lo que representa tener el estatuto de "lengua oficial" o "de trabajo"[74]. En ocasiones se

francas de la diplomacia. Véase Antonio Remiro Brotons, *Derecho Internacional Público, 2. Derecho de los Tratados*, Tecnos, Madrid 1983, p. 88.

73 Aunque sea en este rincón, conviene recordar la diferencia entre "internacional" y "mundial". Un Estado puede ser una potencia media, de ámbito regional, y su influencia seguirá siendo internacional, al igual que la de una lengua. Dice F. Coulmas (op. cit., p. 200): "The scenes where language spread happens are manifold. Only very few languages take part in language competition on a global scale, maybe the six official languages of the United Nations. However, the international weight of those languages does not imply their superiority on a regional level".

74 El Derecho Internacional se limita a establecer ciertas normas para la autenticación e interpretación de textos en más de un idioma (Convención de Viena sobre el Derecho de los Tratados (Viena, 23 de mayo de 1969, art.33) y no se pronuncia sobre la preeminencia de unos *status* sobre otros, y mucho menos de unos idiomas sobre otros. Si nos atenemos al modelo de la ONU, el estatuto de lengua oficial implica que toda reunión oficial deberá contar con traducción simultánea de y a la lengua que se beneficia de dicho estatuto, que los documentos preparatorios y los proyectos de resoluciones estarán disponibles en esa lengua, así como las cuentas y los informes que se presenten. El estatuto de lengua de trabajo

omite en los textos legales cualquier calificativo, y el idioma o idiomas en cuestión no son sino "los de la Organización" (F.A.O.). En muchos casos los reglamentos dejan abierta la posibilidad de introducir un nuevo idioma en las sesiones o en las traducciones siempre que se haga cargo de los gastos el país introductor. Hay tantas situaciones distintas detrás de estos calificativos como organizaciones existen y órganos las componen. Es, por lo tanto, caprichoso hacer comparaciones entre una lengua oficial o de trabajo y otra con el mismo estatuto en otra organización, y debe tomarse la información del cuadro como puramente orientativa.

– La clasificación utilizada no tiene tampoco valor jerárquico. Aparentemente, ser lengua oficial tiene más valor que ser lengua de trabajo. Sin embargo, a efectos prácticos, es más importante esto último, y más raro y más preciado. En el mismo sentido, tanto más solemne como menos significativo en cuanto al uso es para una lengua ser destino obligado de traducción en determinados documentos. En la mayor parte de las organizaciones existe, por costumbre o reglamento, un orden de importancia de los documentos según las lenguas a las que hay que traducirlos: cuanto más importante o solemne es el documento, a más lenguas suele traducirse. Otra distinción ceremoniosa pero no muy representativa a los efectos que buscamos es la autenticidad de los textos jurídicos (el "fera foi" o "authentic"). Pero éstas son sólo pautas observables y no normas universales, por lo que la gradación T+O+A sólo pretende dar una idea del uso de cada lengua.

– A este respecto, para pintar un cuadro realista faltan, en todo caso, ingredientes tales como el verdadero uso de las lenguas en los pasillos, en la administración, en la traducción de las distintas categorías de textos, en los acuerdos de sede, etc.

implica que el trabajo de los funcionarios internacionales podrá efectuarse, oralmente y por escrito, en una de esas lenguas, que todo delegado podrá expresarse en una de esas lenguas ante la Secretaría de la organización, y que toda actividad lingüística de la Secretaría deberá efectuarse en las lenguas de trabajo.

TABLA 8: Estatuto de las lenguas en algunas organizaciones internacionales

	O.N.U.				U.N.E.S.C.O.		O.I.E.A.		U.I.T.	O.M.S.	O.I.T.	F.A.O.	O.A.C.I.	F.M.I.	C.O.I.	F.I.F.A.	TOTAL
	Asamble General y Consejo de Seguridad	Consejo Económico y Social	Secretaría General	Tribunal Int. de Justicia	Conferencia General	Consejo Ejecutivo	Conferencia Gral. y Junta de Gobernadores	Comité Consultivo Científico									
Inglés	T+O+A	T+O	T+O	O	T+O+A	T	T+O+A	T	T+O	T+O	A	T+O	A	T	O	O+A	28
Francés	T+O+A	T+O	T+O	O	T+O+A	T	T+O+A		T+O+A	T+O	A	T+O	A		O	O	23
Español	T+O+A	T+O	O		T+O	T	T+O+A		T+O	T+O		T+O	A			O	19
Alemán																O	1
Ruso	T+O+A	O	O		T+O	T	T+O+A	T	T+O								17
Chino	T+O+A	O	O		T+O	T	T+O+A		T+O	O		O					15
Japonés																	
Italiano					O												1
Sueco																	
Hindi					O												1

La maraña de grados de oficialidad, lenguas de trabajo y lenguas de pasillo responde en última instancia a la tensión entre el proceso democratizador de la sociedad internacional, que ha producido una "inflación" lingüística en los textos constitucionales y reglamentarios, y las necesarias agilidad administrativa y contención presupuestaria en el seno de las organizaciones, al precio, probablemente, de una creciente distancia entre la realidad y los reglamentos. La convivencia de situaciones tan diversas obedece también a que cada estatuto lingüístico es fruto de la época en que cada organización fue creada, y de su evolución posterior. En relación con el propósito del índice, son de destacar los siguientes fenómenos:

– En el uso oficial de las lenguas en las organizaciones internacionales, el inglés y el francés marchan destacados en cabeza, y aún lo estarían más (sobre todo el inglés) si se contara con las organizaciones regionales y si pudiera cuantificarse el uso en la traducción, en la administración y en el pasillo. Les sigue el español a cierta distancia, debido sobre todo al papel de los países de Hispanoamérica en la fundación del sistema de las Naciones Unidas. Un sistema de "bonificación" más cercano a la realidad hubiera probablemente beneficiado en nuestro índice al inglés y al francés como lenguas, hoy por hoy, de la diplomacia.

– La ausencia del alemán y el japonés de la diplomacia multilateral tiene su origen en el momento en que se formó el actual sistema internacional. Aumenta en algo su importancia si se cuentan las organizaciones regionales y, en el caso del alemán, paradójicamente, gracias al estatuto neutral de Austria, que acoge a ciertas sedes de organismos internacionales, y no a la potencia política de Alemania. La eventual incorporación de Alemania y Japón al Consejo de Seguridad como miembros permanentes quizá cambie las cosas. Por otra parte, en este capítulo de la oficialidad en las organizaciones internacionales se nota especialmente la ausencia del árabe de nuestro estudio comparado, pues en el sistema de Naciones Unidas esta lengua tiene el carácter de oficial.

La ponderación

Estos seis indicadores se combinan en la ecuación:

$$IL = \frac{\sum (InWn)}{\sum Wn}$$

donde el índice de importancia internacional de cada lengua (IL) es igual a la suma ($\sum$) de los seis indicadores para esa lengua (I_n) multiplicados por sus correspondientes coeficientes de ponderación (W_n). El denominador es la suma de los coeficientes de ponderación (= 1).

Para calcular los indicadores o componentes de la fórmula (I_n, es decir, hablantes, IDH, países, exportaciones, traducciones, oficialidad) se han utilizado medias ponderadas, determinando para cada factor el peso relativo de cada una de las lenguas con respecto a los agregados de todas las lenguas incluidas en la comparación. Por ejemplo, si las traducciones del inglés son 32.219 y las traducciones de todos los idiomas considerados suman 54.970, el peso relativo de las traducciones del inglés en el total es de 0,586 sobre la unidad (o lo que es lo mismo, el 58,6 por ciento), el cual multiplicado por su factor de ponderación 0,11 dará 0,064, cifra que se sumará a los demás índicadores del inglés así calculados para dar como resultado su IL.

TABLA 9: Indice de importancia internacional de diez lenguas (IL)

	HABLANTES[75]	IDH[76]	PAÍSES[77]	EXPORTACIONES[78]	TRADUCCIONES[79]	O.N.U.[80]	IL 1995
Inglés	489.966.300	0,940	50	1.136.894	32.219	1	0,526
Francés	98.802.000	0,932	27	319.059	6.732	1	0,417
Español	323.180.000	0,822	20	158.507	933	1	0,388
Ruso	151.494.000	0,849	2	66.800	6.595	1	0,386
Chino	790.135.000	0,596	3	173.076	216	1	0,358
Alemán	89.401.000	0,922	6	447.802	5.077	0	0,344
Japonés	123.830.000	0,937	1[81]	360.911	235	0	0,342
Italiano	54.414.500	0,912	3	183.809	1.725	0	0,324
Sueco	8.199.000	0,929	2	54.120	1.193	0	0,320
Hindi	354.270.000	0,439	1[82]	20.328	45	0	0,185
Totales	2.483.691.800		114	2.921.306	54.970	5	
Coef. Ponderación	0,25	0,25	0,25	0,9	0,9	0,07	

75 Para la fuente y los criterios de cómputo de los hablantes de cada lengua, véase el apartado *Número de hablantes.*

76 Indice de Desarrollo Humano ponderado de los hablantes de cada lengua a partir de los datos del *Informe sobre Desarrollo Humano 1995*, Programa de Naciones Unidas para el Desarrollo, México 1995.

77 Número de países donde la lengua es oficial.

78 En millones de dólares estadounidenses, de 1992 en su mayoría. Para el cálculo de promedios se ha ignorado el hecho de que los datos de algunos países son de años anteriores. Fuente: *Britannica Book of the Year 1995.*

79 Fuente: *Anuario Unesco 1993,* con datos sobre 1987. Se trata de las traducciones de cada lengua a otras lenguas. Véanse las salvedades sobre la recopilación de datos en la propia fuente, pp. 7-10 y 7-93 y ss.

Este método permite establecer un común denominador entre componentes de distinta naturaleza, pero entraña el inconveniente de que no se puede modificar ninguno de los componentes de la fórmula sin alterar todos los demás[83]. El resultado es que existen difíciles equilibrios que puede comprobar cualquiera que emplee la ecuación para introducir distintas series de datos o diferentes coeficientes de ponderación. La tabla 7 muestra los resultados de un ensayo de aplicación de la fórmula sobre una selección de diez lenguas. Según los factores de comparación y los coeficientes de ponderación que hemos utilizado, por delante queda el inglés con claridad, aunque no tanta como nos lo indica la simple observación. En cuanto al resto, si se eleva el coeficiente del IDH, por ejemplo, suben lenguas como el japonés o el alemán de un modo desproporcionado con lo que nos sugiere la evidencia empírica y otros datos no incluidos en la fórmula. Si damos un valor desmesurado al número de hablantes, el chino superará como lengua internacional al español y al ruso, entre otros, y así sucesivamente. El español en particular queda atrapado en la comparación con el chino y el ruso: en IDH y traducciones supera al primero y queda por detrás de él en número de hablantes y exportaciones; justo a la inversa que con respecto al ruso. La actualización de datos sobre las traducciones y el IDH del ámbito ruso puede equilibrar la situación, pero no olvidemos que, al mismo tiempo, la lengua rusa pasa por un bache en los países herederos de la ex Unión Soviética por motivos políticos. A favor del español, en cambio, hay que mencionar que en las organizaciones inter-

80 Lengua oficial en la Asamblea General y el Consejo de Seguridad = 1.

81 La lengua japonesa no es objeto de mención en la Constitución del Japón (promulgada el 3 de noviembre de 1946). A excepción de la minoría ainu (familia lingüística independiente del japonés) y de ciertas variantes dialectales, el japonés es la lengua única de los japoneses y se da por hecho su carácter de nacional y oficial.

82 El hindi es co-oficial con el inglés en India.

83 Entre las posibilidades de modificar el método para calcular el IL ya hemos adelantado que podrían considerarse por separado los componentes del IDH (véase la nota 31). Podría también tomarse como referencia de ponderación la totalidad de la realidad lingüística del globo y no los agregados de las diez lenguas consideradas y, como hace el IDH para solucionar el problema de combinar unidades de medida distintas, establecer para cada indicador un recorrido entre dos valores extremos entre los cuales se sitúa el valor correspondiente a cada lengua, expresado como un valor entre 0 y 1.

nacionales sigue manteniendo la tercera plaza, a pesar de la igualdad formal en el Consejo de Seguridad y la Asamblea General de Naciones Unidas, y que, a diferencia del francés y el inglés, en la mayoría de los países donde es oficial puede considerarse realmente como la lengua nacional, la de la mayor parte de la población.

Este fenómeno pone de manifiesto la falta en el IL de un factor o unos factores determinantes en el equilibrio de las lenguas, pero también que la asignación de coeficientes de ponderación es arbitraria, y responde de hecho a una hipótesis previa. Esta hipótesis, inducida de la comparación de diversas fuentes de datos y la repetida experiencia cotidiana, puede expresarse así: de las diez lenguas consideradas, el inglés es la lengua más importante en términos de peso político internacional, a gran distancia y por todos los conceptos excepto el número de hablantes; luego vienen, en un pelotón apretado y probablemente por este orden, el francés, el español, el ruso, el alemán y el chino, por una combinación de motivos que varía en cada caso; después del japonés, caso aislado, el italiano (con ligera ventaja) y el sueco mantienen posiciones parejas por motivos similares; y, por último en esta comparación, el hindi tiene un escaso peso internacional a pesar de su gran número de hablantes.

De este modo, más que crear una jerarquía de lenguas, se trataría, mediante la asignación de coeficientes de ponderación a cada uno de los seis componentes, de establecer el peso de cada uno de ellos, aunque sea aproximativamente, en la importancia internacional de una lengua, de modo que a la postre se constituya un modelo que pueda aplicarse a cualquier grupo de lenguas en comparación con resultados fiables. Desde este punto de vista nuestro experimento resultará incompleto mientras no puedan introducirse en la fórmula indicadores importantes que no se han considerado por no existir datos sobre ellos o por ser imponderables. Una vez más es preciso puntualizar que la selección de seis factores es representativa, pero no exhaustiva. En la cesta caben aún algunos más: la enseñanza[84], el uso en los negocios, la industria de la lengua como actividad económica. El fac-

[84] Véase a este respecto el capítulo de Francisco Moreno en este libro.

tor que inclina la balanza está probablemente en relación con el uso de cada lengua como segunda lengua.

La dificultad de medir la importancia relativa de una lengua con datos numéricos no va en merma de la utilidad del ensayo. El incómodo corsé de las cifras nos puede ayudar a definir qué es lo que realmente determina la importancia internacional de una lengua, además, desde luego, de darnos más fundamentos para escoger la lengua extranjera que queremos aprender o, accesoriamente, para decidir cuál es la mejor manera de promover el español como lengua de comunicación internacional.

TABLA 10: Indicadores del inglés

	HABLANTES[85]	PROPORCIÓN HABLANTES	IDH[86]	IDH PONDERADO	PAÍSES	EXPORTACIONES
Antigua y Barbuda	63.000		0,840		1	19,4
Australia	17.300.000	0,049	0,927	0,045	1	45.110,0
Bahamas	220.000		0,894		1	2.163,8
Bangla Desh	3.100.0000		0,364		1	1.902,8
Barbados	264.000		0,900		1	132,7
Belice	210.000		0,883		1	137,9
Bermuda	62.000				0	84,3
Botswana	530.000		0,763		1	[87]
Camerún	0		0,503		1[88]	2.892,5
Canadá	18.396.000	0,052	0,950	0,049	1[89]	91.471,5[90]
Dominica	22.000		0,776		1[91]	54,2
EE.UU.	253.410.000	0,715	0,947	0,677	1	464.757,3
Fiyi	160.000		0,860		1[92]	428,0
Filipinas	36.000.000		0,677		1[93]	11.374,8
Gambia	0		0,299		1[94]	63,7

Ghana	0		0,482		1	1.072,3
Gibraltar	26.000				0	82,1
Granada	91.000		0,786		1[95]	20,1
Guam	144.000				0	[96]
Guayana	572.000		0,622		1	250,6
Guernsey	64.000				0	[97]
Hong Kong	1.890.000		0,905		0	135.384,6[98]
I. Marianas N.	41.900				0	130.,5
India	30.000.000		0,439		1	[99]
Irlanda	3.340.000	0,009	0,915	0,009	1[100]	28.332,5
Isla de Man	70.000				0	[101]
Islas Marshall	0				0	2,9
Islas Salomón	0		0,511		1	74,8
Islas Vírgenes	85.000				0	[102]
Jamaica	2.350.000		0,721		1	1.052,8
Jersey[103]					0	
Kiribati	0				1	4,7

Lesoto	0		0,473		1[104]	[105]
Liberia	2.377.000		0,325		1	396,3
Malasia	6.000.000		0,822		1[106]	40.624,6
Malawi	490.000		0,330		1	266,5
Malta	8.000		0,880		1[107]	1.537,3
Mauricio	2.000		0,821		1	1.335,5
Micronesia	500				0	11,0
Namibia	130.000		0,611		1	1.244,4
Nauru	10.200				1	80,3
Nigeria	33.000.000		0,406		1	7.383,4
Nueva Zelanda	3.355.000	0,009	0,919	0,009	1[108]	10.558,2
Papúa N. Guinea	2.870.000		0,508		1	1.261,7
Puerto Rico	1.713.000				0	[109]
Reino Unido	58.422.000	0,165	0,916	0,151	1	181.645,1
Samoa EE.UU.	54.900				0	[110]
Samoa Occidental	86.000		0,651		1[111]	12,9
San Cristóbal y N.	42.000		0,873		1	27,4

San Vicente y G.	109.000		0,761		1	82,7
Santa Lucía	142.000		0,732		1	109,9
Sierra Leona	4.616.000		0,221		1	149,9
Singapur	1.097.000		0,878		1[112]	73.940,7[113]
Sudáfrica	3.620.000		0,705		1[114]	24.353,7
Swazilandia	0		0,522		1[115]	[116]
Tanzania	800.000		0,364		1[117]	416,1
Tonga	0				1[118]	16,5
Trinidad y Tobago	1.226.000		0,872		1	1.662,1
Tuvalu	0				1	0,1
Uganda	180.000		0,329		1	152.,1
Vanuatu	164.000		0,541		1[119]	23,6
Zambia	800.000		0,425		1	1.350,2
Zimbabwe	240.000		0,539		1	1.251
Inglés	489.966.300				50	1.136.894,0
IDH Seis Países	354.223.000	1,000		0,940		

TABLA 11: Indicadores del español

	HABLANTES[120]	PROPORCIÓN HABLANTES	IDH	IDH PONDERADO	PAÍSES[121]	EXPORTACIONES
Argentina	32.810.000	0,102	0,882	0,090	1	12.234,9
Bolivia	7.176.000	0,022	0,588	0,013	1[122]	808,9
Chile	12.650.000	0,039	0,880	0,034	1	9.308,3
Colombia	34.180.000	0,106	0,836	0,088	1	6.916,1
Costa Rica	3.226.000	0,010	0,883	0,009	1	1.627,6
Cuba	10.994.000	0,034	0,769	0,026	1	5.392,0
Ecuador	10.440.000	0,032	0,784	0,025	1	3.042,3
El Salvador	5.642.000	0,017	0,579	0,010	1	555,1
España	39.193.000[123]	0,121	0,930[124]	0,113	1[125]	67.550,2
Guatemala	6.680.000	0,021	0,591	0,012	1	1.295,3
Guinea Ecuatorial	0[126]	0,000	0,399	0,000	1[127]	61,7
Honduras	5.207.000	0,016	0,578	0,009	1	515,7
México	90.480.000	0,280	0,842	0,236	1	27.207,1
Nicaragua	3.989.000	0,012	0,611	0,008	1	.236,5
Panamá	1.998.000	0,006	0,856	0,005	1	.474,2

Paraguay	2.607.000	0,008	0,723	0,006	1[128]	.656,2
Perú	21.090.000	0,065	0,709	0,046	1[129]	3.230,9
Puerto Rico	3.598.000	0,011		0,011		[130]
República Dominicana	7.650.000	0,024	0,705	0,017	1	658,3
Uruguay	3.060.000	0,009	0,881	0,008	1	1.606,5
Venezuela	20.510.000	0,063	0,859	0,055	1	15.129,9
Español	323.180.000	1,000		0,822	20	158.507,7

Tabla 12: Indicadores del ruso

	Hablantes[131]	Proporción Hablantes	IDH	IDH Ponderado	Países[132]	Exportaciones
Rusia	148.174.000[133]	0,978	0,849	0,830	1	63.600,0
Bielorrusia	3.320.000	0,022	0,847	0,019	1	3.200,6
Ruso	151.494.000	1,000		0,849	2	66.800,6

Tabla 13: Indicadores del chino

	Hablantes[134]	Proporción Hablantes	IDH	IDH Ponderado	Países	Exportaciones
China	784.000.000	0,992	0,594	0,589	1	91.744,0
Hong Kong	1.080.000	0,001	0,905	0,001		[135]
Singapur	2.275.000	0,003	0,878	0,003	1[136]	[137]
Taiwan	2.780.000	0,004	0,878[138]	0,003	1	81.332,9
Total	790.135.000	1,000		0,596	3	173.076,9

Tabla 14: Indicadores del alemán

	Hablantes[139]	Proporción Hablantes	IDH	IDH Ponderado	Países	Exportaciones
Alemania	77.440.000	0,866	0,921	0,798	1[140]	365.254,6
Austria	7.385.000	0,083	0,925	0,076	1	40.233,1
Bélgica	90.000	0,001	0,926	0,001	1[141]	1.056,6[142]
Liechtenstein	27.000	0,000	0,925[143]	0,000	1	248,1[144]
Luxemburgo	9.000	0,000	0,893	0,000	1[145]	105,6[146]
Suiza	4.450.000	0,050	0,925	0,046	1[147]	40.904,1[148]
Total	89.401.000	1,000		0,922	6	447.802,1

Tabla 15: Indicadores del italiano

	Hablantes[149]	Proporción Hablantes	IDH	IDH Ponderado	Países	Exportaciones
Italia	53.860.000	0,990	0,912	0,903	1	178.937,3
San Marino	24.500	0,000	0,912[150]	0,000	1	[151]
Suiza	530.000	0,010	0,925	0,009	1	4.871,7[152]
Italiano	54.414.500	1,000		0,912	3	183.809,0

Tabla 16: Indicadores del sueco

	Hablantes[153]	Proporción Hablantes	IDH	IDH Ponderado	Países	Exportaciones
Finlandia	298.000	0,036	0,934	0,034	1	[154]
Suecia	7.901.000	0,964	0,929	0,895	1	54.120,6
Total	8.199.000	1,000		0,929	2	55.933

[85] Hablantes de inglés en países donde esta lengua es oficial, incluyendo los derivados *creoles* (Belice, Jamaica, etc.). Se incluyen los hablantes de inglés como lengua franca en estos países, y sólo en ellos. Los hablantes de inglés en territorios dependientes cuentan como hablantes, pero no los territorios como países donde la lengua es oficial.

[86] El PNUD no ofrece datos de IDH para muchos de los territorios dependientes consignados aquí. De los que aquí figuran sólo se han utilizado seis, como se explica en el apartado El Indice de Desarrollo Humano.

[87] Las exportaciones de Botswana están incluidas en las de Sudáfrica.

[88] Co-oficial con el francés.

[89] Co-oficial con el francés.

[90] Cálculo realizado a partir de las exportaciones de Canadá en 1993 (144.730,5 millones de dólares) y la proporción de angloparlantes en una población estimada de 29.107.000 habitantes a mediados de 1994 (BBY).

[91] La Embajada de Dominica en Londres, acreditada en Madrid, informa de que el inglés es la lengua oficial, aunque no lo dice así la Constitución de 1978 (que está escrita en inglés). El inglés es el idioma de los asuntos públicos, y la totalidad de los isleños lo conoce, aunque se hablan una gran variedad de otras lenguas y dialectos, entre los que predomina (un 45 por ciento lo habla) un *patois* derivado del francés (hay intentos recientes de ponerlo por escrito).

[92] La Constitución de Fiyi establece el inglés como lengua oficial de su Parlamento, y añade que los miembros de éste tienen derecho a dirigirse a la cámara en fiyi o en hindi. La Embajada de Fiji en Bruselas, acreditada en Madrtid, interpreta que eso implica una oficialidad en todos los ámbitos de la vida del país, dado que el inglés es la lengua más utilizada en la administración y los negocios. Por otra parte, aunque el inglés puede considerarse la lengua nacional, la población habla otras lenguas también, como el fiyi (50 por ciento) y el hindi (48 por ciento). Recientemente republicana, Fiyi está en proceso de revisión constitucional, con la aspiración entre otras de reflejar la realidad multinacional de las islas.

[93] Desde 1986 la Constitución sólo reconoce al inglés y al tagalo como lenguas oficiales.

[94] La Embajada de Gambia en París, acreditada en Madrid, informa de que, si bien no lo expresa así la Constitución, el inglés es el idioma de los asuntos públicos, incluída la instrucción.

[95] Como en muchos otros casos de antiguas colonias del Reino Unido, el inglés es lengua oficial en Granada aun sin tener estatuto escrito.

[96] Las exportaciones de Guam están incluídas en las de Estados Unidos.

[97] Incluidas en las del Reino Unido.

[98] Las exportaciones de Hong Kong se agregan a las del inglés, al menos hasta el 1 de julio de 1997, en que la colonia británica será devuelta a China.

[99] Las exportaciones de la India se cuentan en la tabla del hindi.

[100] El artículo 8 de la Constitución de Irlanda proclama al "Irish language" como el idioma nacional y la primera lengua oficial, y al inglés como la segunda lengua oficial. Deja para el desarrollo legislativo el uso exclusivo de alguna de ellas en determinadas circunstancias.

[101] Incluidas en las del Reino Unido.

[102] Incluidas en las de Estados Unidos.

[103] Los 87.000 hablantes de inglés que según el BBY residen en Jersey no cuentan aquí por no registrar la misma fuente el inglés como idioma oficial de este territorio dependiente del Reino Unido.

[104] Co-oficial con el soto.

[105] Incluidas en las de Sudáfrica.

[106] La Embajada de Malasia en Madrid explica que el malayo es la lengua nacional y oficial de su país, y que el inglés es la segunda lengua oficial, además de existir otras lenguas "étnicas".

[107] Co-oficial con el maltés.

[108] Según la Embajada de Nueva Zelanda en Madrid, una ley de 1987 declaraba oficial al maorí. No consta que se haya dado al inglés ningún tratamiento escrito, aunque es a todas luces la lengua nacional en el archipiélago. La ley sobre el maorí es parte de una reciente política de promoción de esta lengua, que ahora se enseña en las escuelas y figura en alguna documentación oficial.

[109] Incluidas en las de Estados Unidos.

[110] Incluidas en las de Estados Unidos.

[111] Co-oficial con el samoense.

[112] El artículo 53 de la Constitución de Singapur declara oficiales al inglés, al chino, al malayo y al tamil. En el artículo 44 incluye entre las condiciones de eligibilidad de los candidatos al Parlamento el conocer al menos una de las cuatro lenguas. En el 152 establece que el malayo, como lengua de los indígenas de Singapur, será objeto de especial trato por el gobierno.

[113] Adjudicamos las exportaciones de Singapur al inglés, sin hacer reparto proporcional como en Bélgica, Canadá y Suiza.

[114] Según la Embajada de Sudáfrica en Madrid, la Constitución de 1994 declara once lenguas oficiales con cierta preeminencia para el inglés y el afrikaaner. En los distintos estados autónomos son co-oficiales las lenguas autóctonas como el tswana, el xhosa, el zulú o el venda.

[115] Co-oficial con el swazi.

[116] Incluidas en las de Sudáfrica.

[117] Co-oficial con el suahili.

[118] Co-oficial con el tongano.

[119] Co-oficial con el bislama o inglés criollo y el francés.

[120] Hablantes de español en los países donde es oficial. Se excluyen aquí, conforme a los criterios expuestos más arriba, las minorías de hispanohablantes de Alemania, Belice, Canadá, Francia, Suecia o Estados Unidos: en total unos 20 millones de hablantes.

[121] Sobre el estatuto oficial del español en estos países, véase Manuel Alvar, "Lengua nacional y sociolingüística", en *Hombre, etnia, Estado. Actitudes lingüísticas en Hispanoamérica*, Gredos, Madrid 1986.

[122] Co-oficial con el aymara y el quechua.

[123] A efectos de este estudio, y siguiendo los mismos criterios aplicados a los casos de Francia y el Reino Unido, entre otros, se incluye en los hablantes de castellano de España a los de catalán, gallego y vasco y los de otras lenguas peninsulares que son oficiales en las diferentes Comunidades Autónomas. Se atribuye así al castellano carácter de lengua franca en todo el territorio del Estado.

[124] Si comparamos el Informe de Desarrollo Humano de 1995 con el de 1994, España ha dado un salto desde la posición 23ª a la 9ª (de un IDH de 0,888 a 0,930), que no se ha debido exactamente a un avance vertiginoso de los indicadores de desarrollo en nuestro país. Una modificación metodológica en el cálculo del IDH podría estar detrás de dicho salto: "la media de años de escolarización ha sido reemplazada por la tasa de matriculación combinada primaria, secundaria y terciaria". Aunque la variación no altere fundamentalmente el IL del español, dado que el IDH de España es sólo uno entre veinte, sirva este hecho para advertir una vez más sobre la necesaria precaución al interpretar estadísticas e índices.

[125] "El castellano es la lengua española oficial del Estado (...) Las demás lenguas españolas serán también oficiales en las respectivas Comunidades autónomas de acuerdo con sus Estatutos" (Constitución española de 1978, artículo 3).

[126] El número de hablantes de español en Guinea es irrelevante, según todas las fuentes. El español compite como lengua franca con el fang y con el pichinglis, un papiamento con base inglesa al parecer extendido por el golfo de Guinea por influencia nigeriana.

[127] La Ley Fundamental de la República de Guinea declara al español lengua oficial, al tiempo que reconoce "las lenguas aborígenes como integrantes de la cultura nacional".

[128] Co-oficial con el guaraní.

[129] Co-oficial con el quechua.

[130] Las exportaciones de Puerto Rico están incluídas en las de Estados Unidos, en la tabla del inglés.

[131] En las repúblicas ex-soviéticas viven amplias minorías rusas que no han sido incluídas aquí, según los criterios sobre el cómputo de hablantes expuestos más arriba. Además existen minorías significativas de rusohablantes en Estados Unidos y Canadá.

[132] Según la Embajada de la Federación Rusa en Madrid, y así lo confirma el BBY, el ruso no es oficial en ninguna de las repúblicas ex-soviéticas. En Bielorrusia, sin embargo, un referéndum celebrado el 16 de mayo de 1995 ha aprobado con más del 80 por ciento de los votos que el ruso sea considerado lengua oficial junto al bielorruso, entre otras medidas de acercamiento a Rusia.

[133] Equivale al número de habitantes de la Federación Rusa donde, sin embargo, se hablan una treintena larga de lenguas más. Seguimos aquí los mismos criterios que los aplicados en los casos del Reino Unido o España.

[134] El número de hablantes de chino plantea el problema de la existencia de varios chinos. Diversas consultas, incluyendo las de sinólogos españoles y la de la Embajada de China en Madrid, nos llevan a considerar en este estudio solamente a los hablantes de la variedad puthongua o mandarín, que es la lengua oficical y mayoritaria en la República Popular; la lengua de la instrucción. Al parecer los hablantes de las distintas variedades de chino no se entienden entre sí en el habla, aunque por escrito las diferencias son ligeras. Los chinos mayoritarios en Taiwán (mandarín) y en Singapur (quo-i) serían lo bastante próximos para incluir a sus hablantes y a los dos países en el recuento del chino. De Hong Kong se tienen en cuenta los hablantes de puthongua como lengua franca, siempre según los datos del BBY, pero no los de cantonés, que es lengua oficial junto con el inglés.

[135] Las exportaciones de Hong Kong se agregan al inglés.

[136] Véase la nota correspondiente a Singapur en la tabla del inglés.

[137] Las exportaciones de Singapur se agregan al inglés.

[138] El PNUD no incluye a Taiwán en su Informe sobre el Desarrollo Humano: Acordémosle, según sus indicadores, un IDH equivalente al de Singapur.

[139] Además de los hablantes de alemán en los países donde es oficial, computados aquí, existen importantes minorías germano-hablantes en Brasil, Canadá, Estados Unidos, Hungría, Polonia, la República Checa, Rumanía y Rusia.

[140] La Ley Fundamental de Alemania (de 1949, modificada por última vez en 1994) no hace mención del alemán, que es a todas luces la lengua nacional de Alemania. La Embajada en Madrid informa de que existen minorías lingüísticas en Schleswig-Holstein (danesa) y en Sajonia-Brandemburgo (eslava).

[141] Sobre el estatuto lingüístico de Bélgica, véase la nota correspndiente dentro de la tabla del francés.

[142] Cálculo realizado a partir de las exportaciones totales de Bélgica y Luxemburgo (123.459,9 millones de dólares) y el número de germanohablantes de Bélgica.

[143] El PNUD no considera a Liechtenstein en su Informe sobre el Desarrollo Humano. Aquí le asignamos el mismo IDH que a Suiza sin temor a desviarnos en exceso.

[144] Las exportaciones proporcionales a los hablantes de alemán en Liechtenstein se han calculado a partir de las exportaciones de Suiza y Liechtenstein.

[145] Véase la nota correspondiente en la tabla del francés.

[146] Cálculo realizado a partir de las exportaciones totales de Bélgica y Luxemburgo (123.459,9 millones de dólares) y el número de germanohablantes de Luxemburgo.

[147] Co-oficial con el francés, el italiano y el retrorromance.

[148] Cálculo realizado a partir de las exportaciones de Suiza (64.541,2 millones de dólares) y el número de germanohablantes.

[149] Fuera de los países donde es oficial, el italiano se habla sobre todo en Alemania, Argentina, Brasil, Canadá, Estados Unidos y Francia (en total unos 4 millones de hablantes en grado variado).

[150] La renta y la esperanza de vida de los habitantes de San Marino son menores que las de los italianos, pero su nivel de alfabetización es mayor. Como el PNUD no considera a San Marino en su Informe sobre el Desarrollo Humano, aquí se le asigna un IDH equivalente al de Italia.

[151] Las exportaciones de San Marino están incluídas en las de Italia.

[152] Cálculo realizado a partir de las exportaciones totales de Suiza (65.616 millones de dólares) y la proporción de italoparlantes.

[153] Las comunidades de habla sueca fuera de Finlandia y Suecia son pequeñas; el sueco tiene cierta influencia en el ámbito del Consejo Nórdico, formado por Dinamarca, Islandia y Noruega además de los dos países citados.

[154] Las exportaciones de Finlandia no se consideran imputables al sueco, por la escasa proporción de hablantes de este idioma en dicho país, donde a pesar de ello es lengua oficial.

Fundación Duques de Soria

La Fundación Duques de Soria (FDS), inscrita con el número 1 en el Registro de Fundaciones Culturales de la Junta de Castilla y León, es una institución cultural sin ánimo de lucro, con sede en Soria, creada en 1989 por iniciativa y bajo la Presidencia de Honor de los Duques de Soria, S.A.R. la Infanta Doña Margarita y el Excmo. Sr. Don Carlos Zurita. Su objeto es colaborar con la Universidad y con el Hispanismo internacional en el estudio, el desarrollo y la difusión de la Cultura Española, entendida en su sentido más amplio y no restringida al ámbito de las Humanidades o las Bellas Artes. La Fundación es consciente de que la Lengua Española, por su implantación internacional y por el creciente número de personas que la estudian y conocen, es el vehículo fundamental de nuestra cultura, y una valiosísima herramienta de comunicación que constituye tal vez el más importante activo con que cuentan en el ámbito internacional los pueblos de habla española. La Fundación trabaja por la cultura española, en palabras de Su Majestad el Rey, tratándola "como parte de la cultura universal, como guía de desarrollo humano y como vehículo del entendimiento entre los pueblos". Por eso lo hace poniendo el acento en los aspectos que nos aproximan a otras culturas de nuestro entorno, con la convicción de que nuestra cultura tiene un futuro importante, que exige conocer mejor su pasado. La Fundación contribuye al desarrollo universitario con seminarios, encuentros y cursos que por su naturaleza tienen difícil cabida en el marco de la enseñanza reglada, buscando promover el debate entre especialistas, fomentar la participación de estudiantes, y crear un caldo de cultivo adecuado para el desarrollo de nuevas ideas e investigaciones. La Fundación pretende además contribuir a hacer de Soria un foco de cultura con el prestigio necesario para exportar iniciativas culturales. En esa línea se inscriben los seminarios que la Fundación organiza en Soria, núcleo central de un programa que incluye seminarios y otras actividades en Salamanca, en Valladolid, e incluso en Bélgica, donde la FDS opera desde 1991 mediante su "Cátedra Carlos V de Estudios Hispánicos". Fuera de España la FDS colabora con la Asociación Internacional de Hispanistas.

Figueroa, Marqués de Tamarón, Don Francisco Rico, Don Epifanio Ridruejo Brieva, Don Felipe Ruiz Martín, Don José María Vargas-Zúñiga y Don Jean Vilar. PATRONOS INSTITUCIONALES: El Presidente de la Junta de Castilla y León, el Secretario de Estado para la Cooperación Internacional y para Iberoamérica, el Rector de la Universidad de Valladolid, el Rector de la Universidad de Salamanca, el Rector de la Universidad Pontificia de Salamanca, el Rector del Real Colegio de San Clemente de los Españoles de Bolonia, el Presidente de la Diputación Provincial de Soria, el Alcalde de Soria, el Alcalde de Salamanca y el Presidente de la Caja de Ahorros de Salamanca y Soria. SECRETARIO GENERAL: Don José María Rodríguez-Ponga. COORDINADORA GENERAL: Doña María Pardo de Santayana. PATROCINADORES: La Fundación cuenta para el desarrollo del conjunto de sus actividades con la generosa colaboración de Caja Salamanca y Soria, de la Diputación Provincial de Soria, del Ministerio de Educación y Ciencia, de la Junta de Castilla y León, del Ayuntamiento de Soria, de la Fundación BBV, de la Fundación Caja de Madrid, de la Fundación Juan March, de la Fundación Rich, del Grupo Endesa, del Instituto Cervantes, de la Universidad de Valladolid, de la Universidad de Salamanca, de la Secretaría de Estado para la Cooperación Internacional y para Iberoamérica y demás instituciones presentes en su Patronato, así como de otras personas e instituciones públicas y privadas.

FUNDACIÓN INSTITUTO DE CUESTIONES INTERNACIONALES Y POLÍTICA EXTERIOR (INCIPE)

El Instituto de Cuestiones Internacionales y Política Exterior (INCIPE) es una fundación cultural privada y sin finalidad de lucro, reconocida por el Ministerio de Cultura (B.O.E. 23-6-88). Fundada en 1988 como Centro de Estudios de Política Exterior, en 1991 adopta su actual nombre después de la unión con el INCI (Instituto de Cuestiones Internacionales, 1979). El objetivo primordial del INCIPE es contribuir a un mejor conocimiento en España de las grandes cuestiones internacionales a través de la investigación, la publicación y el debate.

Como foro de debate, el INCIPE organiza simposios, ciclos de lecciones y seminarios donde se analizan las grandes cuestiones internacionales y de política exterior; y responde además a los principales acontecimientos de la actualidad internacional celebrando conferencias y mesas redondas sobre temas de interés inmediato. Como centro de investigación, el INCIPE auspicia estudios como el informe *La opinión pública española y la política exterior*, que en 1995 se ha realizado por tercera vez; y recibe encargos externos de entidades españolas y extranjeras. El INCIPE publica sus propios trabajos de investigación, y también otros trabajos de interés general, en su colección Ensayos Incipe, en la serie documental sobre la Unión Europea o en el anuario España y su Defensa. Otro campo importante de las actividades del INCIPE lo constituyen sus relaciones con centros de estudios internacionales de España y de todo el mundo, a través de la participación en conferencias internacionales y colaborando en su organización, o mediante el intercambio de información y publicaciones. El INCIPE sirve además de punto de encuentro entre españoles y extranjeros en el terreno de las relaciones internacionales.

El INCIPE mantiene una posición independiente de todo interés partidista o de grupo. En 1995 ha recibido aportaciones económicas de Argentaria, el Banco Central Hispano, la Fundación BBV, Repsol, Telefónica y Teneo. Además de estas grandes empresas, que proporcionan el 95 por ciento de sus ingresos, la Fundación INCIPE cuenta con el apoyo de otras entidades públicas y privadas, del Ministerio de Asuntos Exteriores y de los miembros de la Fundación.

PRESIDENTE: Eduardo Serra Rexach. PRESIDENTE DE HONOR: José María de Areilza, Conde de Motrico. PRESIDENTE DE HONOR: Antonio Garrigues y Díaz-Cañabate. VICEPRESIDENTE: Salustiano del Campo. VOCALES: Nuño Aguirre de Cárcer, José María Amusátegui, Germán Ancochea, Gonzalo Anes, Ignacio Camuñas, Oscar Fanjul, Santiago Foncillas, Miguel Herrero de Miñón, Francisco Luzón, Luis Larroque, Guillermo Luca de Tena, José Lladó, Alejandro Muñoz-Alonso, María Luisa Oyarzábal, Javier Salas, José Angel Sánchez Asiaín, Antxón Sarasqueta, Pedro Schwartz, Luis Solana, Darío Valcárcel, Cándido Velázquez-Gaztelu, José Luis Zavala Richi. DIRECTOR: Marqués de Tamarón.